主　　编　孙晓勇　国家法官学院院长
最高人民法院司法案例研究院院长
副 主 编　彭永和　最高人民法院司法案例研究院副院长
刘　畅　最高人民法院司法案例研究院规划部主任
黄　斌　国家法官学院科研部负责人
主编助理　边疆戈　国家法官学院科研部编辑
赵文轩　最高人民法院司法案例研究院规划部编辑
刘丽媛　最高人民法院司法案例研究院规划部编辑

《中国法院年度案例》编辑人员（按姓氏笔画）
刘　畅　朱建伟　朱　琳　李晓果　杨小利
罗胜华　胡　岩　赵文轩　唐世银　袁登明
曹海荣　梁　欣　程　瑛

本书编审人员　唐世银

中国法院

2021年度案例

国家法官学院
最高人民法院司法案例研究院◎编

民间借贷纠纷

中国法制出版社
CHINA LEGAL PUBLISHING HOUSE

《中国法院年度案例》通讯编辑名单

凌　巍　北京市高级人民法院
刘晓虹　北京市高级人民法院
董　扬　天津市高级人民法院
王　佳　河北省高级人民法院
刘　泳　山西省高级人民法院
杨智勇　内蒙古自治区高级人民法院
周文政　辽宁省高级人民法院
张功岩　吉林省高级人民法院
孙学诗　黑龙江省高级人民法院
牛晨光　上海市高级人民法院
戴鲁霖　江苏省高级人民法院
张晓娟　江苏省高级人民法院
符东杰　江苏省南通市中级人民法院
周耀明　江苏省无锡市中级人民法院
杨　治　浙江省高级人民法院
蒋　莹　浙江省高级人民法院
吴　婧　安徽省高级人民法院
林文君　福建省高级人民法院
章光园　江西省高级人民法院
陈希国　山东省高级人民法院
郭宇凌　河南省高级人民法院
宋淼军　湖北省高级人民法院
杨晓彤　湖北省宜昌市中级人民法院
唐　竞　湖南省高级人民法院
文靖之　广东省高级人民法院
邹尚忠　广西壮族自治区高级人民法院
韦丹萍　广西壮族自治区高级人民法院
李周伟　海南省高级人民法院
游中川　重庆市高级人民法院
杜玉兰　四川省高级人民法院
孙　熹　云南省高级人民法院
石　瑾　云南省昆明市中级人民法院
龙　媛　贵州省高级人民法院
施辉法　贵州省贵阳市中级人民法院
王丽萍　西藏自治区高级人民法院
杨新斌　陕西省高级人民法院
张文强　甘肃省高级人民法院
汪嘉煜　青海省高级人民法院
谢亚楠　宁夏回族自治区高级人民法院
马小菊　新疆维吾尔自治区高级人民法院
何　青　新疆维吾尔自治区高级人民法院
王　琼　新疆维吾尔自治区高级人民法院生产建设兵团分院

序

党的十八大以来，以习近平同志为核心的党中央高度重视法治在推进国家治理体系和治理能力现代化中的重要作用，中央全面依法治国工作会议更是明确习近平法治思想在全面依法治国中的指导地位，为全面依法治国提供了根本遵循和行动指南。近年来，人民法院始终将加强司法案例研究作为推进全面依法治国的重要途径，通过发布具有普遍指导意义的典型案例，统一法律适用、提高审判质量，不断推进人民法院严格公正司法。《中国法院年度案例》丛书，旨在完善中国特色案例指导制度，总结提炼典型案例的裁判规则和裁判方法，发挥司法规范、指导、评价、引领的重要作用，大力弘扬社会主义核心价值观，增强全民法治意识和法治素养，展现新时代我国法治建设新成就。

《中国法院年度案例》丛书自2012年编辑出版以来，已连续出版9套，受到读者广泛好评。近年来，为更加全面地反映我国司法审判执行工作的发展进程，顺应审判执行实践需要，响应读者需求，丛书2014年度新增金融纠纷、行政纠纷、刑事案例3个分册，2015年度将刑事案例调整为刑法总则案例、刑法分则案例2个分册，2016年度新增知识产权纠纷分册，2017年度新增执行案例分册，2018年度将刑事案例扩充为4个分册。自2020年起，丛书由国家法官学院与最高人民法院司法案例研究院共同编辑，每年年初定期出版。在全国各级人民法院的大力支持下，丛书编委会现编辑出版《中国法院2021年度案例》系列丛书，共23册。

《中国法院年度案例》丛书以开放务实的态度、简洁明快的风格，在编辑中坚持以下方法，努力把案例书籍变得“好读有用”：一是高度提炼案例内容，控制案例篇幅，每个案例基本在3000字以内；二是突出争议焦点，剔除无效信息，尽可能在有限的篇幅内为读者提供有效、有益的信息；三是注重对裁判文书的再加工，大多数案例由案件的主审法官撰写“法官后语”，高度提炼、总结案例的指导价值，力求引发读者思考，为司法工作提供借鉴，为法学研究提供启迪。

《中国法院年度案例》丛书编辑工作坚持以下原则：一是广泛选编案例。国家法官学院和最高人民法院司法案例研究院每年通过各高级人民法院从全国各地法院汇集上一年度审结的典型案例近万件，使该丛书有广泛的精选基础，优中选优，可提供给读者新近发生的全国各地多种类型的典型性案例。二是方便读者检索。为体现以读者为本，丛书分卷细化，每卷下还将案例主要根据案由分类编排，每个案例用一句话概括裁判规则、裁判思路或焦点问题作为主标题，让读者一目了然，迅速找到目标案例。

中国法制出版社始终全力支持《中国法院年度案例》丛书的出版，给了作者和编辑们巨大的鼓励。2021年，丛书将继续提供数据库增值服务。购买本书，扫描前勒口二维码，即可在本年度免费查阅往年同类案例数据库。我们在此谨表谢忱，并希望通过共同努力，逐步完善，做得更好，真正探索出一条编辑案例书籍、挖掘案例价值的新路，更好地服务社会主义法治国家建设、服务法治社会建设、服务学习研究法律的读者。

《中国法院年度案例》丛书既是法官、检察官、律师等法律工作者的办案参考和司法人员培训的实用教材，也是社会大众学法用法的经典案例读本，同时是教学科研机构案例研究的良好系列素材。当然，案例作者和编辑在编写过程中也难以一步到位实现最初的编写愿望，客观上会存在各种不足甚至错误，欢迎读者批评指正。我们愿听取各方建议，不断扩宽深化司法案例研究领域，实现中国特色案例研究事业的新发展。

国家法官学院

最高人民法院司法案例研究院

2021年2月22日

目　录

Contents

一、借贷关系认定

二、夫妻共同债务认定

三、借款主体认定

四、债务偿还认定

五、利息与违约金认定

六、债权转让与债务承担

七、证据与时效

一、借贷关系认定

1

仅有债权凭证的民间借贷关系成立的认定

——杨某英诉何某卿民间借贷案

【案件基本信息】

1. 裁判书字号

福建省厦门市中级人民法院（2019）闽02民终3149号民事判决书

2. 案由：民间借贷纠纷

3. 当事人

原告（上诉人）：杨某英

被告（被上诉人）：何某卿

第三人：黄某南、黄某儒、黄某亿、沈某乾

【基本案情】

何某卿向杨某英出具一份《借条》，确认何某卿借到杨某英11万元，借款期限自2018年4月3日至2018年7月10日，利率为每月3%，全部本息于2018年7月10日一次性还清。

另查，何某卿向黄某儒出具一份《借条》，确认借到黄某儒15万元。杨某英主张该借条实际借款金额为5万元；何某卿向黄某亿出具一份《借条》，确认借到黄某亿6万元。

庭审中，杨某英提供其于2018年4月2日与何某卿的微信聊天记录，在该聊天记录中，何某卿向杨某英请求借款11万元，并草拟了一份《借条》，该借条即本案讼争的《借条》。

何某卿主张其已向黄某南、黄某亿还款14余万元。为此提供了微信支付交易明细证明予以佐证。

【案件焦点】

杨某英与何某卿之间是否存在民间借贷关系。

【法院裁判要旨】

福建省厦门市思明区人民法院经审理认为：民间借贷法律关系的基础事实，不仅包括双方存在借款合意，还包括款项的实际交付。本案杨某英以民间借贷纠纷为由要求何某卿偿还所借款项，应由杨某英提供证据证明与何某卿之间存在借贷法律关系。杨某英提供的《借条》、微信聊天记录仅能够证明与何某卿之间存在借贷的合意，但并不能证明杨某英已按约定交付借款11万元。杨某英主张其代何某卿向黄某儒、黄某亿、沈某乾偿还欠款，却未能提供相应的证据证明已实际交付该款项；黄某儒、黄某亿、沈某乾亦未到庭确认该事实；且若杨某英确实代为偿还何某卿拖欠黄某儒、黄某亿、沈某乾的借款，本应将何某卿出具给黄某儒、黄某亿、沈某乾的《借条》原件还给何某卿，但其并未能提供证据证明已将《借条》原件还给何某卿。故杨某英主张与何某卿存在借贷关系证据不足，法院对其主张不予支持。

福建省厦门市思明区人民法院依照《中华人民共和国民事诉讼法》第六十四条第一款规定，判决：

驳回杨某英的诉讼请求。

杨某英不服一审判决，提起上诉。

福建省厦门市中级人民法院经审理同意一审法院裁判意见，并依照《中华人民共和国民事诉讼法》第一百七十条第一款第一项规定，判决：

驳回上诉，维持原判。

【法官后语】

原告依据借据、收据、欠条等债权凭证提起民间借贷诉讼，被告往往抗辩借贷行为尚未实际发生，或主张该债权纠纷非民间借贷行为引起。在审理此类案件时，首先，要审查基础法律关系。把握民间借贷法律关系成立的两个要件，即借贷合意之达成和款项实际支付之事实，综合认定双方是否形成实际欠款关系。其次，要严格把握案件细节。从审查款项支付的时间、项目、数额等法律事实及款项支付目的、给付方式等细节着手，结合当地的交易习惯等因素，综合审查判断借贷事实是否已经真实发生。最后，要灵活应用证据规则。明确审理思路，合理分配举证责任。对数额较大的欠款，应着重审查当事人的经济来源、实际履行能力、款项来源及去向、款项支付目的等。并可依据案件不同情况的需要，依法传唤当事人本人、第三人到庭陈述经过及对质；或依法传唤一方当事人与己方证人“背靠背”到庭陈述经过；必要时依职权调查取证。

本案在仅有借条的情况下，根据“谁主张，谁举证”原则，要求杨某英就其已实际提供借款进行举证。杨某英主张其通过代何某卿向黄某南等偿还欠款的方式来进行借款支付，但是杨某英既不能证明其与何某卿存在以此方式来支付借款的合意，也不能证明其已实际交付该款项。特别是在黄某南等到庭后，杨某英的主张与黄某南等的陈述中关于借款的金额、利息的约定及还款的数额等方面均存在不一致之处，且何某卿亦提交了其已向黄某南等部分还款的证据。综合上述情况，何某卿所尚欠黄某南等的债务数额与讼争借款金额并无法对应起来，杨某英主张已代何某卿向黄某南等偿还所有借款但借条原件仍在黄某南等处的事实亦与日常交易习惯和常理不符，故在杨某英不能证明其与何某卿存在以债务转移的方式来支付借款的合意，也不能证明其已实际交付讼争借款的情况下，其主张难以采纳。因此，法院综合判定本案的借贷事实并未真实发生，双方不存在讼争借贷关系。

本案的现实意义在于，主张借贷关系成立的一方当事人，应该就借贷关系系真实意思表示、出借财产的权利归属、借款的实际交付承担举证责任，因此实践中除保留好相关的借条外，若系代为向他人偿还借款，还应在借条中写明具体的代为偿还的合意内容、偿还方式等，并保留代为偿还的相关的转账凭证、交易记录等支付凭据。相反，对于只有借条的民间借贷案件，被告应积极应诉答辩，以维护自身合法权益。

编写人：福建省厦门市思明区人民法院　李吟

2

仅有转账凭证之举证“博弈”

——汪某诉江某明民间借贷案

【案件基本信息】

1. 裁判书字号

广西壮族自治区河池市中级人民法院（2020）桂12民终55号民事裁定书

2. 案由：民间借贷纠纷

3. 当事人

原告（上诉人）：汪某

被告（被上诉人）：江某明

【基本案情】

2019年3月14日，汪某通过其账户向江某明转款10万元人民币，交易用途一栏注明为“对方借款”。同年4月30日，汪某再次通过其账户向江某明转款5万元人民币，交易用途一栏注明为“借款”。现汪某据上述两次转款的网上银行电子回单向江某明主张还款，提起本案诉讼。

【案件焦点】

1. 汪某所诉的与江某明发生的借贷关系是否成立有效；2. 双方当事人之间的基础法律关系如何认定。

【法院裁判要旨】

广西壮族自治区河池市金城江区人民法院经审理认为：民间借贷的成立应当同时具备两个要件：其一，双方的借款合意；其二，出借人的资金交付。本案中，用以表明双方借款合意的证据仅为银行转账凭证上交易用途一栏注明的“借款”，因该标注行为系转款人的单方行为，决定了在证据的证明力上，该转账凭证仅具备证据能力和一定程度上的证明力，并不具备当然的证明力。结合江某明就其抗辩意见举证的相关微信、短信聊天记录、录音光盘及证人的出庭作证等证据，用以证明涉案款项的交付源于双方其他债务。就借款合意而言，按照民事诉讼证据高度盖然性的证明标准，江某明提供的反驳性证据更加弱化了汪某提供银行电子回单的证明目的。根据《最高人民法院关于审理民间借贷案件适用法律若干问题的规定》第十七条“原告仅依据金融机构的转账凭证提起民间借贷诉讼，被告抗辩转账系偿还双方之前借款或其他债务，被告应当对其主张提供证据证明。被告提供相应证据证明其主张后，原告仍应就借贷关系的成立承担举证证明责任”的规定，法院认为汪某就其主张的案涉款项交付基于借贷关系而产生的举证证明责任尚未完成，应承担举证不能的法律后果，故汪某由此提出的本案诉请法院不予支持。至于双方基于何种法律关系交付案涉款项不属于本案审理范围，也不阻碍今后各方依照正确的法律关系主张权利。

广西壮族自治区河池市金城江区人民法院依照《最高人民法院关于审理民间借贷案件适用法律若干问题的规定》第十七条、《最高人民法院关于民事诉讼证据的若干规定》第二条之规定，判决：

驳回汪某的诉讼请求。

汪某不服一审判决，提起上诉。

广西壮族自治区河池市中级人民法院在审理过程中，汪某申请撤回其上诉。河池市中级人民法院审查后认为：汪某在本案审理期间提出撤回上诉的请求，不违反法律规定，予以准许。

广西壮族自治区河池市中级人民法院依照《中华人民共和国民事诉讼法》第一百七十三条之规定，裁定：

准许汪某撤回上诉。

【法官后语】

民间借贷由古至今可谓历史悠久，其融资快、手续灵活简便，是世界范围内广泛存在的民间金融活动。随着电子信息技术的快速发展，审判实践中一些类型的民间借贷纠纷给承办法官带来了不小的挑战，如何在保护当事人的合法权益与防止当事人借以诉讼达到其不法目的之间去伪存真，除了法官对法律的熟知与理解之外，还考验着法官的经验常理、内心的理性与良知。本案中汪某仅凭转账凭证主张借贷要求被告予以偿还便是其中之一。我们知道民间借贷是诺成性与实践性的结合体，故此才有了民间借贷成立应当同时具备的两个要件即双方的借款合意和出借人的资金交付。本案中，汪某为其主张提供了其向江某明的银行转账凭证，资金交付当毋庸置疑，而且转账凭证上还特别备注了“对方借款”，汪某认为事实清楚、证据充分，据此提起民间借贷之诉讼。但从举证责任来说，汪某只是完成了初步的举证责任，诚如判决理由中提到的转账凭证上标注“对方借款”是单方行为，不能因此即认定为借款合意。诉讼中江某明提供了反驳性证据抗辩资金的交付源于双方其他债务而非借贷。这就涉及举证责任何时转移及转移的标准如何把握的问题，对此不宜将“借款人”据以抗辩的反驳性证据的证明标准要求过高，只要达到法官内心确信，符合高度盖然性的证明标准即可。基于此，一审法院认为本案举证责任因江某明的举证抗辩发生了转移，汪某就其主张的案涉款项交付基于借贷关系而产生的举证证明责任尚未完成，应继续就双方存在借款合意承担举证证明责任。汪某因最终未能举证证明，一审法院故此驳回了其以民间借贷为由要求江某明偿还所交付资金的诉讼请求。

综上，仅有转账凭证之民间借贷，除了是当事人之间的举证“博弈”之外，更是对法官综合素质的考验。

编写人：广西壮族自治区河池市金城江区人民法院　梁聪

3

借贷合意及交付均存在瑕疵情况下借贷关系的认定

——青溪中心诉京鼎隆公司民间借贷案

【案件基本信息】

1. 裁判书字号

北京市第二中级人民法院（2019）京02民终5610号民事判决书

2. 案由：民间借贷纠纷

3. 当事人

原告（上诉人）：青溪中心

被告（被上诉人）：京鼎隆公司

【基本案情】

2011 年 10 月 31 日，京鼎隆公司为支付安华景苑饭店场地租金、退还租户保证金、支付工人工资和支付水电费等从青溪中心借款共计 68 万元，京鼎隆公司于 2011 年 10 月 31 日出具收据。2012 年 1 月 18 日，京鼎隆公司又因经营需要向青溪中心借款 10 万元，同日京鼎隆公司出具收据。时至今日，京鼎隆公司仍未还款，故青溪中心诉至法院。

【案件焦点】

双方之间是否存在 68 万元的借贷关系。

【法院裁判要旨】

北京市西城区人民法院经审理认为：涉案 68 万元借贷关系不存在，依据如下：

一、青溪中心主张的 68 万元中 55 万元来源和交付存疑

1. 青溪中心未提交证据证明是青溪中心或郭某水向京鼎隆公司账户存入的 38 万元。

2. 送存 38 万元的单据显示，款项“来源”系房租款，青溪中心的主张与之相悖。

3. 涉案款项发生时，郭某水存在以京鼎隆公司名义签订合同并以青溪中心名义代京鼎隆公司收取保证金的行为，故不能排除该 38 万元系青溪中心代收房租的可能。

4. 17 万元的转账由青溪中心账户转出，但青溪中心并无相关财务记载或记账凭证。同时考虑到前述第 3 点情况，该 17 万元的来源亦存疑。

综上，青溪中心关于该 55 万元来源、用途和交付的解释均与在案证据相悖，不能排除合理怀疑，故不予采信。

二、青溪中心关于13万元的交付存疑

1. 现有证据无法反映13万元已全部实际支出。即使实际支出亦系郭某水支出而非青溪中心。考虑到郭某水个人当时负责经营京鼎隆公司，13万元的来源及用途是否是郭某水的出资存疑。

2. 按青溪中心所称，68万元均发生于2011年10月，但当月及之后三个月的财务明细并无记载。且在2012年1月之后，郭某水与其他三方多次清算京鼎隆公司账目时亦从未提及。

3. 所谓借款发生后，郭某水参与京鼎隆公司财务核算时从未提及借款。该表现在借款不存在的情况下更具有合理性。

三、68万元的收据在反映借贷合意方面存在重大瑕疵

1. 所谓借款发生时，郭某水系青溪中心的法定代表人，同时负责经营京鼎隆公司。而收据记载收款人为郭某水，交款人为焦某红（郭某水认可焦某红系其配偶），无其他人员参与。

2. 青溪中心对京鼎隆公司无权擅自作出借款的意思表示明知，其不是善意相对人。

故法院认为，虽收据加盖有京鼎隆公司财务章，但考虑到前述情节，同时结合前述关于涉案款项来源和交付的情况，无法确认加盖财务章系京鼎隆公司的公司行为，亦无法确认双方就68万元存在借贷合意。

综上，青溪中心提供的证据既不足以证明其与京鼎隆公司之间存在借贷合意，亦不足以证明其实际交付了所谓借款，故对其关于双方存在68万元借贷关系的主张不予采信，对其相应诉请不予支持。

经审理确认另10万元借款尚欠50903元未还。

北京市西城区人民法院依照《中华人民共和国合同法》① 第二百零六条、第二百零七条，《中华人民共和国民事诉讼法》第六十四条第一款，《最高人民法院关

① 《中华人民共和国民法典》于2021年1月1日起实施，《中华人民共和国婚姻法》《中华人民共和国继承法》《中华人民共和国民法通则》《中华人民共和国收养法》《中华人民共和国担保法》《中华人民共和国合同法》《中华人民共和国物权法》《中华人民共和国侵权责任法》《中华人民共和国民法总则》同时废止。最高人民法院对相关司法解释也进行了废止或修改。本书收录的案例均裁判于《中华人民共和国民法典》生效前，适用的是当时有效的法律法规及司法解释，下文将不再对此进行提示。

于审理民间借贷案件适用法律若干问题的规定》第二十九条第二款第一项，《最高人民法院关于适用〈中华人民共和国民事诉讼法〉的解释》第九十条、第九十一条之规定，判决：

一、京鼎隆公司于本判决生效后七日内返还青溪中心借款本金50903元，并按中国人民银行同期贷款基准利率支付自2016年11月25日起至实际还清之日止的利息（以尚欠本金为基数，利率标准同时以年利率6%为上限）；

二、驳回青溪中心其他诉讼请求。

青溪中心不服一审判决，提起上诉。

北京市第二中级人民法院经审理同意一审法院裁判意见。依照《中华人民共和国民事诉讼法》第一百七十条第一款第一项之规定，判决：

驳回上诉，维持原判。

【法官后语】

民间借贷案件，常见类型为出借人起诉要求借款人还款。该类案件认定借款人承担还款责任的前提是借贷关系实际发生，故案件审查重点就在于此。

司法实践中，就借贷关系是否实际发生，法院通常从借贷合意及借款交付两方面进行审查。

所谓借贷合意，即当事人之间关于设立借贷关系的意思表示达成一致。其表现形式多样，既有借条、欠条、收条、借据等单方出具的债权凭证，也有借款合同、借款协议等双方签订的协议。

所谓借款交付，即出借人向借款人实际交付款项。交付方式也表现多样，如现金直接交付、转账、存款、指示他人代为交付、按借款人指示向代收人交付等，其凭证多表现为收条、转账记录或凭证、代为付款或代为收款一方的确认等。

主张借贷关系存在的一方当事人，应当就借贷关系的成立承担举证责任，即应当就借贷合意及借款交付承担举证责任。如果其举证无法使借贷事实存在达到高度可能性，或者较对方证据不具有明显优势导致待证事实真伪不明的，应当认定借贷事实不存在，相应不利后果由出借人自行承担。

借贷合意的审查重点在于各方独立的意思表示达成一致，即既有各方独立作出的意思表示，又有意思表示的一致。意思表示形式上的一致通常体现在债权凭证或借款合同等文件中，审查一般不存在困难。困难之处在于由独立的意思表示至达成一致的过程，即借贷关系形成的过程。

对借贷关系形成过程的审查通常无法直接进行，需要借助其他方面的考察综合判定。如通过审查借款用途，可以考察借贷发生的原因和前提；通过审查借贷双方关系、出借方经济能力、款项来源、合同签订时间、地点、过程、场景等，可以考察借贷真实、自愿发生的可能性大小；通过审查债权凭证或协议约定的权利义务关系内容，同时结合法律规定，可以考察各方真实意思尤其是关于利息约定方面的真实意思的内容。

具体到本案，青溪中心陈述的借款用途多样，但证据并不充分，京鼎隆公司不予认可，借款用途存在疑点；借贷双方因郭某水产生关联关系，款项来源存在疑点；收据出具时间、地点、过程、场景等均不详，存在疑点，导致京鼎隆公司的自愿性无从判断；收据写明的内容与其他证据不能相互印证或存在相悖之处，故京鼎隆公司的真实意思亦无从判断。综上，作为借贷合意载体的收据效力上存在重大瑕疵。

借款交付的审查重点在于交付凭证，无直接交付凭证，则应结合其他相关情况综合判断。如虽无交付凭证，但债权凭证或协议载明收到现金的，可结合款项金额等因素进行判断。如金额较大，现金交付不合常理的，仍应要求原告继续就借款来源、交付时间、地点、方式、场景等进行举证，举证不能或不充分，又无其他可以排除合理怀疑的证据的（如虽无直接交付凭证，但借款人对同笔大额借款多次确认，出借人就交付给予合理解释，借款人又不能就多次确认作出合理解释的，则应认定借贷事实存在)，则对借贷事实不予认定。如债权凭证或协议无交付记录的，应当要求原告就前述情况进行举证，举证不能或不充分，不能排除合理怀疑的，对借贷事实亦不予认定。

具体到本案，收据虽写明收到借款68万元，但金额较大，需青溪中心就款项来源、交付时间、交付方式等进一步举证。但其并未提交充分证据证明款项来源、交付方式等，结合青溪中心存在代京鼎隆公司收取部分租户租金的情况，导致不能排除合理怀疑，因而对其主张的交付事实亦不予确认。

因青溪中心未能充分举证证明借贷合意及借款交付，故法院对其主张的借贷事实不予确认，并进而判令其自行承担不利的法律后果。

编写人：北京市西城区人民法院　黄俊杰　赵萌

4

名为典当但不具备典当典型特征的资金融通关系应认定为民间借贷法律关系

——天润公司诉俊发公司、拓普公司民间借贷案

【案件基本信息】

1. 裁判书字号

新疆生产建设兵团第二师中级人民法院（2019）兵02民终258号民事判决书

2. 案由：民间借贷纠纷

3. 当事人

原告（上诉人）：天润公司

被告（上诉人）：俊发公司

被告（被上诉人）：拓普公司

【基本案情】

2012年12月5日，天润公司与俊发公司分别签订内容相同的三组合同，每组合同包括三份协议，分别是《房地产抵押典当合同》（主合同）、《借款协议》《房地产抵押合同》。《房地产抵押典当合同》主要内容：俊发公司将其自建的坐落在库尔勒市××路水岸名都共计36套商品房作为抵押物典当给天润公司申请贷款，天润公司经审核确定向俊发公司共计贷款900万元。贷款期限自2012年12月5日至2013年6月5日，期限为6个月。典当综合服务费率每月为贷款金额的2.5%。典当期限届满后五日内，俊发公司既不赎当，又不续当的，即为绝当。绝当后，俊发公司自愿放弃抵押的房产，同意天润公司对该房产按照有关规定处理，以此来抵偿天润公司的贷款本息和综合服务费并自愿协助或承担办理过户手续。《借款协议》主要内容：俊发公司将评估价值共计17745257.6元上述36套商品房抵押典

当，天润公司同意借给俊发公司现金共计 900 万元。俊发公司保证上述房产权属清楚。俊发公司不能按时偿还本金及利息，担保方拓普公司承担连带担保责任。担保期间自借款期限届满之次日起两年。《房地产抵押合同》规定了抵押期限。天润公司于 2012 年 12 月 7 日向俊发公司转账支付了 765 万元贷款，预扣 135 万元综合服务费。天润公司向俊发公司出具三张当票，当票均显示典当金额 300 万元，综合费用 45 万元，实付金额 255 万元，典当期限自 2012 年 12 月 17 日至 2013 年 6 月 14 日。上述三组合同到期后至 2018 年 12 月 16 日，天润公司与俊发公司每 6 个月期限届满后续当一次，共续当 11 次。续当时，天润公司与俊发公司均要续签三组合同。

因上述 36 套商品房尚不具备办理抵押权登记的条件，2012 年 12 月 4 日，天润公司与俊发公司对涉案 36 套商品房签订《商品房预售合同》并在库尔勒市房地产管理局办理预购商品房预告登记。

2018 年 12 月 19 日，天润公司与俊发公司对账显示：截至 2018 年 12 月 13 日，俊发公司欠本金 900 万元，归还综合费 361.5 万元，欠综合费 1258.5 万元。

【案件焦点】

天润公司与俊发公司之间是典当法律关系还是民间借贷法律关系。

【法院裁判要旨】

新疆生产建设兵团库尔勒垦区人民法院经审理认为：根据双方签订的三组合同，并参照《典当管理办法》第三条规定，天润公司与俊发公司之间形成典当合同法律关系。该三组合同与之后续当签订的合同系双方真实意思表示，不违反法律、行政法规的强制性规定，对双方均有约束力。

新疆生产建设兵团库尔勒垦区人民法院依照《中华人民共和国合同法》第一百零七条规定，判决：

俊发公司于本判决生效之日起十五日内向天润公司偿还当金 765 万元，以月费率 2.5% 向天润公司支付综合服务费。

天润公司、俊发公司不服一审判决，提起上诉。

新疆生产建设兵团第二师中级人民法院经审理认为：《典当管理办法》对典当行为做出了实质性规定和限制，其目的是避免典当行实施名为典当实为高息借贷的违法行为。本案不符合《典当管理办法》所规定的典当行为。第一，天润公司与俊发公司没有依据《典当管理办法》第四十二条规定到有关部门先行办理抵押登记，而是签订《商品房预售合同》并办理预购商品房预告登记。双方办理预购商品房预告登记行为，不符合典当房地产抵押担保的构成要件。第二，天润公司与俊发公司续当时没有依据《典当管理办法》第三十九条规定结清前期利息和当期费用，违反了典当经营应当遵守的限制性规定。第三，《典当管理办法》第四十三条第一项规定，当物估价在3万元以上的，可以按照《中华人民共和国担保法》的有关规定处理，也可以双方事先约定绝当后由典当行委托拍卖行公开拍卖。本案天润公司未按《典当管理办法》规定的方式实现其典当权利，而是以直接提起民事诉讼的方式要求俊发公司偿还欠款。综上，本案不符合典当法律关系的性质和构成要件，天润公司与俊发公司实际上构成民间借贷法律关系。

新疆生产建设兵团第二师中级人民法院依照《中华人民共和国民事诉讼法》第一百七十条第一款第二项规定，判决：

俊发公司于本判决生效之日起十日内偿还天润公司借款本金765万元，以月息2.0%向天润公司支付利息。

【法官后语】

本案中，天润公司是典当行，应依据《典当管理办法》从事典当业务。《典当管理办法》第三条规定，典当，是指当户将其动产、财产权利作为当物质押或者将其房地产作为当物抵押给典当行，交付一定比例费用，取得当金，并在约定期限内支付当金利息、偿还当金、赎回当物的行为。根据该条规定，典当的实质是典当行收取当物作为债权担保向当户出借当金的行为，典当作为一种特殊的资金融通方式，具有不同于民间借贷的典型特征。根据《典当管理办法》第三十七条、第三十八条规定，典当行可以向当户收取当金利率和典当综合费用，当金利率按中国人民银行公布的银行机构6个月期法定贷款利率及典当期限折算后执行；典当综合费用包括各种服务及管理费用，房地产抵押典当的月综合费率不得超过当金的2.7%。

民间借贷同样是一种资金融通方式，《最高人民法院关于审理民间借贷案件适用法律若干问题的规定》第二十五条对利息有一个上限规定，即月息不得超过2.0%。实践中有很多民间借贷不具备典当的典型特征，但披着典当的外衣，目的就是为了突破民间借贷资金使用费率不得超过月息2.0%的限制规定。本案中，天润公司是典当行，与俊发公司签订《房地产抵押典当合同》，俊发公司作为当户以36套房产抵押典当给天润公司，天润公司向俊发公司出借900万元当金。双方签订抵押典当合同，但是双方法律关系却并不具备典当的典型特征，主要表现在：1.天润公司与俊发公司没有到有关部门先行办理抵押登记，而是签订《商品房预售合同》并办理预购商品房预告登记。双方办理预购商品房预告登记行为，不符合典当房地产抵押担保的构成要件。2.《典当管理办法》第三十九条规定，续当时，当户应当结清前期利息和当期费用。天润公司与俊发公司续当时没有结清前期利息和当期费用，违反了典当经营应当遵守的限制性规定。3.《典当管理办法》第四十三条第一项规定，当物估价在3万元以上的，可以按照《中华人民共和国担保法》的有关规定处理，也可以双方事先约定绝当后由典当行委托拍卖行公开拍卖。本案天润公司未按《典当管理办法》规定的典型方式实现其典当权利，而是以直接提起民事诉讼的方式要求俊发公司偿还欠款。另外，房地产典当作为一种资金融通方式，其典型的担保方式是典当行收取当物作为债权担保，而本案中，天润公司除了收取36套房产作为当物抵押担保，双方在《借款协议》中还明确约定，拓普公司为案涉债权提供连带责任保证。拓普公司提供人保的担保方式也突破了典当关系的典型特征。综上，天润公司与俊发公司成立民间借贷法律关系，双方综合服务费及当金利息总的费率不得超过月息2.0%。

确定法律关系的性质不应拘泥于当事人在合同文本中使用的名称，而应以穿透式审判思维，根据法律关系的典型特征确定法律关系的性质，从而确定案由。本案中，双方披着典当法律关系的外衣，月综合服务费率为2.5%，实质上双方法律关系却不具备典当的典型特征。本案以穿透式审判思维否定双方典当法律关系，而以民间借贷法律关系确定双方法律关系的性质也符合“金融服务实体经济”司法政策，同样也有利于典当行规范自身经营行为。

编写人：新疆生产建设兵团第二师中级人民法院　郭枫

5

名为借款实为投资款的正确认定

——路某强诉谷某平民间借贷案

【案件基本信息】

1. 裁判书字号

山东省淄博市中级人民法院（2019）鲁03民终3748号民事判决书

2. 案由：民间借贷纠纷

3. 当事人

原告（上诉人）：路某强

被告（被上诉人）：谷某平

【基本案情】

2016年1月21日，路某强和徐某颖在谷某平处，由徐某颖书写内容为“因经营茶叶需资金周转谷某平借用路某强现金壹拾贰万伍仟元正（125000元）保证在2017年1月前全部或逐步还清路某强借款，并赠送路某强部分茶叶，如到期在2017年1月前不能还清，谷某平承担全部责任。落款处为经办借款人：谷某平”的单据一张。单据中借用“路某强”处的“路某强”为路某强本人所签，经办借款人处的“谷某平”为谷某平本人所签。下附的谷某平姓名和账号非谷某平所写，路某强姓名、身份证号码及银行卡号为路某强所写。2016年1月22日，路某强用其妻姐路翠某的账户代其向该单据上注明的谷某平的账号汇款12.5万元。2016年1月23日，谷某平将12.5万元转入徐某军账户。2016年1月30日徐某军转入路某强妻子路俊某账户4074元，2016年1月31日该笔款项被全额提取。路某强起诉要求谷某平归还借款12.5万元。

案外人徐某军自2014年8月进入汇爱公司成为会员，为汇爱公司山东总代理，2018年12月4日被湖南省安化县人民法院以组织、领导传销活动罪判处有期徒刑并处罚金20万元。在徐某军临淄的办公室留存的历史遗留问题统计表及投资构架图均显示路某强为汇爱公司投资者，级别为中级茶商，投资时间为2016年1月22日，投资金额为12.5万元，库存电子币62613，投资回报为4074元。徐某军向法院出具谷某平介绍路某强、徐某颖成为汇爱公司会员的情况说明、两人的会员号及级别登记说明。双方申请并共同选定中国人民公安大学公安学研究所心理测试中心进行心理测试（测谎），但路某强经法院两次通知均未按时前往该中心测试。2019年1月10日，该中心出具公大（心）测字第（2019）第2号心理测试报告，测试结果检测到谷某平记忆中存在路某强的12.5万元借条款实际是投资款的相关信息（仅供参考）。2019年1月11日，该中心出具公大（心）测字第（2019）第3号心理测试报告，测试结果检测到徐某颖、谷某平记忆中存在徐某颖的12.5万元借条款是投资款的相关信息（仅供参考）。

【案件焦点】

双方之间是否存在真实借贷关系，涉案的12.5万元究竟是借款还是投资款。

【法院裁判要旨】

山东省淄博市临淄区人民法院经审理认为：首先，从路某强提供的证据分析，其承认之前并不认识谷某平，最初是谷某平向徐某颖借25万元，徐某颖没有那么多钱，让其出一半，其借钱是看在徐某颖面子上，而双方争议的“汇爱黑茶”投资12.5万元后成为中级茶商会员，且可获得汇爱公司赠送的价值12.5万元的黑茶产品，路某强虽认可收到部分茶叶，但具体价格不明。路某强恰好转账12.5万元，且在根本不认识谷某平的情况下出于“看在徐某颖面子上”借款给谷某平而又不约定利息，明显与常理相悖，与发生在自然人之间的民间借贷不符。因此，谷某平主张即便该借条被认定为真实，也只说明了该“借条”实际为代收路某强投资“汇爱黑茶”的入会收据符合本案实情。路某强提供的证据不足以证实双方存在借贷关系。其次，从谷某平提交的证据分析，证人徐某军因身体有病未到庭作证，但其提供的证言和路某强投资汇爱公司会员信息和获得的部分分红，与证人黄某强、詹某东当庭作证、大地人律师事务所律师王某会见徐某军制作的会见笔录等能够相互印证，且徐某军已因组织、领导传销活动罪被判刑，其证言客观真实。路某强无证据证实其转账给谷某平12.5万元以后注册会员及获得部分分红均系谷某平操作，谷某平在收到路某强12.5万元款项后次日全部转至汇爱公司山东总代理徐某军账户，徐某军收款后也已向路某强支付等价的茶叶，路某强在收到茶叶后也按照投资分红规则得到了4074元分红，该分红是徐某军直接转至路某强提供的账号上。且路某强对于该4074元的陈述前后三次均不一致，自相矛盾。而所谓“借条”约定还款日为2017年1月，转款却在借条记载日期（2016年1月21日）后9天，且按4074元8天（路某强实际转款为2016年1月22日）反算利率超过年息100%，谷某平不可能借这么高利息的借款。最后，双方申请并共同选定机构进行心理测试（测谎），虽然目前在我国法律体系中测谎结论不是法定证据形式，但是可以作为审查、判断法定证据的辅助手段。路某强自愿申请并选定测试机构，但其无正当理由拒绝参加测试，应视为对其自身权利的放弃，对此应承担相应法律后果。本案中测试报告的结论和路某强拒绝参加测试应作为认定双方之间不存在借贷和涉案款项12.5万元为投资款的理由。综上所述，谷某平提供的证据以及测谎结论能够形成完整的证据链条，足以推翻路某强提供的所谓借条和转账予以证明的借贷关系，证实涉案12.5万元是投资款而不是借款，双方根本不存在民间借贷的合意，双方不存在真实民间借贷关系，所收款项也非借款而是路某强借谷某平账户向汇爱公司的投资款。

山东省淄博市临淄区人民法院依照《中华人民共和国合同法》第一百九十六条，《最高人民法院关于审理民间借贷案件适用法律若干问题的规定》第十五条第一款，《中华人民共和国民事诉讼法》六十四条，《最高人民法院关于适用〈中华人民共和国民事诉讼法〉的解释》第九十条之规定，判决：

驳回路某强的诉讼请求。

路某强不服一审判决，提起上诉。

山东省淄博市中级人民法院经审理认为：谷某平提供的汇爱公司历史遗留问题统计表及投资构架图客观真实，依法应予采信，以上证据均显示路某强为汇爱公司投资者，且显示路某强的会员号、会员级别、投资时间及投资回报，该证据亦与证人詹某东、黄某强及徐某军的证人证言相印证；徐某军于2016年1月30日向路某强网上转款4074元，路某强对该款项性质在本案三次庭审过程中陈述均不一致，亦不能作出合理解释；以上证据能够形成完整的证据链，相互印证涉案款项性质实为投资款。

山东省淄博市中级人民法院依照《中华人民共和国民事诉讼法》第一百七十条第一款第一项规定，判决：

驳回上诉，维持原判。

【法官后语】

本案主要涉及司法实践中对于名为借款实为投资款的正确认定问题。

借款与投资款在法律上属于两种性质完全不同的款项。借款是基于借贷关系而来，投资款则是基于投资关系而产生。近年来，实践中确实存在部分名为借款实为投资款的情形，由此而引发的民间借贷纠纷亦不鲜见。本案即此类情形下的典型案例。本案中路某强要求谷某平归还借款12.5万元并提供了相应的单据和转账记录，但谷某平一直辩称双方之间并不存在真实的民间借贷关系，涉案的12.5万元并非借款，而是路某强借其账户向汇爱公司的投资款，依法不应予以偿还。经过认真细致的审理，一、二审法院最终均认定涉案款项系投资款而非借款，双方并不存在真实借贷关系，并据此判决驳回路某强的诉讼请求。从中不难看出，正确厘清涉案款项的性质从而认定双方之间是否存在真实的民间借贷关系无疑是正确处理此类民间借贷纠纷案件的关键。

《最高人民法院关于审理民间借贷案件适用法律若干问题的规定》第十五条第一款规定："原告仅依据借据、收据、欠条等债权凭证提起民间借贷诉讼，被告抗辩已经偿还借款的，被告应当对其主张提供证据证明。被告提供相应证据证明其主张后，原告仍应就借贷关系的存续承担举证责任。"根据该规定，在原告以民间借贷为由提起的民间借贷纠纷案件中，原告虽有债权凭证作为证据，但若被告依据真实的基础法律关系提出抗辩并提供相应证据证明原告主张的债权并非系因民间借贷行为引发的，人民法院此时应当实事求是，按照查明真实的基础法律关系对原告的主张进行审理并作出处理。据此，在名为借款实为投资款的情形下，被告辩称双方不存在借贷关系并举证证明基础法律关系实际为投资关系的，人民法院应当对于涉案款项的性质进行实质上的甄别与审查，从而查明真实的基础法律关系并据此认定涉案款项性质，进而作出正确处理。之所以如此，还在于借款和投资款虽然都是一定经济主体的经济行为，但二者在性质、来源、运用及目的等方面其实都具有本质性区别，这种本质性区别也决定了对于涉案款项截然不同的处理结果。具体表现在如下几个方面：第一，因民间借贷法律关系而产生的借款属于一种债权，投资法律关系虽然也是协议行为，但因其而产生的投资行为在本质上属于投资者对自己所有款项的一种消费或者说处分行为，故投资款本身并不是因投资而直接产生的债权。第二，民间借贷的目的可能是多种的，并且没有约定利息的民间借贷是无偿的，此时不存在因借贷而获取收益，但投资的目的则是获取一定的收益或效益。第三，民间借贷如果是有偿的，其收益明显是确定的，但投资款可能获取的收益则是不确定的。第四，从法律上来讲，民间借贷系借款合同法律关系，出借方在借款到期后有权收回本金及约定的利息，即“固定回报、不担风险”；但如果是投资关系，投资方无权随意要求撤回投资且要承担投资风险，即投资不存在固定回报，而是“风险与收益共担”。

通过上述的分析不难看出，因为借款和投资款具有本质性区别，涉案款项如果认定为借款，则人民法院依法应当判令被告无条件归还借款；但如果认定为投资款，则双方之间并不存在真实民间借贷关系，人民法院应判决驳回原告要求被告归还借款的诉讼请求。故在司法实践中应当正确理解投资与借贷的含义，科学甄别涉案款项究竟为借款还是投资款，从而切实维护当事人的合法权益。本案就是如此。本案中，虽然路某强提供了所谓的借据和转账记录，但借据内容明显存疑。谷某平提供的汇爱公司历史遗留问题统计表及投资构架图则显示出路某强为汇爱公司投资者，且显示出路某强的会员号、会员级别、投资时间及投资回报，该证据亦与证人詹某东、黄某强及徐某军的证人证言相印证；徐某军于 2016 年 1 月 30 日向路某强网上转款 4074 元，路某强对该款项性质在本案三次庭审过程中陈述均不一致，亦不能作出合理解释。谷某平的上述证据相互印证，能够形成完整的证据链证实涉案款项性质实为投资款而非借款，加之本案还有测谎结论作为审查判断证据的辅助，进一步增强了法官的内心确信。

编写人：山东省淄博市中级人民法院　荣明潇

山东省淄博市张店区人民法院　刘晓辉

6

股权投资与借贷关系之间的转化与基础法律关系的认定

——谭某华诉骆某娟、高某标民间借贷案

【案件基本信息】

1. 裁判书字号

北京市第一中级人民法院（2019）京01民终4635号民事判决书

2. 案由：民间借贷纠纷

3. 当事人

原告（上诉人）：谭某华

被告（被上诉人）：骆某娟、高某标

【基本案情】

骆某娟与高某标系夫妻关系，骆某娟系量子公司的股东。

2015年11月，骆某娟和高某标因资金周转困难急需用钱，向谭某华提出借款。2015年11月28日，谭某华与骆某娟之间签署《股权转让协议》，约定骆某娟拟转让所持量子公司股份之0.65%，基于太极股份拟整体收购量子公司全部股份，谭某华愿意按双方协定的价格接受骆某娟拟转让的股份，若最终太极股份与量子公司的重组行为未能达成，谭某华可选择直接持有量子公司0.65%的股份或将本次交易的金额转为给骆某娟的借款，借款期间按36%的年利率计算利息。量子公司0.65%的股权价值为273万元。为不影响公司重组进程，双方约定上述股权在量子公司被整体收购前由骆某娟暂时代为持有。

2015年11月30日，谭某华向骆某娟转款163万元。骆某娟向谭某华出具收条一张，内容为：今收到谭某华支付的量子公司0.65%股份购买款共计人民币贰佰柒拾叁万元整。因《股权转让协议》中约定的重组事宜未能完成，谭某华（甲方、出借款人）、骆某娟（乙方、借款人）、高某标（连带责任保证人）于2017年1月

15 日签订《借款合同》，约定借款金额为 2925000 元，借款期为 6～12 个月，最迟还款期限为 2018 年 1 月 14 日，如借款期限未超过 8 个月，借款利息率约定为年化 12%，否则借款利息率约定为年化 24%。借款合同到期后，骆某娟、高某标未予偿还，故谭某华诉至法院。

经询问，双方当事人均认可《借款合同》中的 292.5 万元的性质为股权回购款。骆某娟、高某标认可 292.5 万元是按照当时重组的股权价值确定的，签订《借款合同》是认为这个价格可以成功，但由于重组没有成功，故不同意按照这个金额向谭某华支付。量子公司重组最终失败的时间是 2018 年 4 月。《借款合同》签订之时，重组事宜尚未失败。

【案件焦点】

1. 双方当事人形成的民事法律关系的性质是民间借贷还是股权转让；2.《借款合同》中约定的 292.5 万元在量子公司重组失败后，是否应予调整。

【法院裁判要旨】

北京市海淀区人民法院经审理认为：股权转让协议中约定的事项未能完成，双方之间的民间借贷法律关系由股权转让合同转化而来，借条中记载的金额并非实际交付金额，借款本金应当以实际交付的 163 万元款项为准。骆某娟未按借款合同的约定按期履行还款付息义务是造成本案纠纷的主要原因，应承担相应的违约责任。高某标未履行保证义务，亦应承担相应的法律责任。

北京市海淀区人民法院依照《中华人民共和国合同法》第八条、第一百九十六条、第二百零五条、第二百零六条、第二百零七条，《中华人民共和国担保法》第十八条第二款、第十九条之规定，判决：

一、骆某娟于本判决生效之日起十日内偿还谭某华借款本金 1630000 元及利息（以 1630000 元为基数，自 2017 年 1 月 15 日至实际付清之日，按照年利率 24% 的标准计算）；

二、骆某娟于本判决生效之日起十日内给付谭某华律师费 50000 元；

三、高某标对骆某娟的上述付款义务承担连带清偿责任；

四、驳回谭某华的其他诉讼请求。

谭某华不服一审判决，提起上诉。

北京市第一中级人民法院经审理认为：2017年1月，量子公司的重组仍在进行中，谭某华提出解除《股权转让协议》，双方将量子公司0.65%股权价款金额确定为292.5万元，并签订《借款合同》约定延期支付。双方均认可《借款合同》实际约定的是股权回购款，故双方当事人的基础法律关系应为股权转让合同，二审将案由调整为股权转让纠纷。

关于股权回购款金额的认定问题，首先，应确认《借款合同》系《股权转让协议》之后签订的新协议。《借款合同》签订之时，量子公司的重组仍在进行中，并未发生重组失败的情况，《借款合同》系双方的真实意思表示，应是重新达成对量子公司0.65%股权的转让协议，即骆某娟同意以292.5万元收购谭某华持有的量子公司0.65%的股权，该股权转让法律关系已经成立且生效，故骆某娟应向谭某华支付双方新商定的股权回购款292.5万元；其次，《借款协议》并未约定若量子公司重组不能成功，需对股权转让价款进行调整，故对骆某娟关于重组失败不应再按照原有价款支付的抗辩意见，不予支持。

北京市第一中级人民法院依照《中华人民共和国民事诉讼法》第一百七十条第一款第二项之规定，判决：

一、撤销北京市海淀区人民法院（2018）京0108民初6017号民事判决；

二、骆某娟于本判决生效之日起十日内向谭某华支付股权转让款2925000元及逾期付款违约金（以2925000元为基数，自2017年1月15日起至实际付清之日止，按照中国人民银行同期贷款利率的标准计算）；

三、骆某娟于本判决生效之日起十日内赔偿谭某华律师费50000元；

四、高某标对上述第二项、第三项确定的骆某娟的债务承担连带清偿责任；

五、驳回谭某华的其他诉讼请求。

【法官后语】

民间借贷关系中，出借人与借款人之间往往会签署借款合同，并以此为依据证明借贷关系的存在。然而，借款合同与借贷关系并非一一对应的关系，借贷关系也可能由股权投资等基础法律关系转化而来。因此，当原告以借款合同为依据提起民间借贷诉讼，被告却以借贷关系并非基础法律关系为由进行抗辩时，法院应当在审查认定双方当事人提交的证据的基础上查明案件事实，对双方存在的基础法律关系进行认定。与此同时，对当事人之间通过意思自治变更债权债务关系也不能一概予以否定。上述情形出现时，究竟应当依据基础法律关系进行审理，还是认定为法律关系的变更，需要在当事人行使处分权与法官行使审判权之间寻求平衡。

处分权指的是当事人有权在法律规定的范围内对实体权利和诉讼权利进行自由支配的权利，审判权与处分权相对，是国家赋予法院对案件进行审理和裁决的权力。一方面，审判权以当事人的诉讼请求为基础，受到当事人处分权的限制；另一方面，处分权的行使也要受到审判权的限制，二者之间是相互制约的关系。结合本案，谭某华依据借款合同要求骆某娟向其偿还借款的行为，是对自身权利的自由处分，而骆某娟以基础法律关系为股权转让而非借贷关系为由进行抗辩，拒绝履行还款义务，并使得待证事实陷入真伪不明的状态。此时，倘若法官仅仅依据当事人诉请的民间借贷关系进行审理，将无法对债权债务数额等基础事实加以准确认定，实际出借金额与借款合同中记载的借款数额之间产生的矛盾最终会影响判决的法律效果和社会效果。因此，应当在审查认定双方当事人提交的证据的基础上查明案件事实，认定双方存在的基础法律关系，唯有如此，才能够对当事人之间的债权债务关系加以准确认定和处理，实现纠纷的一次性解决。

关于欠款金额的认定，应当充分尊重当事人之间的意思自治。《中华人民共和国民法典》第一百四十二条第一款规定："有相对人的意思表示的解释，应当按照所使用的词句，结合相关条款、行为的性质和目的、习惯以及诚信原则，确定意思表示的含义。"既然双方签订有书面的借款合同，在没有相反证据证明可能存在欺诈、胁迫等不真实意思表示的情况下，应当严格依据合同中所记载的内容推断双方当事人的真实意思表示，适用"文义解释优先"的原则。结合本案，在公司重组事宜未确定之前，谭某华已经与骆某娟就前期支付的股权转让款作出约定，即谭某华出借给骆某娟借款292.5万元，作为有相对人的意思表示，应当严格按照借款合同中记载的条款的字面含义进行理解与认定，骆某娟应当自行承担重组不能所带来的资金风险。

编写人：北京市海淀区人民法院　徐丽霞　刘珈彤

7

名为房屋买卖合同定金实为民间借贷的借款的认定

——代某刚诉邹某、车某松民间借贷案

【案件基本信息】

1. 裁判书字号

四川省珙县人民法院（2019）川1526民再2号民事判决书

2. 案由：民间借贷纠纷

3. 当事人

原告（再审申请人）：代某刚

被告（再审被申请人）：邹某

被告：车某松

【基本案情】

2017年9月6日，代某刚与邹某签订《二手房买卖合同（按揭）》一份和《收据》一张，合同约定：邹某将其所有的房屋以60000元的价格出卖给代某刚，签订合同之日支付定金50000元，余款10000元在房产过户时支付。邹某于当日出具收条一张，载明收到购房定金50000元。代某刚分别于2017年9月5日、9月6日通过手机银行向邹某账户转款20000元、30000元。2017年10月3日，邹某向代某刚微信转款5000元，11月5日微信转款两笔共计6000元。

2018年1月4日，代某刚以邹某及其丈夫车某松为被告向法院提起民间借贷诉讼，要求邹某偿还借款36758元及利息，车某松承担夫妻共同债务连带清偿责任。代某刚向法庭提交了上述《二手房买卖合同（按揭）》及收条。庭审中邹某未到庭，（2018）川1526民初35号民事判决书判决认定代某刚主张民间借贷关系证据不足，驳回代某刚的诉讼请求。2018年8月2日，代某刚以邹某为被告向法院提起房屋买卖合同诉讼，要求解除《二手房买卖合同（按揭）》，并要求邹某返还购房

定金50000元并负担违约金25000元。代某刚向法庭提交了上述《二手房买卖合同（按揭）》及收条。依照《最高人民法院关于审理民间借贷案件适用法律若干问题的规定》第二十四条第一款规定，当事人以签订买卖合同作为民间借贷合同的担保，借款到期后借款人不能还款，出借人请求履行买卖合同的，人民法院应当按照民间借贷关系审理，并向当事人释明变更诉讼请求。当事人拒绝变更的，人民法院裁定驳回起诉。经法庭释明后，代某刚坚持不变更诉讼请求，（2018）川1526民初998号民事判决书判决驳回代某刚的诉讼请求。

2019年7月，代某刚以出现新证据为由申请再审（2018）川1526民初35号案件，宜宾市中级人民法院做出（2019）川15民申35号《民事裁定书》指令四川省珙县人民法院再审。

【案件焦点】

1. 双方民间借贷关系是否成立；2. 借款本金及利息如何认定；3. 本案是否适用先刑后民的原则；4. 关于车某松的还款责任。

【法院裁判要旨】

四川省珙县人民法院再审认为：代某刚与邹某达成民间借贷的合意，代某刚通过手机银行交付了借款，双方的民间借贷关系成立，双方以签订房屋买卖合同的方式为民间借贷作担保，但是双方没有房屋买卖合同的合意；双方在交付借款时预先扣除的利息5000元，依法扣减本金；邹某已经按月利率10%支付利息11000元，代某刚主动调减为按月利率2%计算，同意多支付的利息扣减本金；经过抵扣，尚余本金35738元，逾期利息自2017年11月6日起以本金35738元为基数，以月利率2%计算。邹某主张已向公安机关举报代某刚非法高利借贷行为，但截至本案辩论结束，邹某未提交证据证实公安机关已经刑事立案。在再审审查过程中，代某刚放弃要求车某松承担夫妻共同债务的连带清偿责任，法院予以支持。

四川省珙县人民法院依照《中华人民共和国合同法》第一百九十六条、第二百条，《最高人民法院关于审理民间借贷案件适用法律若干问题的规定》第二十六条、第二十七条，《中华人民共和国民事诉讼法》第二百零七条之规定，判决：

一、撤销（2018）川1526民初35号民事判决书；

二、邹某于本判决生效之日起十日内支付申请人代某刚借款35738元及利息。

【法官后语】

我国民事领域采“民事自治”原则，民事法律行为有效的基本条件之一则为“意思表示真实”，本案中，代某刚与邹某主观上达成以签订买卖合同作为民间借贷合同担保的民间借贷的合意，客观上交付了借款，代某刚以民间借贷关系起诉，邹某在房屋买卖合同中以民间借贷关系抗辩，根据“主客观一致”的原则，双方的民事行为的真实意思表示为：收条载明的金额名为买卖合同的定金，实为民间借贷的借款，据此，法院认定双方民间借贷关系成立。《中华人民共和国民法典》规定，依法成立的民间借贷关系应当受到法律的保护，但代某刚在本金中预先扣除5000元利息，违反《中华人民共和国民法典》第六百七十条“借款的利息不得预先在本金中扣除”的规定，依法扣减本金，并按扣减后的借款数额计算本金和利息。邹某主张代某刚涉嫌非法放贷，但未提交证据予以佐证，根据裁判文书网查询，也未找到代某刚涉及其他的民间借贷诉讼，邹某要求先刑后民中止审理，于法无据，不予支持。

笔者认为，民间借贷作为一种传统的借贷方式，长期存在于城乡之间，游离于正式的金融体系之外，具有自由性、随意性、广泛性的特征。近年来，随着社会经济的不断发展及受经济下行影响，民间借贷风险增高，借款人对资金需求迫切，选择铤而走险，接受超过自身承受能力的高额利率；放贷人缺乏专业的风险评估能力，借款后本金都无法收回，造成较大的经济损失。本案中，邹某处于借款人的弱势地位，出于对资金的迫切需要，同意支付超过国家规定的年利率3倍的利息，以获取借款，超过自身承受能力；代某刚缺乏专业的风险评估能力，以出借借款获得高额利息收入，其行为不仅导致无法收回本金，还将自己拖入了长达两年的诉讼，且可能涉嫌刑事处罚。

《最高人民法院关于审理民间借贷案件适用法律若干问题的规定》，结合审判实践，对民间借贷合同的成立、本金交付、利率计算、本息抵扣等做出了明确规定，明确了民间借贷纠纷案件的审理方向，但该规定作为裁判规范，并不为人民群众所熟知，尚未形成民间借贷行为成立时的“行为规范”，笔者认为，加大普法宣传，加强法律法规对民事行为的指引性作用，有利于让法律服务于“诉源治理”的大局，真正为人民服务，为经济发展服务。

编写人：四川省珙县人民法院　何利平

8

融资租赁与民间借贷的区分认定

——中车公司诉王某忠民间借贷案

【案件基本信息】

1. 裁判书字号

北京市第三中级人民法院（2019）京03民终6755号民事判决书

2. 案由：民间借贷纠纷

3. 当事人

原告（上诉人）：中车公司

被告（被上诉人）：王某忠

【基本案情】

2017年6月8日，中车公司（出租人）与王某忠（承租人）签订《融资租赁合同》（合同载明经销商为鑫晨公司），约定承租人同意根据本合同所规定的条款与出租人通过售后回租方式开展融资租赁业务，合同载明：融资租赁产品类型为促销产品；本合同项下的租赁年利率为0%，基于经销商为承租人提供的利息或者费用补贴6000元，实际执行年利率为0%；租赁物为宝沃牌汽车一辆；租赁物总价款为216800元，其中首付款66800元，后期车款150000元；融资费用中管理费用为18750元；租赁本金150000元，租赁期限36个月，租金支付方式为月付，租金计算方法为等额年金法，名义价款为1元/台。本合同签署之日即为起租日，租金支付方式为月付的，租金支付日为每月的15日。若承租人逾期租金，则承租人每日按逾期金额的万分之五向出租人支付罚息，罚息从承租人支付的款项中优先扣除。承租人有下列情形之一的，构成严重违约：第一期租金、月付累计两期租金或季付一期租金未按本合同约定的时间、金额支付。承租人发生严重违约行为之一的，出租人有权选择下列任何一种或几种补救措施：要求承租人按租赁本金的20%支付违约金，并采取必要措施控制租赁物的使用和处置，承租人承担由此造成的一切损失；要求承租人一次性支付本合同项下的到期未付租金及其罚息、未到期租金、转让租赁物所有权名义价款等应付款项。

2017年6月8日，中车公司向鑫晨公司汇款支付125250元。中车公司称王某忠支付给了鑫晨公司涉诉车辆首付款66800元。

融资租赁合同签订后，王某忠支付了2017年7月15日、8月15日、9月15日、10月15日、11月15日、12月15日以及2018年1月15日、2月15日八期租金共计33333.36元，之后王某忠未再支付租金。

2017年6月12日，涉诉车辆办理了《机动车登记证书》，机动车所有人为王某忠，抵押权人为中车公司，抵押登记日期为2017年6月13日。

【案件焦点】

中车公司与王某忠之间的法律关系属于融资租赁法律关系还是民间借贷法律关系。

【法院裁判要旨】

北京市密云区人民法院经审理认为：融资租赁合同是指出租人根据承租人对出卖人、租赁物的选择，向出卖人购买租赁物，提供给承租人使用，承租人支付租金的合同。根据《最高人民法院关于审理融资租赁合同纠纷案件适用法律问题的解释》第二条规定，承租人将其自有物出卖给出租人、再通过融资租赁合同将租赁物从出租人处租回的，法院不应仅以承租人和出卖人系同一人为由认定不构成融资租赁法律关系。本案中，涉诉车辆的首付款系由王某忠支付，租金的构成主要系中车公司支付的后期车款，对于涉诉车辆，中车公司作为出租方并非完全出资进行购买，合同虽约定融资租赁方式为售后回租，但实际履行方式并不符合售后回租情形的适用条件。此外，如中车公司对涉诉车辆享有所有权，则所有权人无法对自己设定抵押权，但本案涉诉车辆《机动车登记证书》上载明抵押权人为中车公司，显然违背事实和逻辑。综上，中车公司与王某忠之间名为融资租赁，实为对购买车辆的部分车款进行资金融通的民间借贷，双方之间成立民间借贷法律关系，借款数额为150000元。王某忠应当按照约定按时支付租金，即按时偿还借款，但王某忠怠于履行还款义务，已构成严重违约，故中车公司要求王某忠支付逾期租金以及未到期租金共计116666.64元的诉讼请求，实为要求王某忠偿还尚欠借款，该请求理由正当，证据充分，法院予以支持。出借人与借款人既约定了逾期利率，又约定了违约金或者其他费用，出借人可以选择主张逾期利息、违约金或者其他费用，也可以一并主张，但总计超过年利率24%的部分，法院不予支持。截至目前，中车公司主张的罚息和违约金已超过年利率24%，但因王某忠实际清偿借款本金的时间尚未确定，因此，法院对此予以分段核算。关于中车公司要求确认其对租赁物享有所有权的诉讼请求，缺乏事实和法律依据，法院不予支持。

综上所述，北京市密云区人民法院依据《中华人民共和国合同法》第一百零七条、第二百零六条、第二百三十七条，《最高人民法院关于审理融资租赁合同纠纷案件适用法律问题的解释》第二条，《最高人民法院关于审理民间借贷案件适用法律若干问题的规定》第三十条，《中华人民共和国民事诉讼法》第一百四十四条之规定，判决：

一、王某忠于本判决生效之日起七日内偿还中车公司借款116666.64元；

二、王某忠于本判决生效之日起七日内给付中车公司罚息（以8333.34元为基数，自2018年4月21日起至付清之日止，按年利率18%计算）；

三、王某忠于本判决生效之日起七日内给付中车公司违约金（其中以8333.34元为基数，自2018年4月21日至2019年6月6日，按年利率6%计算；以108333.3元为基数，自2018年4月21日至2019年6月6日止，按年利率24%计算；截至2019年6月7日违约金为3万元）；

四、驳回中车公司的其他诉讼请求。

中车公司不服一审判决，提起上诉。

北京市第三中级人民法院经审理认为：本案争议焦点为中车公司与王某忠之间的法律关系是否属于融资租赁合同关系。《最高人民法院关于审理融资租赁合同纠纷案件适用法律问题的解释》第一条规定："人民法院应当根据合同法第二百三十七条的规定，结合标的物的性质、价值、租金的构成以及当事人的合同权利和义务，对是否构成融资租赁法律关系作出认定。对名为融资租赁合同，但实际不构成融资租赁法律关系的，人民法院应按照其实际构成的法律关系处理。"

一、融资租赁法律关系分析

根据《中华人民共和国合同法》第二百三十七条有关"融资租赁合同是出租

人根据承租人对出卖人、租赁物的选择，向出卖人购买租赁物，提供给承租人使用，承租人支付租金的合同”的规定，融资租赁合同通常涉及三方合同主体（即出租人、承租人、出卖人），其中售后回租则为二方合同主体，即承租人和出卖人为同一主体。并由两个合同构成（即出租人与承租人之间的融资租赁合同以及出租人与出卖人就租赁物签订的买卖合同），租赁物的所有权在租赁期间归出租人享有，租赁物起物权担保作用。故租赁物客观存在且所有权由出卖人转移给出租人系融资租赁合同区别于借款合同的重要特征。融资租赁交易具有融资和融物的双重属性，缺一不可。如无实际租赁物或者租赁物所有权未从出卖人处转移至出租人或者租赁物的价值明显偏低无法起到对租赁债权的担保作用，应认定该类融资租赁合同没有融物属性，仅有资金空转，系以融资租赁之名行借贷之实，应属借款合同。

本案中，首先，中车公司作为出租人并未完全出资从承租人王某忠处购买涉案车辆，即作为名义上出租人的中车公司与作为名义上承租人的王某忠之间并无关于租赁物涉案车辆的买卖合同关系，承租人王某忠并未向出租人中车公司让渡租赁物的价值；其次，租赁物涉案车辆所有权人登记在王某忠名下，且《机动车登记证书》上载明车辆的抵押权人为中车公司，根据抵押权法律关系特点，中车公司既作为抵押权人则不可能亦为所有权人，故中车公司作为名义上的出租人不享有租赁物涉案车辆的所有权。故中车公司与王某忠之间的法律关系不具备融资租赁合同的“融物”属性。

二、民间借贷法律关系分析

商事交易法律关系性质的认定应从交易当事人的意思表示和交易本质来判断。

本案中，首先，从双方是否均有借贷的真实意思表示来看：对于中车公司，其作为专业融资租赁公司，应知晓作为出租人应享有租赁物的所有权，本案中，其明知租赁物涉案车辆登记在王某忠名下，故本案法律关系中，中车公司的真实意思表示并非融资租赁，而是出借款项。对于王某忠，其作为租赁物的所有权人，虽名为“承租人”，但实际上不可能与自己所有的车辆发生租赁关系，其仅是从中车公司获得借款，并按合同约定还款，其真实意思表示并非售后回租，而是借款。

其次，从双方是否均有实际的借贷行为来看：中车公司已代王某忠向涉案车辆的经销商支付了合同约定的剩余车款，王某忠亦按合同约定按月返还款项，故中车公司与王某忠均有实际的资金出借与返还行为。

由此可以看出，案涉融资租赁交易，只有融资，没有融物，双方之间的真实意思表示名为融资租赁，实为借款法律关系。故依照《最高人民法院关于审理融资租赁合同纠纷案件适用法律问题的解释》第一条之规定，案涉合同应认定为民间借贷合同。

综上所述，中车公司的上诉请求不能成立，应予驳回；一审判决认定事实清楚，适用法律正确，应予维持。北京市第三中级人民法院依照《中华人民共和国民事诉讼法》第一百七十条第一款第一项规定，判决：

驳回上诉，维持原判。

【法官后语】

融资租赁法律关系具有融资和融物的双重属性。融资租赁合同与借款合同的区分认定是审判实践中的难点问题。现将融资租赁合同与借款合同的区别总结如下：

一、合同主体不同

融资租赁合同存在三方主体：出租人、承租人和出卖人，其中售后回租则存在两方合同主体，即承租人与出卖人为同一主体存在两个合同关系：出租人与出卖人之间的买卖合同关系、出租人与承租人之间的融资租赁合同关系。两个合同是各自独立的，签订的目的不同，规定的权利义务也不同。但两个合同的标的又是同一的，即出卖人从出租人处获得货款，而把设备交给承租人使用。而借款合同只存在双方主体：出借人与借款人，不涉及第三方主体。

二、法律关系客体不同

从标的物来看，借款合同的标的物是资金。而融资租赁合同的标的物则是租赁物，是以融物代替融资并把借钱和借物两者有机结合起来的一种合同。融资租赁合同中融资和融物缺一不可，如果仅存在“资”，而没有“物”，则不能成立融资租赁法律关系。

从实现合同的行为看，借款合同的履行，是出借人将资金的经营权（包括占有、使用，收益、处分等权利）转移给借款人。因此，如果借款人将借款用于购置物件，则当然享有该物件的所有权，与出借人无关。借款人只负有借款到期归还本息的义务，不存在返还物件的义务。

而在融资租赁合同中，存在所有权与使用权的分离。合同标的物的所有权属于出租人，承租人只取得设备的占有权、使用权和收益权。租赁期满后再根据合同双方约定进行处理，可以选择由承租方取得所有权、续租或由出租方收回租赁物。

三、租金与利息计算不同

在借款合同中，借款人向出借人支付的利息除合同约定外，还必须符合国家规定的银行贷款利率范围，否则超出部分无效，本金也是在借款期限届满时一次性还清。而融资租赁合同中，承租人向出租人支付的是租金，租金的计算比借款合同的还本付息复杂。租金金额包括设备价款、融资利息、银行费用等总成本的回收及手续费、保险费等出租人的经营费用以及可得利润等，具体的计算方法有附加率法、年金法（又分为等额年金法、变额年金法、成本回收法）等。租金是租期内分数期支付，且一般高于同期银行贷款本息。

四、起算期限不同

借款合同中，借款期限一般是从借款人收到借款时开始计算；而在融资租赁合同中，签订合同时由租赁双方约定选择以开证日、提单日、后一宗货款支付日、抵达承租人工厂日或验收日等为起租日。

根据上述融资租赁合同与借款合同的区别，本案应重点考察涉案合同是否具备融资与融物双重属性，以及双方当事人的真实意思表示。出租人中车公司与承租人王某忠之间不存在关于租赁物（即涉案车辆）的买卖合同关系，王某忠并未向中车公司转移租赁物的所有权。双方签订的融资租赁合同仅具有融资属性，不具备融物属性，仅存在实际的资金出借与返还行为。由此考察双方的真实意思表示，应为借款，而非售后回租。故双方之间应为民间借贷法律关系，而非融资租赁法律关系。

编写人：北京市密云区人民法院　江南

9

以获取固定利益为目的并约定一定期限回购股权的合伙协议可认定为民间借贷关系

——沈某诉世纪电缆公司等民间借贷案

【案件基本信息】

1. 裁判书字号

福建省福州市中级人民法院（2019）闽01民终9495号民事裁定书

2. 案由：民间借贷纠纷

3. 当事人

原告（被上诉人）：沈某

被告（上诉人）：世纪电缆公司

被告：上善星资产公司、福星合伙企业、林某銮

第三人：中缆实业公司、林某锦、王某斌

【基本案情】

2014年9月，世纪电缆公司通过上善星资产公司对外发布“福星基金”投资计划，内容为：上善星资产公司拟成立规模为3000万元私募资金，中缆实业公司为基金管理人，投资计划内容为私募基金3000万元，（投资人）通过增资扩股方式成为中缆实业公司的控股股东；产品期限1+1年，投资方式为股权投资，到期股权回购方式退出，投资收益为税后年化15%、每六个月分红一次，还款来源为世纪电缆公司销售回笼款，世纪电缆公司提供连带责任担保，上善星资产公司承担劣后回购担保。

2014年10月，沈某等8人与上善星资产公司签署《福星合伙企业合伙协议》，约定共同出资成立“福星合伙企业”，上善星资产公司为普通合伙人，出资1750万

元；沈某等8人为有限合伙人，出资1250万元，其中沈某出资100万元，占出资比例3.33%。

2014年11月5日，沈某向福星合伙企业转账汇款100万元。2014年12月9日，沈某等8名自然人、亿发公司经工商登记变更为该企业的合伙人，执行事务合伙人为上善星资产公司。经上善星资产公司、福星合伙企业确认，上善星资产公司尚未出资1750万元。

2014年11月6日，中缆实业公司、福星合伙企业、王某斌及林某锦，签署《股权收益协议》。协议约定：1. 福星合伙企业以增资方式对中缆实业公司投资3000万元；2. 增资完成后，中缆实业公司注册资本变更为8000万元，股东结构调整为：福星合伙企业出资3000万元，股权占比37.5%……3. 福星合伙企业的投资期限为2年，自投资资金汇入中缆实业公司账户起算；4. 中缆实业公司每年向福星合伙企业支付预期投资回报率为投资额15%（税后），每六个月支付一次投资回报；5. 投资期满后，王某斌、林某锦应无条件回购福星合伙企业在中缆实业公司的全部股权，回购价格为原始投资额3000万元。2014年11月19日，福星合伙企业变更为中缆实业公司的股东。之后，世纪电缆公司签署《保证合同》，内容为：为保证《股权投资协议》中王某斌、林某锦在投资期满后无条件回购福星合伙企业在中缆实业公司的全部股权，世纪电缆公司同意为该股权回购事项提供不可撤销连带责任保证。

2017年3月18日，林某鎏向沈某出具书面函一份，称其为世纪电缆公司实际控制人，确认世纪电缆公司于2014年11月通过福星合伙企业向沈某融资100万元，已于2016年11月15日到期，但未能按合约及时偿付本金及收益，林某鎏承诺为该100万元融资及收益提供连带担保责任，于2017年4月30日前全部偿付本金及自2016年11月15日起至偿付日的收益（收益率延续原合同约定）。经双方确认，沈某收到部分收益。

【案件焦点】

沈某与世纪电缆公司之间是否存在民间借贷法律关系。

【法院裁判要旨】

福建省福州市鼓楼区人民法院经审理认为：福星合伙企业与中缆实业公司之间

的借款法律关系，沈某等与上善星资产公司之间的合伙关系，虽然表面上非同一法律关系，各手法律关系相对独立存在，但是沈某提交的《福星基金》书面介绍、《福星合伙企业合伙协议》《股权投资协议》《保证合同》、林某銮所书的《承诺函》等证据可以综合证明福星合伙企业以股权投资方式将合伙人的资金通过中缆实业公司出借给世纪电缆公司，在实际借款人世纪电缆公司向沈某作债务确认的情况下，沈某可以突破合同的相对性以出借人身份向世纪电缆公司主张债权，因此，法院认定沈某与世纪电缆公司间存在民间借贷法律关系。世纪电缆公司在借款到期后未清偿借款本息，构成违约，沈某基于民间借贷法律关系提出的要求世纪电缆公司偿还借款本金50万元并支付利息（自2017年12月1日起，按照年利率15%的标准计算至实际清偿之日止）的诉讼请求，一审法院予以支持。

福建省福州市鼓楼区人民法院依照《中华人民共和国合同法》第二百一十条、第二百一十一条，《最高人民法院关于审理民间借贷案件适用法律若干问题的规定》第二条第一款、第二十六条第一款，《中华人民共和国担保法》第十八条，《中华人民共和国民事诉讼法》第六十四条，《最高人民法院关于民事诉讼证据的若干规定》第二条第一款规定，判决：

一、世纪电缆公司于本判决生效之日起十日内偿还沈某借款本金50万元，并支付利息（按照年利率15%的标准，自2017年12月1日起支付至实际清偿之日止）；

二、林某銮对上述判决确定的债务承担连带清偿责任；

三、驳回沈某的其他诉讼请求。

世纪电缆公司不服一审判决，提起上诉。

福建省福州市中级人民法院在审理本案过程中，中缆实业公司未在法定期限内预交二审案件受理费，也未提出减、缓交案件受理费的申请。依照《中华人民共和国民事诉讼法》第一百五十四条第一款第十一项、《最高人民法院关于适用〈中华人民共和国民事诉讼法〉的解释》第三百二十条规定，裁定：

本案按中缆实业公司自动撤回上诉处理。

【法官后语】

本案为典型的以层层嵌套的投资方式隐藏借贷行为的案件，揭示隐藏的民事法律行为需要明晰各当事人的真实意思。在本案中需要分别剖析：1. 沈某等与上善星资产公司签署《福星合伙企业合伙协议》的目的；2. 福星合伙企业投资中缆实业公司的目的；3. 沈某等人的资金最终是否流向了世纪电缆公司。

1. 沈某等与上善星资产公司签署《福星合伙企业合伙协议》的目的。从协议形式内容上看，《福星合伙企业合伙协议》是沈某等为成立、经营福星合伙企业而签署的合伙协议。但是从合伙协议缔约背景看，沈某等实际系在接受上善星资产公司发出"福星基金"的计划后签署合伙协议，沈某签署该协议旨在以股权投资方式获取固定收益。且福星合伙企业在设立之后便将所募资金通过中缆实业公司投入世纪电缆公司，沈某在2014年11月至2016年11月15日每年均实际收到固定分红15万元，该分红收益与上善星资产公司对外发布的"福星基金"投资收益并无二致。故各合伙人设立福星合伙企业仅是为了实施"福星基金"计划，达到将资金出借给世纪电缆公司的目的。

2. 福星合伙企业投资中缆实业公司的目的。《股权投资协议》《保证合同》内容为福星合伙企业通过增资扩股取得目标公司中缆实业公司股权，同时约定中缆实业公司其他股东以固定价格回购该股权，世纪电缆公司为股权回购事项提供连带责任保证，故福星合伙企业投资中缆实业公司的目的并不在于取得中缆实业公司的股权，而是为了获取固定收益。可见，《股权投资协议》《保证合同》关于增资扩股和股权回购的约定属于协议当事人虚伪意思表示，协议各方隐藏的真实意思是借款。加之，世纪电缆公司及林某銮在庭审中确认世纪电缆公司与福星合伙企业之间以股权投资协议方式融资，亦印证了所谓的"福星基金"计划仅是世纪电缆公司的融资计划。

3. 沈某等的资金最终是否流向了世纪电缆公司。林某銮是世纪电缆公司的控股股东，且其通过投资关系、协议或者其他安排，能够实际支配世纪电缆公司。林某銮以世纪电缆公司的"实际控制人"身份所作的世纪电缆公司通过福星合伙企业向沈某融资100万元的陈述，可以视为世纪电缆公司对沈某作债务确认。

福星合伙企业与中缆实业公司之间的借款法律关系，沈某等人与上善星资产公司之间的合伙关系，虽然表面上非同一法律关系，各法律关系相对独立存在，但是沈某提交的《福星基金》书面介绍、《福星合伙企业合伙协议》《股权投资协议》《保证合同》、林某銮所书的《承诺函》等证据可以综合证明福星合伙企业以股权投资方式将合伙人的资金通过中缆实业公司出借给世纪电缆公司，在实际借款人世纪电缆公司向沈某作债务确认的情况下，沈某可以突破合同的相对性以出借人身份向世纪电缆公司主张债权，因此，法院认定沈某与世纪电缆公司间存在民间借贷法律关系。

《中华人民共和国民法典》第一百四十六条第二款规定："以虚假的意思表示隐藏的民事法律行为的效力，依照有关法律规定处理。"所谓隐藏行为，是被伪装行为所掩盖的，代表行为人和相对人真实意思的行为。被隐藏的行为究竟为何，通常要从当事人真实的意思表示出发。而且该行为并非仅由一个行为掩盖，有可能通过一系列的协议安排达到隐藏该行为的目的。譬如本案，合伙人出资设立合伙企业，该合伙企业设立后通过增资扩股方式取得目标公司的股权，目标公司承诺向合伙企业每年支付固定收益，并在投资期满后由实际用款人以与投资本金相当的价格回购股权，故合伙人出资的目的并非通过合伙企业间接持有目标公司的股权，而是通过合伙企业获取固定收益。当事人间关于增资扩股和股权回购的约定均属于协议当事人虚伪意思表示，协议各方隐藏的真实意思是合伙企业的出资人向实际用款人出借借款。而在实际用款人向合伙企业的合伙人作债务确认的情况下，该合伙人可以突破合同的相对性以出借人身份向实际用款人主张债权。

由本案衍生出审判实践中应注意的问题，即行为人、相对人能否以隐藏行为的效力对抗善意第三人。隐藏行为被伪装行为所掩盖，故当事人的真实意思表示并未宣示于外，因此当事人不能以隐藏行为的有效对抗善意第三人。

编写人：福建省福州市鼓楼区人民法院　叶士怡

10

非金融机构企业以借贷为常业对外出借资金的效力认定

——垫富宝公司诉陈某军民间借贷案

【案件基本信息】

1. 裁判书字号

四川省内江市中级人民法院（2019）川10民再5号民事判决书

2. 案由：民间借贷纠纷

3. 当事人

原告（再审被申请人）：垫富宝公司

被告（再审申请人）：陈某军

【基本案情】

2015年3月9日，垫富宝公司与陈某军签订《垫付宝（垫付卡）领用合约》，约定：陈某军自愿在垫富宝公司指定网络平台——垫付宝网站注册为会员。垫富宝公司为会员网上授予垫付宝账户、卡号作为会员在垫付宝网站进行交易结算、收款、还款、提现的账户识别码。垫富宝公司向会员授予一定的信用额度，会员之间在垫付宝网站进行商品或服务交易时，垫富宝公司替买方会员直接垫付消费款项支付给卖方会员，买方会员按照约定将垫付款定期归还垫富宝公司。如未按时足额偿还垫富宝公司垫付的消费款项及其他款项，须按照前款总额的10%缴纳违约金，且在未还清之前，每逾期一日须按欠款额的0.1%支付迟延履行违约金。违约方须赔偿因违约给垫富宝公司造成的一切损失及费用。合同另约定，垫付宝账户仅限陈某军使用，不得转借、转让或出租。陈某军应妥善保管垫付宝账户和支付密码、动态支付密码，因保管不善、转借他人、密码泄露或其他不谨慎、不良行为发生的冒用或信息盗用等损失，由陈某军承担全部责任。陈某军不得以与垫付宝特约商户发生纠纷和对交易有疑问为由拒绝支付所欠垫富宝公司的款项。

2016年1月10日，陈某军在垫付宝网站卖方会员刘某处消费54000元，由垫富宝公司替陈某军垫付该款，但陈某军归还15000元后未再偿还本金及违约金。垫富宝公司催收未果故起诉至法院。

另查明，垫富宝公司的经营范围为：对批发零售业；租赁和商务服务业；住宿和餐饮业；制造业；建筑业；信息传输、计算机服务和软件业；交通运输、仓储和邮政业；文化、体育和娱乐业企业进行投资。

【案件焦点】

如何认定非金融机构企业以借贷为业或者以借贷作为主要收入来源对外出借资金的合同效力。

【法院裁判要旨】

四川省内江市东兴区人民法院经审理认为：《垫付宝（垫付卡）领用合约》系垫富宝公司与陈某军之间真实意思表示，不违反法律、法规的规定，合法有效。垫富宝公司按约垫付消费款项后取得债权人身份，陈某军作为债务人应当按时足额归还垫付款项，双方之间形成实际借贷关系。

四川省内江市东兴区人民法院依照《中华人民共和国合同法》第六十条、第一百零九条、第一百一十四条、第二百零六条，《最高人民法院关于审理民间借贷案件适用法律若干问题的规定》第二十九条第一款，《中华人民共和国民事诉讼法》第一百四十四条及《最高人民法院关于适用〈中华人民共和国民事诉讼法〉的解释》第九十条第二款之规定，判决：

一、陈某军于本判决生效后十日内偿还垫富宝公司垫付款本金39000元；

二、陈某军于本判决生效后十日内支付垫富宝公司违约金（违约金从2016年2月9日起以本金39000元为基数按照年利率24%计算至付清之日止）；

三、驳回垫富宝公司其他诉讼请求。

陈某军不服一审判决，申请再审。

四川省内江市中级人民法院经审理认为：垫富宝公司借助电子商务专业网络平台开展的信用额度垫付业务，其形式和性质类似于银行开展的信用卡透支业务。垫富宝公司向其广大会员的授信行为具有经常性、经营性和对象不特定性，其行为性质属于金融活动。金融活动属于国家特许经营的范围，而垫富宝公司营业执照登记的经营范围并未包括金融活动，其未经批准擅自从事经常性的放贷业务，属于从事非法金融业务活动，违反了《中华人民共和国银行业监督管理法》第十九条的规定。根据《最高人民法院关于适用〈中华人民共和国合同法〉若干问题的解释(一)》第十条的规定，垫富宝公司未经批准从事金融活动，其发放借款的行为违反了金融监管规定，故垫富宝公司与陈某军订立的合同应依法认定为无效合同，一审法院认定《垫付宝（垫付卡）领用合约》有效系适用法律错误，法院予以纠正。根据《中华人民共和国合同法》第五十八条的规定，涉案《垫付宝（垫付卡）领用合约》无效，陈某军应当返还垫富宝公司的垫资款。

四川省内江市中级人民法院依照《中华人民共和国民事诉讼法》第一百七十条第一款第二项、第二百零七条第一款规定，判决：

一、撤销四川省内江市东兴区人民法院（2017）川1011民初1765号民事判决；

二、陈某军于本判决生效之日起十日内返还垫富宝公司垫付款39000元；

三、驳回陈某军的其他诉讼请求。

【法官后语】

随着网络、资本市场的快速发展和资金需求多元化，近年来一些非金融机构企业利用网络平台进行借贷的行为较为常见，由此引发的纠纷也明显增多。对非金融企业利用网络对外出借资金的效力认定，在审判中有两种分歧：第一种观点认为，企业作为货币财产所有人对自身财产的处分，系其真实意思表示，属于企业意思自治的范畴，意在提供资金融通之便，应当认定有效；第二种观点认为，非金融机构企业利用电子商务专业网络平台超越经营范围对外出借资金，以借贷为业，或者以借贷作为主要收入来源，具有经常性、经营性和对象不特定性等特点的，属于违反国家特许经营从事非法金融活动，违反法律、行政法规的强制性规定，应当认定无效。

笔者同意第二种观点，理由如下：

一、企业进行借贷行为的性质认定

《最高人民法院关于审理民间借贷案件适用法律若干问题的规定》第一条规定，民间借贷是指自然人、法人、其他组织之间及其相互之间进行资金融通的行为。由此可见，我国法律允许企业进行资金融通，但这绝非意味着对此类资金融通毫无界限。

民间借贷与金融贷款业务存在明显区别。第一，前者具有偶然性、暂时性；后者则具有经常性、反复性，长期持续不断从事发放贷款业务；第二，前者往往存在有偿、无偿两种情况，且不具有营业性；后者具有经营性，以放贷为常业或者作为主要收入来源；第三，前者一般发生在较为熟悉或者有往来的民事主体之间，而后者出借行为的对象具有不特定性、广泛性，借款人只要符合相应条件即可获得贷款。

因此，企业因正常生产、经营需要进行资金融通的行为，一般不宜认定为从事金融活动，但以借贷为业，或者以借贷作为主要收入来源，具有经常性、经营性和对象不特定性等特点的，其行为性质属于从事金融贷款活动。

二、非金融机构企业进行金融贷款活动的效力认定

非金融机构的企业从事金融贷款活动应当认为合同无效。首先，由于民间借贷门槛低、主体多元、社会诚信机制不健全等原因，民间借贷也存在资金风险大、监督紊乱等诸多问题。作为生产经营型企业，如果以放贷为主要业务，或者以此作为主要收入来源，则可能导致该企业的性质发生改变，成为未经金融监管部门批准从事专门放贷业务的金融机构，这将严重扰乱我国金融市场，扰乱金融秩序，造成金融监管紊乱，危害社会资金安全。

其次，根据《中华人民共和国银行业监督管理法》第十九条“未经国务院银行业监督管理机构批准，任何单位或者个人不得设立银行业金融机构或者从事银行业金融机构的业务活动”的规定，由于金融贷款业务直接关系国家金融管理秩序和社会资金安全，事关社会公共利益，属于效力性强制性规定。根据《中华人民共和国民法典》第一百五十三条关于“违反法律、行政法规的强制性规定的民事法律行为无效”的规定，应认定合同无效。

三、合同无效后的裁判考量

民事法律行为无效，为自始无效、确定无效、当然无效，若根据无效的行为交付财产，则其交付财产的基础也不存在，受领人从接受财产开始就欠缺受领的法律依据，应当返还。非金融机构企业出借资金合同被认定无效后，借款人应当返还出借款，但对违约金依法不予支持。

编写人：四川省内江市中级人民法院　雷琳

11

恋人之间转款的法律性质认定

——熊某燕诉胡某民间借贷案

【案件基本信息】

1. 裁判书字号

四川省成都市中级人民法院（2019）川01民终15712号民事判决书

2. 案由：民间借贷纠纷

3. 当事人

原告（被上诉人）：熊某燕

被告（上诉人）：胡某

【基本案情】

熊某燕和胡某系2016年10月通过网络相识，双方在共同参与“仙剑奇侠传”游戏中以夫妻名义相称。平时双方经常通过微信的方式进行交流。2016年12月熊某燕离异。双方在交往期间，熊某燕通过微信、支付宝等方式向胡某频繁转款，经双方确认在交往期间（微信聊天记录的时间段是2016年11月至2018年10月）：熊某燕通过微信、支付宝等方式向胡某转款416900.9元（不包括100元以下的金额），胡某向熊某燕转款88836元，熊某燕另向胡某的朋友李某转款12000元、曾某强转款5000元。

2017年12月3日，熊某燕在天回派出所报警，称：一年前通过网上认识一名自称叫夏某的男子，后确定恋爱关系，对方以各种名目要钱，后其用微信、支付宝多次向这名男子转款，共计转款超过150000元。天回派出所处置情况为：建议作其他处理。2017年12月4日，胡某发给熊某燕的微信陈述：“你不是要知道我的身份吗？我本来想让我妈亲自跟你说这些的，现在你连我妈都不见，那我实话跟你说吧。我身份证上的名字是胡某，地址是我老家房子的地址，7年前我妈跟我爸离婚了，离婚后我妈改了我的名字，改成现在的夏某……不错我是有个小孩，5 岁了，他的妈妈在他快要一岁时离开了他……”2017 年 12 月 6 日，胡某在微信中称“我瞒着你姓名和家庭背景有我的苦衷……”

另查明，从双方微信聊天记录中反映，胡某以各种理由长期向熊某燕“借钱、拿钱、垫钱”，如：2017 年 9 月 16 日称“昨晚大概用了你 1700 多……这钱我这两天之内给你补上去”，2017 年 11 月 29 日称“……这个钱到了我先转给你……剩下的用你的钱，分文不差还给你……”等。胡某未向熊某燕出具书面借条。

再查明，双方见面共计三次，见面地均在成都。胡某婚姻状况为：已婚，有两个小孩。庭审中，熊某燕陈述想与胡某在一起才与其交往。

【案件焦点】

双方之间是否构成民间借贷法律关系。

【法院裁判要旨】

四川省成都市金牛区人民法院经审理认为：庭审中，胡某抗辩熊某燕的转款系赠予和困难帮助。熊某燕予以否认。胡某应向法庭证明熊某燕有明确的意思表示为赠予或困难帮助，但胡某仅有单方陈述，并无其他证据相印证。相反，从双方微信聊天记录中反映出，胡某曾多次向熊某燕表示“借钱”“还钱”，形成了借贷的意思表示。另，双方并无其他经济往来，纵观全案，胡某更多是基于熊某燕对自己的情感需求以各种理由主动向熊某燕借款，而熊某燕也是基于对胡某的情感依赖，不断满足其借款的要求。同时，胡某在与熊某燕最初交往中，隐瞒其婚姻状况，与熊某燕展开“网恋”，经常以“夫妻”相称，其行为明显违背了社会公德，有损社会公序良俗，故对胡某的抗辩意见，法院不予采信，法院确认双方之间构成借贷关系。

四川省成都市金牛区人民法院依照《中华人民共和国民法通则》第九十条，《中华人民共和国民法总则》第八条，《中华人民共和国合同法》第六条、第一百零七条、第一百九十六条、第二百零六条、第二百零七条，《最高人民法院关于适用〈中华人民共和国民事诉讼法〉的解释》第九十条之规定，判决：

一、胡某于本判决生效之日起十日内偿还熊某燕 311064.9 元并支付利息；

二、驳回熊某燕的其他诉讼请求。

胡某不服一审判决，提起上诉。

四川省成都市中级人民法院经审理认为：熊某燕向胡某转款系发生在双方不正当男女关系期间，结合双方微信聊天内容不能反映熊某燕向胡某转款系有明确的赠与以及其他的意思表示，反之，从双方的微信聊天内容中能反映出胡某向熊某燕要求转款时，均多次表示“借”和“还”，且熊某燕转款中亦不存在表示爱意的特殊时期的特殊数字，因此，在胡某未提交相应证据证明熊某燕的转款系基于其他法律关系的情况下，可以认定双方之间的借贷法律关系成立并生效。

据此，四川省成都市中级人民法院依照《中华人民共和国民事诉讼法》第一百七十条第一款第一项规定，判决：

驳回上诉，维持原判。

【法官后语】

恋爱中的男女双方因为其关系的特殊性，可能存在密切资金往来的现象，并且，随着社会生活方式的多元化、多样化发展，诸如建造在互联网强大的社交功能之上的，通过彼此信任的人际关系、人情网络开展的借贷行为，比现实生活中人际关系的资金往来有更多的不稳定性。在恋爱期间，一方有大笔资金转账给另一方，在分手后，转账方要求收款方归还，这种案例屡见不鲜。司法实践中，此类案件往往是出借人一方以民间借贷案由起诉，而另一方以双方之间的转款行为系恋爱期间的赠与行为而进行抗辩。

依照《最高人民法院关于适用〈中华人民共和国民事诉讼法〉的解释》第九十条规定，在民间借贷纠纷中，原告应向法庭提交债权凭证以证明借贷关系的存在。若被告对基本法律关系提出抗辩，则被告应当向法庭提供证据证明债权纠纷非民间借贷行为引起。本案中，胡某拟向法庭证明熊某燕转款系明确表示为赠与或困难帮助，但提交的证据仅有胡某单方陈述，并无其他证据印证。相反，从双方微信聊天记录中反映出，胡某曾多次向熊某燕表示“借钱”“还钱”，形成了借贷的意思表示，胡某抗辩熊某燕向其转款系赠与或困难帮助的主张，明显缺乏事实依据，胡某提供的证据不足以证明其主张，应该承担不利后果。

《最高人民法院关于审理民间借贷案件适用法律若干问题的规定》第十六条第二款规定：“被告抗辩借贷行为尚未实际发生并能作出合理说明的，人民法院应当结合借贷金额、款项交付、当事人的经济能力、当地或者当事人之间的交易方式、交易习惯、当事人财产变动情况以及证人证言等事实和因素，综合判断查证借贷事实是否发生。”纵观全案，胡某在与熊某燕的交往中，隐瞒其婚姻状况，与熊某燕开展“网恋”，经常以夫妻相称。在此过程中，从双方微信聊天记录中可以看出胡某不断编造各种理由向熊某燕借款，胡某利用熊某燕对自己的情感需求在长达2年的时间里不断向熊某燕借款，而熊某燕也是基于对胡某的情感依赖，不断满足其借款的要求。虽然熊某燕向胡某转款是在双方不正当男女关系期间，但并不能反映出熊某燕向胡某转款有明确的赠与或其他意思表示，反之，聊天记录中能反映胡某要求熊某燕转款时，均多次表示“借”和“还”。通过以上的综合评判，双方之间的借贷法律关系成立并生效。并且，胡某动机不纯，其行为明显违背了社会公德，有损社会公序良俗，此案认定为借贷关系，明显符合社会大众的价值取向。

一般来说，根据生活经验，恋爱期间的小额财物赠与或者日常的消费支出应当认为是维系感情的必要支出或系双方的共同消费，在恋爱关系终止时，赠与方不宜要求受赠方返还。但对于大额的金钱转款，则要尽量运用证据还原当事人双方恋人身份生活期间的真实交往过程，推测当事人双方各自对待恋情的品格全貌。法院在审理该类案件时，应根据案件事实特征及社会经验法则作出审慎判断，将自愿性财产赠与和自然人之间民间借贷明确区分开来，既要维护社会的公序良俗，又要维护正当的财产关系。

编写人：四川省成都市金牛区人民法院　李雪　石磊

12

出借人依借款人与第三人的约定完成代为履行义务的，虽出借人未能提供支付证明，但第三人予以承认的，借款人应按照借款合同约定偿还借款

——谢某虎诉陈某梅等民间借贷案

【案件基本信息】

1. 裁判书字号

福建省泉州市中级人民法院（2019）闽05民终2541号民事判决书

2. 案由：民间借贷纠纷

3. 当事人

原告（被上诉人）：谢某虎

被告（上诉人）：陈某梅

被告：王某才

第三人：官某星

【基本案情】

金草集团的股东有：星华公司、陈某梅、吴某凤等，法定代表人为林某秀。星华公司的股东为官某星和案外人傅某阳，法定代表人为官某星。其中（截至2012年8月16日）：官某星和傅某阳以星华公司名义持有金草集团4.7%股权份额（官某星100万股、傅某阳150万股），陈某梅持有金草集团68.71%股权份额。

2015年4月1日，官某星与陈某梅、王某才经协商后一致同意：官某星愿意将其占有金草集团100万股份以每股3元转让给陈某梅，该转让股份由案外人王某珍代持。双方并约定：由陈某梅、王某才共同向谢某虎出具一份借款300万元的借条，以此作为陈某梅向官某星支付股权转让款300万元的债权凭证。该借条内容

为："兹向谢某虎借来叁佰万元整（¥300 万）（款已付本人指定的收款人官某星），借款期限至 2015 年 6 月 30 日，逾期还款支付欠款部分月 2% 利率的违约金。此据借款人：陈某梅 担保人：王某才"。

陈某梅、王某才出具借条后，官某星依约协助陈某梅将其以星华公司名义持有的金草集团 100 万股股份转让给案外人王某珍，并办理了工商登记变更手续。后经官某星多次催讨，王某才分别于 2015 年 11 月 27 日、2016 年 6 月 5 日、2017 年 3 月 20 日、2018 年 5 月 23 日在该借条复印件上载明：同意将本案借款的担保期间分别延长至 2016 年 6 月 30 日、2017 年 3 月 30 日、2018 年 6 月 30 日、2019 年 5 月 23 日；陈某梅于 2017 年 3 月 15 日在该借条复印件上载明：再次确认尚欠谢某虎借款 300 万元及利息。但陈某梅、王某才至今仍未向谢某虎支付借款 300 万元。

【案件焦点】

本案的案由应为民间借贷纠纷还是股权转让纠纷。

【法院裁判要旨】

福建省安溪县人民法院经审理认为：债务应当清偿。本案中，官某星同意陈某梅和王某才向谢某虎出具一份借款 300 万元的借条，以此作为陈某梅取得其以星华公司名义持有金草集团 100 万股股份的股权转让对价。因此，本案名为陈某梅、王某才与谢某虎之间的民间借贷关系，实为陈某梅与官某星之间的股权转让关系，案由应为股权转让纠纷。谢某虎经释明后仍坚持原来的诉讼请求。鉴于双方间的股权转让效力已在庭审中进行充分举证和辩论，为避免当事人诉累，对于谢某虎仍以民间借贷关系主张该笔债权，予以支持。官某星在陈某梅、王某才出具借条后依约完成股权变更登记，但陈某梅至今未能向谢某虎偿还借款（即官某星的股权转让债权）300 万元，其行为已构成违约，应承担民事违约责任，即应偿还谢某虎债权 300 万元并应支付自逾期之日起按月利率 2% 的逾期利息。王某才自愿为陈某梅的债务作保证担保，谢某虎在保证期间内要求其承担保证责任合法。对于陈某梅、王某才辩称谢某虎并未实际支付 300 万元，其出具给谢某虎的借条不能生效的问题。因诉争款项 300 万元系陈某梅应支付给官某星的股权转让款，官某星自愿以陈某梅和王某才向谢某虎虚拟借款形式而将该债权转让给谢某虎，此民事行为并不涉及社会公共利益、国家利益和他人利益，合法有效。也正如陈某梅所辩解的，本案并非真实借贷行为，故不存在借条不能生效的问题。至于谢某虎是否支付官某星款项300万元，并不能免除陈某梅、王某才的还款义务。

福建省安溪县人民法院依照《中华人民共和国民法总则》第一百一十八条，《中华人民共和国合同法》第八条、第六十条第一款、第八十七条、第一百零七条，《中华人民共和国担保法》第十九条、第二十一条、第三十一条，《最高人民法院关于审理民间借贷案件适用法律若干问题的规定》第十五条第一款及《最高人民法院关于民事诉讼证据的若干规定》第三十五条第一款规定，判决：

一、陈某梅应于判决生效之日起十日内返还谢某虎债权300万元及利息（自2015年7月1日起，按年利率24%计至还清之日止）；

二、王某才对上述债务承担连带清偿责任；

三、王某才承担保证责任后，有权向陈某梅追偿。

陈某梅不服一审判决，提起上诉。

福建省泉州市中级人民法院经审理认为：本案中，官某星将其以星华公司名义持有的金草集团100万股股份以总价300万元转让给陈某梅，陈某梅支付官某星的股价转让对价300万元，即陈某梅向谢某虎借款的300万元，并指示其直接将该300万元支付给官某星，该事实有陈某梅于2015年4月1日出具给谢某虎的300万元《借条》及双方当事人的陈述为证，且陈某梅又于2017年3月15日在上述借条复印件上再次书写确认尚欠谢某虎借款300万元及利息。官某星确认收到谢某虎300万元款项，依约向陈某梅指定的人转让100万股股份，并办理了工商登记变更手续，官某星与陈某梅之间的股权转让协议已履行完毕。因此，陈某梅与谢某虎之间存在民间借贷关系，事实清楚，证据充分，应予认定。陈某梅向谢某虎借款300万元，谢某虎主张陈某梅应偿还借款300万元并支付利息，具有事实和法律依据，应予支持。一审法院认定本案系股权转让纠纷，并向谢某虎释明不当，应予纠正，本案案由应确定为民间借贷纠纷。一审法院认定陈某梅与谢某虎之间系股权转让纠纷不当，但其判决陈某梅应向谢某虎偿还300万元并支付利息正确且并未超出谢某虎一审诉讼请求范围。

福建省泉州市中级人民法院依照《中华人民共和国民事诉讼法》第一百七十条第一款第一项之规定，判决：

驳回上诉，维持原判。

【法官后语】

本案审理中，陈某梅对案件基础法律关系进行抗辩，认为本案中不存在民间借贷关系而是陈某梅与官某星之间的股权转让纠纷。一审法院就案由的确定有不同意见。第一种意见认为，本案虽然表面上是民间借贷行为，但实际上是官某星与谢某虎之间的债权转让行为，官某星利用谢某虎与陈某梅之间的虚拟借贷关系，将陈某梅本应支付给官某星的股权转让款转化为陈某梅对谢某虎的个人债务，属于官某星与陈某梅之间的股权转让的一个环节，因此本案应为股权转让纠纷；第二种意见认为，本案应为民间借贷纠纷，官某星与陈某梅之间的股权转让在官某星确认已收到谢某虎的相应款项，并办理了股权转让相应的工商登记变更手续后就已经完成。谢某虎出于官某星与陈某梅之间的约定，代陈某梅履行了支付股权转让款的义务，官某星也承认收到相应款项，谢某虎与陈某梅之间的借贷关系已经成立并且生效，陈某梅应该依照双方约定和法律规定承担相应的还款义务。

笔者同意第二种意见，本案应为民间借贷纠纷。可以从民间借贷成立生效的要件及本案中谢某虎向官某星支付300万元行为的性质两方面进行分析。

《中华人民共和国民法典》第六百七十九条规定，自然人之间的借款合同，自贷款人提供借款时成立。该项规定明确了自然人与自然人之间的借贷关系属于实践性合同，即借款应实际支付，借款合同才成立，贷款人没有按照约定向借款人交付借款，合同并未成立，给借款人造成损失的，借款人只能主张缔约过失责任。从经济活动的多样性考虑，笔者认为，对民间借贷关系中的借款的支付方式应该做扩大性的理解，不能拘泥于借款人与贷款人之间，由出借人向借款人指定的第三人支付的行为也应认定为借款的支付。这里涉及陈某梅与官某星之间的债务，由谢某虎作为第三人向原先债权债务关系的债权人官某星支付的第三人代为履行行为。一般的第三人代为履行行为指的是双方当事人约定由债务人指定的第三人代替债务人向债权人履行合同的义务，第三人不履行债务或者履行债务不符合合同约定的，债务人应当向债权人承担违约责任。正如本案中，虽然谢某虎未能提供其向官某星实际支付300万元的凭证，但官某星承认已经收到谢某虎支付的300万元，法院在审理中对利害关系人的自认应予采纳，只要官某星承认收到款项就应认为谢某虎已经按照陈某梅的指示将借款支付给了官某星，履行了支付出借款项的义务，双方当事人之间的民间借贷关系因谢某虎履行了出借义务而生效，陈某梅应该按照借条的约定和法律规定偿还借款。

值得一提的是，在此种债权人、债务人约定债务由第三人代为履行的情况下，也并未突破合同的相对性，假使第三人未能依照约定完成代为履行的义务，原本的债权人也并不存在直接向第三人请求支付的权利，而只能继续向债务人请求履行，而债务人与第三人之间的约定也并不对债权人的权利状态造成影响，仅对债务人和第三人产生效力。

编写人：福建省安溪县人民法院　林玉琼

13

民间借贷中好处费的性质认定

——暴某伟诉崔某涛、田某君民间借贷案

【案件基本信息】

1. 裁判书字号

河南省安阳市中级人民法院（2019）豫05民终3033号民事判决书

2. 案由：民间借贷纠纷

3. 当事人

原告（上诉人）：暴某伟

被告（上诉人）：崔某涛

被告（被上诉人）：田某君

【基本案情】

暴某伟与崔某涛原有经济来往，后经双方结算，崔某涛于2017年12月10日向暴某伟出具36万元借据一份，其中该36万元仅包括16万元的本金，对余下的20万元，双方均认可是辛苦费。后经暴某伟催要，崔某涛至今未偿还借款。

【案件焦点】

本案借款金额为多少，应偿还数额为多少。

【法院裁判要旨】

河南省滑县人民法院经审理认为：合法的借贷关系受法律保护。本案中，暴某伟主张崔某涛向其借款36万元，但是在庭审中双方均认可36万元中仅有16万元借款本金，另20万元为辛苦费，涉案借款的实际金额应为16万元，故崔某涛应当偿还暴某伟16万元。对于暴某伟诉请的另20万元，不符合法律规定，于法无据，不予支持。对于暴某伟诉请的利息，因双方未约定利息，故对于该利息应自2018年7月18日起按照年利率6%计算至实际清偿之日止。对于暴某伟要求田某君偿还涉案的借款问题，因田某君并未在该借条上签字，庭审中其对该借款也未予以认可，暴某伟亦未提供证据证明该借款用于夫妻共同生活、共同经营或基于崔某涛、田某君的共同意思表示，故对于暴某伟的此项诉请，证据不足，不予支持。

河南省滑县人民法院依照《中华人民共和国合同法》第一百九十六条，《最高人民法院关于审理民间借贷案件适用法律若干问题的规定》第二十九条，《中华人民共和国民事诉讼法》第六十四条之规定，判决：

一、崔某涛于本判决书生效后十日内偿还暴某伟借款人民币16万元及利息（该利息自2018年7月18日起按照年利率6%计算至实际清偿之日止）；

二、驳回暴某伟的其他诉讼请求。

暴某伟、崔某涛不服一审判决，提起上诉。

河南省安阳市中级人民法院经审理认为：关于借据中的16万元之诉讼，双方均认可系借款本金，一审法院已作认定，予以支持。暴某伟上诉称另外的20万元是崔某涛自愿支付的利息，崔某涛并不认可，暴某伟亦未提供证据证明其利息的计算由来以及事实依据，应承担举证不能的不利后果。另，一审庭审中双方均认可该20万元系崔某涛付给暴某伟的辛苦费。根据《最高人民法院关于审理民间借贷案件适用法律若干问题的规定》第十四条第一项规定：套取金融机构信贷资金又高利转贷给借款人，且借款人事先知道或者应当知道的，人民法院应当认定民间借贷合同无效。本案中暴某伟将其贷款转给崔某涛使用，收取费用，系变相高利转贷给借款人且崔某涛明知，违反上述法律规定，依法不予保护。关于崔某涛上诉称其是在受胁迫的情况下出具的借据，并提供住院病历一份，但其提供的住院病历住院时间为2017年8月7日至2017年8月23日，借据出具日期为2017年12月10日，该病历只能证明其患病的事实，并不能证明其受胁迫的主张，不予采信。关于暴某伟主张田某君应承担还款连带责任。根据《最高人民法院关于审理涉及夫妻债务纠纷案件适用法律有关问题的解释》第三条规定，一审法院未支持其主张由田某君承担共同还款责任的诉讼请求，合法有据，予以维持。综上，原审认定事实清楚，证据充分，审判程序合法。

河南省安阳市中级人民法院依照《中华人民共和国民事诉讼法》第一百七十条第一款第一项之规定，判决：

驳回上诉，维持原判。

【法官后语】

从法律关系上看，本案为一起普通的民间借贷案件，其特别之处在于对借据上的借款数额双方有争议。因此涉案借据款项上的数额怎么认定、能否支持，成为本案的重点和难点。当前在市场经济的发展下，民间借贷蓬勃发展，案件数量不断增长，但客观上我国法律和金融体系发展尚未健全，民间借贷中诸多领域尚处于空白地带，如何合理规制民间借贷，使其沿着正确轨道行驶，从而促进金融市场稳定、有序、健康发展，成为审理案件时亦应追求的价值取向。

一、穿透式审查好处费背后含义

双方当事人约定的好处费如何评判，目前尚无统一的裁判规则，法官的自由裁量权发挥主要作用。在实践中存在不同认识，第一种观点是辛苦费是双方之间签订的协议，是双方当事人意思自治的范畴，不应有公权力过多予以干涉。民法本就是私法领域，自然人之间的民间借贷更甚，是当事人的契约自由。既然辛苦费是双方当事人共同认可，且当事人也并未行使撤销权，那么辛苦费就应予以支持。

第二种观点是辛苦费不应支持。理由主要是民间借贷虽是私法领域，但是支持辛苦费违背了社会公序良俗，不利于构建和谐社会，且有的案件中辛苦费本来就是双方当事人为逃避法律规定的利息红线变相收取的费用。从经济学角度考虑，借贷双方在借贷关系发生之初，即不具有平等的地位，司法若不介入调节，就有可能出现“穷者越穷、富者越富”的马太效应，导致社会贫富差距加大，因此对于民间借贷中约定的除合法利息以外的其他费用，不应予以支持。

第三种观点为辛苦费并不是法律规定双方当事人可以约定的费用，且辛苦费的约定也是当事人自愿支付的赠与的范畴，既然是赠与，赠与的相关规定都可以适用。结合本案，现崔某涛对该辛苦费不予认可，也可以视为赠与前的撤销。

笔者更赞同第二种观点。结合本案，暴某伟从银行贷款后再将贷款交给他人使用的行为，已然不仅涉及双方当事人之间的利益关系。银行贷款考虑的是借贷人的信用，如在实践中当事人将贷款交由他人使用，银行贷款将处于一种不明状态，银行的利益无法得到保障，该行为严重扰乱了金融市场秩序，因此法律对于这种行为并不予以保护。

二、民间借贷中其他费用如何辨别

除上文所说的好处费外，当事人在诉讼过程中亦会提出其他主张，对于该费用又将如何认定，法院在审理该类案件时，不应拘泥于费用的名字，应审查其实质含义。

当事人提出其为劳务费，往往认为其为该借贷行为确实付出了一定劳动，相应就应该获得一些报酬，是一方付出劳动后收取的合理费用，具体到本案就是本案中暴某伟利用自己的身份信息贷款给崔某涛使用，时间持续较长，此时认为约定辛苦费是理所当然的，换句话说，劳务费就是辛苦费。但笔者认为该劳务费即个人所得税中的劳务报酬，是指个人独立从事各种非雇佣的各种劳务所取得的所得，劳务报酬也需提供技术服务、介绍服务、经纪服务、代办服务以及其他劳务取得的所得。结合本案情况，暴某伟与崔某涛之间不存在任何雇佣关系，且暴某伟与崔某涛之间的劳务也不同于法律中规定的雇佣关系的劳动，因此关于该说法也不应支持。

同样中介费属于居间合同中规定的费用，在民间借贷中无论是双方当事人之间签订的合同，还是从银行贷款后再进行出借的合同，都不属于居间合同，亦不应当收取中介性质的费用。

编写人：河南省安阳市中级人民法院　王换微　裴红卫　李建军

14

职业放贷人的认定

——李某烨诉梅某华等民间借贷案

【案件基本信息】

1. 裁判书字号

广东省珠海市中级人民法院(2019)粤04民终2440号民事判决书

2. 案由:民间借贷纠纷

3. 当事人

原告(上诉人):李某烨

被告(被上诉人):梅某华、吴某群

第三人(被上诉人):倪某

【基本案情】

李某烨与梅某华于2018年7月12日签订了《房屋抵押借款合同》,约定梅某华向李某烨借款人民币165万元整,借款期限自2018年7月12日至2019年1月11日,并约定借款利息为2.7%/月,梅某华应于每月12日前向李某烨支付利息,吴某群对上述借款合同承担连带保证责任。《房屋抵押借款合同》由李某烨与梅某华、吴某群签字捺印确认。合同签订后,李某烨通过银行转账方式向梅某华支付了上述借款,梅某华向李某烨出具了收到借款本金的《借款收据》。双方于2018年7月16日以梅某华名下位于珠海市香洲区人民西路×号路苑×栋×号房产与李某烨办理了抵押权登记。2018年9月12日起,梅某华未依约向李某烨支付借款利息。李某烨多次催促并于2018年10月15日向梅某华发出催款通知,而梅某华在微信中明确表示拒绝支付本金及利息。吴某群系上述借款的担保人,李某烨多次催促梅某华归还借款,梅某华一直未归还,李某烨遂催促吴某群承担连带担保责任,但吴某群也未履行。倪某于2000年1月20日与实利公司签订了商品房购销临时合同,购买涉案抵押房产，并支付了首期购房款211740元。上述房产从2000年起一直由倪某居住。倪某与梅某华之间的关于上述房屋权属纠纷一案，法院已作出（2018）粤0402执6680号《执行通知书》、（2018）粤0402执异419号《执行裁定书》及其生效证明，证实2018年倪某向法院申请对上述争议的房产恢复执行，法院已于2018年9月26日作出执行通知书，裁定梅某华、实利公司立即履行将位于珠海市香洲区人民西路×号路苑×栋×号房产过户到倪某名下的义务。梅某华向法院提出执行异议，其异议已被法院作出的《执行裁定书》予以驳回，现该执行通知书已生效。

【案件焦点】

1. 涉案借款合同是否有效；2. 李某烨对珠海市香洲区人民西路×号路苑×栋×号房产是否享有抵押权。

【法院裁判要旨】

广东省珠海市香洲区人民法院经审理认为：梅某华拖欠李某烨借款本金165万元及逾期还款利息，吴某群承担连带担保责任的事实，有《房屋抵押借款合同》《借款收据》、银行转账凭证等证据予以证实，且梅某华、吴某群经合法传唤没有到庭参加诉讼，根据当庭质证的证据对上述事实予以确认。李某烨要求逾期还款利息按照年利率24%计算，不超出双方的约定及法律规定的上限，应当支持。

针对李某烨诉请对位于珠海市香洲区人民西路×号路苑×栋×号房产享有抵押优先权，已生效法律文书裁定梅某华、实利公司立即履行将位于珠海市香洲区人民西路×号路苑×栋×号房产过户到第三人倪某名下的义务，该裁判文书已经生效。因而双方在《房屋抵押借款合同》中约定对上述房产抵押并作抵押登记，损害了第三人倪某的合法权益。第三人倪某申请对合同中的该项房产抵押约定予以撤销，符合法律规定，应当支持倪某该申请。

广东省珠海市香洲区人民法院依照《中华人民共和国民事诉讼法》第一百四十四条，《中华人民共和国民法通则》第九十条、第一百零八条、第一百四十九条，《中华人民共和国合同法》第二百零六条、第二百零七条之规定，判决：

一、梅某华于判决生效之日起十日内偿还李某烨借款本金人民币165万元及利息（利息以本金165万元为基数，按照年利率24%计算，从2018年7月12日起计算至实际付清之日止)；

二、吴某群对上述款项承担连带责任；

三、撤销双方在《房屋抵押借款合同》中对位于珠海市香洲区人民西路×号路苑×栋×号房产的抵押约定。

李某烨不服一审判决，提起上诉。

广东省珠海市中级人民法院经审理认为：经二审查明，自2015年11月至2018年10月，李某烨作为出借人向他人多次出借款项，仅办理房屋抵押登记的就高达30次，其作为出借人在珠海市两级法院也提起5起民间借贷纠纷之诉。可见，李某烨存在多次向社会上不特定的人发放借款的情形，出借行为具有反复性、经常性，借款目的具有营利性，扰乱了我国金融市场和国家金融秩序，违反了《中华人民共和国银行业监督管理法》第十九条规定的“未经国务院银行业监督管理机构批准，任何单位或者个人不得设立银行业金融机构或者从事银行业金融机构的业务活动”的情形，也损害了社会公共利益，符合《中华人民共和国合同法》第五十二条规定的损害社会公共利益和违反法律、行政法规强制性规定的情形，依法应确认为无效。故依法认定李某烨与梅某华于2018年7月12日签订的《房屋抵押借款合同》无效。

根据《中华人民共和国担保法》第五条“担保合同是主合同的从合同，主合同无效，担保合同无效。担保合同另有约定的，按照约定。担保合同被确认无效后，债务人、担保人、债权人有过错的，应当根据其过错各自承担相应的民事责任”和《最高人民法院关于适用〈中华人民共和国担保法〉若干问题的解释》第八条“主合同无效而导致担保合同无效，担保人无过错的，担保人不承担民事责任；担保人有过错的，担保人承担民事责任的部分，不应超过债务人不能清偿部分的三分之一”的规定，因涉案主合同即《房屋抵押借款合同》无效，故双方在涉案房产上设定的抵押合同亦属无效，李某烨对珠海市香洲区人民西路×号路苑×栋×号房产不享有抵押权，上述借款合同约定的吴某群承担连带保证责任亦属无效。因李某烨是基于《房屋抵押借款合同》约定的吴某群对上述借款合同承担连带保证责任，即吴某群的连带保证人身份而诉求吴某群承担连带清偿责任的，吴某群作为上述借款合同的连带保证人和梅某华的妻子，明知涉案房屋已被他人占有使用仍与梅某华一起设置抵押且提供担保，存在着一定的过错，酌定吴某群对于梅某华不能清偿部分的三分之一债务承担赔偿责任。吴某群与梅某华系夫妻关系，不存在追偿之说。

根据《中华人民共和国合同法》第五十八条的规定："合同无效或者被撤销后，因该合同取得的财产，应当予以返还……"故梅某华应向李某烨偿还借款本金1650000元，并按照中国人民银行同期同类贷款基准利率支付资金占用期间的使用费用。尽管梅某华、吴某群未提起上诉，但鉴于已认定涉案借款合同无效，还应以合同无效的后果处理。

广东省珠海市中级人民法院依照《中华人民共和国合同法》第五十二条、第五十八条，《中华人民共和国担保法》第五条，《最高人民法院关于适用〈中华人民共和国担保法〉若干问题的解释》第八条和《中华人民共和国民事诉讼法》第一百七十条第一款第二项的规定，判决：

一、撤销广东省珠海市香洲区人民法院（2018）粤0402民初11161号民事判决；

二、李某烨与梅某华于2018年7月12日签订的《房屋抵押借款合同》无效，梅某华于判决生效之日起十日内偿还李某烨借款本金人民币165万元及利息（利息以本金165万元为基数，按照中国人民银行同期同类贷款基准利率支付资金占用期间的使用费用，从2018年7月12日起计算至实际付清之日止）；

三、吴某群对梅某华的上述债务承担三分之一的赔偿责任；

四、驳回李某烨的其他诉讼请求。

【法官后语】

近年来，随着民间借贷的繁荣发展，民间借贷纠纷案件数量高速增长，案件类型呈现多样化、复杂化特点，出现了不少以营利性借贷为职业的群体。"职业放贷人"在一定时间内通过向社会不特定对象提供资金以赚取高额利息，出借行为具有反复性、经常性，借款目的具有营业性，系未经批准擅自从事经常性的贷款业务，且往往伴随着高利贷、非法吸收或变相吸收他人资金、暴力收贷等违法犯罪行为。职业放贷行为不仅严重扰乱了我国金融市场和国家金融秩序，违反了《中华人民共和国银行业监督管理法》第十九条规定，也极大地损害了社会公共利益，符合《中华人民共和国合民法典》第一百五十三条规定的违反法律、行政法规的强制性规定，违背公序良俗的情形。人民法院要根据同一原告或关联原告在一段时间内所涉的民间借贷案件数量、利率、合同格式化程度、出借金额、资金来源等特征来认定民间借贷是否为职业放贷。

关于职业放贷行为的认定标准，《全国民商事审判工作会议纪要》规定，未依法取得放贷资格的以民间借贷为业的非法人组织或者自然人从事的民间借贷行为，应当依法认定无效。同一出借人在一定期间内多次反复从事有偿民间借贷行为的，一般可以认定为是职业放贷人。并授权民间借贷活跃地区可以根据实际情况制定具体标准。目前广东省地区暂未对职业放贷人的认定制定具体标准。但是《最高人民法院、最高人民检察院、公安部、司法部关于办理非法放贷刑事案件若干问题的意见》第一条明确规定的“经常性向社会不特定对象发放贷款”，是指2年内向不特定多人（包括单位和个人）以借款或其他名义出借资金10次以上。举重以明轻，人民法院在民事审判方面关于职业放贷人的认定，不能比上述司法解释的标准更宽。也就是说，只要出借人经常性、反复性地向社会不特定对象提供资金以赚取高额利息，具有营业性，即使超过了2年，尚未达到10次，根据案件实际情况，结合审查涉案借款利率、合同格式化程度、借款金额、出借人资金的来源等特征亦可以认定为构成职业放贷人。

近年来，从最高人民法院到各地方法院对于职业放贷行为的打击力度不断增强，我市两级法院在审理民间借贷纠纷案件中在加大对案件事实的审查力度的基础上，也要主动强化审判职能，对确实有助于查清案件事实的证据应当依职权调查取证，不断提高对职业放贷人的甄别力度。

编写人：广东省珠海市中级人民法院　孟庆锋　游美婷

二、夫妻共同债务认定

15

民间借贷纠纷中，夫妻共同债务的综合认定

——卢某安诉邓某义、任某民间借贷案

【案件基本信息】

1. 裁判书字号

四川省宜宾市中级人民法院（2019）川15民终330号民事判决书

2. 案由：民间借贷纠纷

3. 当事人

原告（被上诉人）：卢某安

被告（上诉人）：邓某义、任某

【基本案情】

卢某安与任某、邓某义原系朋友关系，任某与邓某义系夫妻关系，双方均经商多年。2011年年初，卢某安通过邓某义介绍认识唐某隆。5月14日，唐某隆与卢某安商谈后，以“借条”形式与卢某安约定：向卢某安借款1200万元，用于购买铜矿探矿证和云石采矿权证的前期费用。2011年5月15日，卢某安向唐某隆转账1200万元。

2011年5月19日，唐某隆与卢某安、邓某义签订《合作投资协议书》，约定三方共同进行探、采矿项目合作，以及法人架构、占股比例和人员分工。当天，卢某安向唐某隆转账450万元。唐某隆出具借条，载明借到邓某义人民币450万元，

借期20天，用于购买铜矿厂。2012年3月15日，卢某安与邓某义签订《协议书》，载明：卢某安将1200万元付于唐某隆，并代邓某义向唐某隆支付了450万元投资款，共计1650万元。6月17日，邓某义、唐某隆向卢某安出具《承诺书》，明确了若三方继续友好合作的占股比例。2013年5月14日，卢某安、邓某义、任某签订《赔偿损失协议》，邓某义、任某赔偿卢某安损失2100万元，余款1500万元至2014年8月底支付完毕。同时，任某同意以其成都和宜宾的房产为邓某义的借款450万元承担担保责任。当天，邓某义向卢某安出具《借条》一张，内容为："今借到卢某安人民币450万元，此据。借款人：邓某义。"2013年11月17日，公安机关讯问邓某义时，邓某义称《承诺书》《赔偿损失协议》系自愿签订，未受他人胁迫。

就案涉450万元借款，卢某安于2013年12月2日向四川省宜宾市中级人民法院起诉邓某义，后又撤诉。12月27日，卢某安向四川省成都市中级人民法院起诉邓某义、任某等人股东出资案，诉讼标的额包括该450万元。经一、二审终审，四川省高级人民法院维持了一审裁定，驳回了卢某安的起诉。同时认为卢某安要求邓某义偿还450万元借款属另一法律关系，可另行主张。卢某安不服，申请再审，最高人民法院作出民事裁定，驳回了卢某安的再审申请。

卢某安向法院诉请判令邓某义、任某偿还借款450万元及利息。

【案件焦点】

1. 卢某安于2012年5月19日转入唐某隆账户的450万元，是否系邓某义向卢某安的借款；2. 任某是否承担该笔债务的清偿责任。

【法院裁判要旨】

四川省宜宾市翠屏区人民法院经审理认为：关于任某是否承担案涉450万元借款的清偿责任。根据《最高人民法院关于审理涉及夫妻债务纠纷案件适用法律有关问题的解释》第三条规定，邓某义、任某系夫妻关系，邓某义向卢某安借款系用于投资合作。夫妻财产共同共有，生产经营所得也系夫妻共同财产，生产经营所负债务也应是夫妻共同债务。故任某应当承担案涉450万元借款的清偿责任。

四川省宜宾市翠屏区人民法院依照《中华人民共和国合同法》第一百零七条、第二百零六条、第二百零七条、第二百一十一条，《最高人民法院关于适用〈中华人民共和国婚姻法〉若干问题的解释（二）》第二十四条，《最高人民法院关于审理涉及夫妻债务纠纷案件适用法律有关问题的解释》第三条，《最高人民法院关于审理民间借贷案件适用法律若干问题的规定》第二十九条，《最高人民法院关于民事诉讼证据的若干规定》第九条，《中华人民共和国民事诉讼法》第五十六条、第六十三条、第六十四条之规定，判决：

邓某义、任某于判决生效之日起 15 日内偿还卢某安借款本金 4500000 元及资金占用利息，利息计算方式：以本金 4500000 元为基数，从 2013 年 12 月 2 日起按照中国人民银行同期贷款基准年利率 6%，计算至判决确定的给付之日止；若未按照判决确定的给付之日给付本金，则上述利息计算至本金付清之日止。

邓某义、任某不服一审判决，提起上诉。

四川省宜宾市中级人民法院经审理认为：任某未在卢某安与邓某义签订的协议书、邓某义出具给卢某安的借条上签字，事后也未追认。《最高人民法院关于审理涉及夫妻债务纠纷案件适用法律有关问题的解释》第三条规定："夫妻一方在婚姻关系存续期间以个人名义超出家庭日常生活需要所负的债务，债权人以属于夫妻共同债务为由主张权利的，人民法院不予支持，但债权人能够证明该债务用于夫妻共同生活、共同生产经营或者基于夫妻双方共同意思表示的除外。"本案的 450 万元借款系投资款，已超过家庭日常生活需要，该借款的用途为与唐某隆、卢某安合作投资，并未用于夫妻共同生活。卢某安提交的证据不足以证明任某参与该投资或者任某有共同借款的意思表示，该笔借款不能认定为夫妻共同债务。卢某安要求任某共同偿还该笔债务的理由不能成立。

四川省宜宾市中级人民法院依照《中华人民共和国民事诉讼法》第一百七十条第一款第二项规定，判决：

一、撤销四川省宜宾市翠屏区人民法院（2017）川 1502 民初 8376 号民事判决；

二、邓某义于本判决生效之日起 15 日内偿还卢某安借款本金 4500000 元及其利息（利息以本金 4500000 元为基数，从 2013 年 12 月 2 日起按照中国人民银行同期贷款基准年利率 6%，计算至本判决确定的给付之日止）；

三、驳回卢某安的其他诉讼请求。

【法官后语】

法律法规并未界定何谓家庭日常生活需要，司法实践亦难以确定严格的判断标准。即使债务数额超出了家庭日常生活所需，也存在用于夫妻共同生活的可能。因此，如何认定一方超出家庭日常生活需要所负债务是否属于夫妻共同债务的问题成为审理该类案件的重点和难点。

一、是否超出家庭日常生活需要是认定夫妻共同债务的基础

一般认为，家庭日常生活需要是指通常情况下必要的家庭日常消费支出，包括衣食消费、日用品购买、子女教育支出等。一方所举债务是否超出家庭日常生活需要，应当结合金额大小、家庭富裕程度、当地经济水平及交易习惯、夫妻关系是否安宁、借款名义、资金流向等因素综合认定。本案中，案涉450万元借款用途为合作投资，而且数额较大，因此从借款的用途、金额、性质等方面综合来看均不属于家庭日常生活需要。

二、认定夫妻共同债务应审查借贷行为的合法性和合理性

《最高人民法院关于适用〈中华人民共和国民法典〉婚姻家庭编的解释（一）》第三十四条第二款规定，夫妻一方在从事赌博、吸毒等违法犯罪活动中所负债务，第三人主张该债务为夫妻共同债务的，人民法院不予支持。夫妻关系存续期间，一方的借贷行为首先应当是合法的，其次数额应当合理，才可能被认定为夫妻共同债务；如果数额较大，则需债权人承担举证责任。本案中，案涉借款具有合法性，但数额较大，超出家庭日常生活需要，债权人无证据证明该借款用于夫妻共同生活、共同生产经营或者基于夫妻双方共同意思表示，该笔借款不能认定为夫妻共同债务。

三、举债人配偶是否因借贷而享受利益是判断是否用于夫妻共同债务的重要标准

公平原则是民法的基本原则之一，旨在合理确定各方权利义务以平衡各方利益，权利义务相一致是公平原则的重要体现。在夫妻共同债务的认定中，如果举债人配偶分享了因举债带来的利益，就应承担相应的义务。本案中，对于案涉借款，邓某义的借款目的是合作投资，并非为了家庭利益，且任某并未因此受益，不应认定为夫妻共同债务。

四、认定是否属于夫妻共同债务应合理分配举证责任

在平衡各方利益并充分考虑举证能力大小的前提下，《最高人民法院关于适用〈中华人民共和国民法典〉婚姻家庭编的解释（一）》在一定程度上增加了债权人的举证责任，并督促其出借款项时对借款人身份以及借款用途尽审查义务。就认定夫妻共同债务纠纷中举证责任的分配来说，如果一方所举债务超出家庭日常生活需要，债权人须对该债务用于夫妻共同生活、共同生产经营或者基于夫妻双方共同意思表示承担举证责任。本案中，案涉450万元借款数额较大，债权人卢某安主张该借款系用于夫妻共同生活，任某作为未举债一方抗辩所得收益未用于家庭日常生活，债权人卢某安须对其主张承担举证责任。

涉及夫妻共同债务认定的案件，包括民间借贷纠纷和家事纠纷两个方面，法律关系更为复杂，应谨慎处理。在审理中，需根据借款用途、金额大小、家庭富裕程度、当地经济水平等综合判断，合理分配举证责任，平衡债权人与举债人配偶的利益，既要防止债权人与夫妻一方串通虚构债务损害另一方利益，又要防止夫妻双方为了逃避债务借离婚名义损害债权人利益的现象发生。

编写人：四川省宜宾市中级人民法院　李焕培

16

民间借贷合同之借款用途认定

——沈某敬诉黄某峰、肖某民间借贷案

【案件基本信息】

1. 裁判书字号

河南省获嘉县人民法院（2019）豫0724民再1号民事判决书

2. 案由：民间借贷纠纷

3. 当事人

原告（再审被申请人）：沈某敬

被告（再审申请人）：肖某

被告：黄某峰

第三人：周某林

【基本案情】

沈某敬与周某林系夫妻关系。黄某峰与周某林系朋友关系。经周某林介绍，2015 年 6 月 29 日，黄某峰借沈某敬现金 175000 元，并向沈某敬出具借据。经沈某敬多次催要，黄某峰陆续归还 75000 元借款。2017 年 1 月 27 日，黄某峰重新出具欠条"今欠到沈某敬拾万元现金，现分十个月还清，每月 1 万元，之前的欠条作废，黄某峰 2017 年 1 月 27 日"。在出具借条后，黄某峰于 2017 年 7 月 9 日向沈某敬通过微信还款 10000 元。沈某敬于 2017 年 9 月 4 日诉至法院。

一审判决生效后，肖某以一审法院程序违法为理由申请再审。肖某与黄某峰于 2008 年 11 月 18 日办理结婚登记，于 2017 年 8 月 3 日办理离婚登记，在二人离婚后仍由黄某峰代收向肖某送达的起诉状等，并由黄某峰的家人代收向肖某送达的判决书，导致上述材料未直接送达给肖某，不符合法律规定，法院裁定再审。在审理过程中，肖某申请周某林作为第三人参加诉讼，法院于 2019 年 4 月 11 日追加周某林为第三人参加诉讼。

【案件焦点】

1. 本案所涉及的借款是否能被证明用于赌博；2. 本案所涉及的借款是否为夫妻共同债务。

【法院裁判要旨】

河南省获嘉县人民法院经审理认为：沈某敬提供的借条，足以认定黄某峰借沈某敬现金 10 万元的事实，沈某敬与黄某峰存在民间借贷关系，黄某峰应履行还款义务。

河南省获嘉县人民法院依照《中华人民共和国民法通则》第一百零八条，《最高人民法院关于适用〈中华人民共和国婚姻法〉若干问题的解释（二）》第二十四条，《最高人民法院关于审理民间借贷案件适用法律若干问题的规定》第二十九条第二款第一项，《中华人民共和国民事诉讼法》第一百四十四条之规定，判决：

黄某峰、肖某应于本判决生效之日起十日内归还沈某敬借款本金 100000 元，并应自 2017 年 9 月 4 日起以未归还借款本金为基数，按照年利率 6% 向沈某敬支付利息至借款清偿完毕之日止。

肖某不服一审判决，申请再审。

河南省获嘉县人民法院再审认为：肖某与黄某峰于 2017 年 8 月 3 日办理离婚登记，在二人离婚后仍由黄某峰及家人代收向肖某送达的起诉状、判决书，导致上述材料未直接送达给肖某，不符合法律规定，法院在再审中对上述问题予以纠正。再审中，法院认为借款应当清偿。黄某峰辩称案涉借款系赌债，且系沈某敬的配偶即周某林带他参与赌博形成的债务；另外，在向沈某敬借款时，未见到现金或者转账，并未发生真正的借贷事实。但因证据不足，法院不予采信。故沈某敬要求黄某峰承担还款责任的诉讼请求，法院予以支持。沈某敬要求黄某峰归还借款本金 10 万元，但黄某峰在出具欠条后，又向沈某敬微信转账 1 万元。沈某敬辩称该 1 万元系支付的借款利息，但二人未约定利息，沈某敬也不能证明欠款约定利息，故对沈某敬该辩称，不予采信，该 1 万元应从借款本金中予以扣除。诉讼中，沈某敬撤回对肖某的起诉，符合法律规定，法院另行裁定准许。

河南省获嘉县人民法院依据《中华人民共和国民法通则》第一百零八条，《最高人民法院关于审理民间借贷案件适用法律若干问题的规定》第二十九条第二款第一项，《中华人民共和国民事诉讼法》第八十五条、第一百四十四条、第一百九十九条、第二百零七条之规定，判决：

一、撤销河南省获嘉县人民法院（2017）豫 0724 民初 2065 号民事判决书；

二、黄某峰在本判决生效后十日内归还沈某敬借款本金 90000 元，并以借款本金 9 万元为基数，以年利率 6% 为标准，向沈某敬支付自 2017 年 9 月 4 日至实际还款日的利息；

三、驳回沈某敬的其他诉讼请求。

【法官后语】

根据《中华人民共和国民事诉讼法》第八十五条规定，送达诉讼文书，应当直接送交受送达人。受送达人是公民的，本人不在交他的同住成年家属签收。本案中案件的应诉手续系黄某峰签收，判决书系黄某峰母亲签收，但肖某和黄某峰在此之前已离婚，黄某峰及黄某峰的母亲显然无权替肖某签收诉讼文书。原审案件未将应诉手续、判决书送达肖某本人，也未送达其同住成年家属签收。因此该案送达程序不合法，肖某的诉讼权利未能受到合法保护，故依肖某的再审申请，该案依法进入再审。

在审理民间借贷案件时，法院应当严格审查借贷发生的原因、时间、地点、款项来源、交付方式，以及借款双方的关系、经济状况等事实。证据审查应坚持综合判断原则，出借人应当对是否存在借款关系、款项的交付等承担举证责任。本案中沈某敬提交借据，并且就借款的时间、地点、款项来源、交付方式作出了合理的陈述，综合各个证据和案件事实已经完成了借贷关系存在的举证责任。双方当事人就借款用途发生分歧，对于借款用途的认定是再审中的一个关键点。

黄某峰在再审中举证证明沈某敬明知自己借钱用于赌博，来以此抗辩达到不需要还款的目的。出借人明知借款用于赌博，其借贷关系不予保护。如果出借人在借钱的时候并不清楚借款人将所借款项用于赌博，这样的债务是受法律保护的，出借人可以依法要求借款人予以偿还。黄某峰提出借款用于赌博的说法，根据“谁主张，谁举证”原则，黄某峰对其提出的抗辩理由负有举证责任。虽黄某峰提供证据证明系赌债，但提供的证据不足以证明系赌债，且结合本案中双方陈述、黄某峰后期还款行为，无法认定该笔借款系赌债所形成。因此黄某峰的抗辩并不成立，借贷关系受法律保护，黄某峰应当承担还款义务。

再审中的另一个关键点是对夫妻共同债务的认定。若本案中的借款用于赌博，该债务未用于家庭生活，属于一方不合理开支，故不属于夫妻共同债务的范围，应由借款人本人自行承担。经审理，并没有证据证明该借款系赌债，故应从普通债务角度来分析。夫妻一方以个人名义所负债务，如果所负债务超出了家庭日常生活需要，则不属于夫妻共同债务。夫妻一方在婚姻存续期间以个人名义超出日常生活需要所负的债务，债权人以属于夫妻共同债务为由主张权利的，法院不予支持，但债权人能够证明债务用于夫妻共同生活、共同生产经营或者基于夫妻双方共同意思表示的除外。本案中沈某敬撤回对原审肖某的起诉，视为放弃了对肖某的债权，故应当由黄某峰一人履行债务。

综上所述，认定存在借贷关系是请求借款人还钱的前提，借款用途是认定借贷关系是否合法，是否受法律保护的关键；是否有其他共同还款人是债务有效清偿的全面考量点。应在证据确实充分的基础上最大限度地保障债权人的权益不受侵犯。

编写人：河南省获嘉县人民法院 张思杰 桑鹏 张敏

17

夫妻共同举债的合意可以通过推定确定

——钦某静诉尹某艳、费甲民间借贷案

【案件基本信息】

1. 裁判书字号

江苏省无锡市中级人民法院（2019）苏02民终3754号民事判决书

2. 案由：民间借贷纠纷

3. 当事人

原告（被上诉人）：钦某静

被告（上诉人）：费甲

被告：尹某艳

【基本案情】

尹某艳与费甲于1998年6月10日登记结婚，于2004年2月2日协议离婚，于2006年12月20日复婚，于2018年9月4日再次协议离婚。

2016年11月21日至2017年11月23日，尹某艳多次向钦某静借款，借款金额合计140万元。

在婚姻关系存续期间，尹某艳向多人包括钦某静借款后交付给吴某；另将家庭积蓄、费甲名下房屋出售后的房款以及以尹某艳和费甲名义贷款后取得的款项交付给吴某；2017年8月，尹某艳向第三人李某借款30万元，约定利息为月利率1.2%并以其名下房屋进行了抵押。

2018年，尹某艳、吴某签署借款确认及担保协议，约定：吴某向尹某艳共计借得5579747.64元，年息10%，吴某向其的借款用于池州市凯丽世家针织有限公司

的生产经营。

2019年2月，钦某静诉至法院，要求判令尹某艳、费甲归还借款本金140万元及相应利息。

【案件焦点】

本案所涉尹某艳向钦某静的借款是否属其与费甲的夫妻共同债务。

【法院裁判要旨】

江苏省江阴市人民法院经审理认为：合法的借贷关系受法律保护。尹某艳向钦某静借款140万元的事实由借条、银行转账凭证为证，且尹某艳庭审中予以认可，法院予以确认。钦某静主张的利息符合双方约定，且未超过法律规定限制的标准，法院予以支持。

本案中，尹某艳向钦某静的借款属于其与费甲的夫妻共同债务。理由如下：首先，不排除费甲具有共同举债的合意。虽然尹某艳向钦某静借款时费甲并未出现，但费甲曾与尹某艳一并出面协调向钦某静的还款事宜。且尹某艳向钦某静等的借款均交付给吴某，尹某艳向吴某交付款项系基于夫妻共同的意思表示，而尹某艳向第三人借款后交付给吴某应推定为符合费甲的意思表示。其次，尹某艳称其将借得的款项用于吴某开办的企业系出于友情帮忙借款及转借，没有赚取差价，不存在投资行为。但该陈述存在下列矛盾之处：1. 尹某艳向第三人李某以月利率1.2%的成本借款30万元，且以其自有房屋进行了抵押担保；按照尹某艳的陈述其后将该款转借给吴某，但仅约定了年利率10%的利息，不符合常理；2. 尹某艳、费甲穷尽一切可能（所有家庭积蓄、向第三人借款、以夫妻双方的名义贷款、卖掉房屋）筹措资金用于吴某开办的企业经营，不符合常理；综上，尹某艳陈述其系出于友情向钦某静借款后转借给吴某，没有赚取差价，不存在投资行为与庭审查明的事实相矛盾。最后，虽然尹某艳与费甲已经离婚，但两人仍生活在一起，又一并出面协调还款事宜。结合上述因素予以综合考量后确认尹某艳向钦某静的借款属于其与费甲的夫妻共同债务，应由尹某艳与费甲共同偿还。

江苏省江阴市人民法院依照《中华人民共和国合同法》第二百零六条、第二百零七条、第二百一十一条，《最高人民法院关于审理涉及夫妻债务纠纷案件适用法律有关问题的解释》第三条之规定，判决：

尹某艳、费甲应于本判决发生法律效力之日起十日内给付钦某静借款本金140万元、利息173600元（计算至2019年2月22日，自2019年2月23日起至实际归还之日止以140万元为基数按照年利率10%计算）。

费甲不服一审判决，提起上诉。

江苏省无锡市中级人民法院经审理认为：尹某艳在与费甲婚姻关系存续期间向多人包括钦某静借款后再将借款交付给吴某，对此费甲称尹某艳向钦某静借款不知道，也未参与，不是夫妻共同意思，而综合尹某艳多次向多人大量借款、费甲同意将其名下房屋出售及与尹某艳共同向银行贷款后所得款项均转借吴某等事实，应当认定尹某艳对外借款并转借吴某的行为本身是夫妻共同意思，本案所涉钦某静的借款属于上述对外借款中的一笔，应当认定为尹某艳与费甲的夫妻共同债务。费甲称其不知道尹某艳对外借款后再借给吴某，但又与尹某艳共同向银行贷款后转借吴某，故费甲的该项陈述明显不合理。费甲又提供微信聊天记录及费乙的证人证言欲证明其确实对尹某艳对外借款确不知情，但上述证据本身是借款关系成立后费甲对费乙的陈述，属于传闻证据，不能据此定案。江苏省无锡市中级人民法院依照《中华人民共和国民事诉讼法》第一百七十条第一款第一项之规定，判决：

驳回上诉，维持原判。

【法官后语】

夫妻共同债务的认定在理论界一直存在争议，同时也是当前司法审理实务中的一大热点和难点问题。以2018年1月18日施行的《最高人民法院关于审理涉及夫妻债务纠纷案件适用法律有关问题的解释》为分水岭，审理实务中将夫妻共同债务的举证责任分配由原先《最高人民法院关于适用〈中华人民共和国婚姻法〉若干问题的解释（二）》第二十四条规定的“借款人（或其配偶）举证”模式即借款人（或其配偶）需举证夫妻一方在婚姻关系存续期间以个人名义所负债务系约定为个人债务或债权人明知夫妻双方采用约定财产制仍出借的，否则该债务将被认定为夫妻共同债务，转变为“出借人举证”模式即债权人需要对夫妻一方在婚姻关系存续期间以个人名义超出家庭日常生活需要所负的债务举证证明该债务用于夫妻共同生活、共同生产经营或者基于夫妻双方共同意思表示，否则该债务将被认定为举债方的个人债务。审理实务中也正因为该司法解释的出台，使得之前绝大多数夫妻一方在婚姻关系存续期间以个人名义所负债务被法院认定为夫妻共同债务的情况，转变为当前绝大多数一方所负债务不被认定为夫妻共同债务，避免了债务人配偶“被负债”情况的发生，保障了不知情、未同意负债配偶一方的利益，有效维护了婚姻家庭生活及社会的稳定。

同时，该司法解释也并没有采取“一刀切”的模式，在维护债务人配偶一方利益的同时亦注重保护债权人的利益，通过合理分配举证证明责任，有效平衡债权人和债务人配偶一方的利益保护，债权人在能够通过举证证明该债务用于夫妻共同生活、共同生产经营或者基于夫妻双方共同意思表示的情况下仍可被认定为夫妻共同债务，另一方需对该债务承担共同偿还责任。《中华人民共和国民法典》第一千零六十四条也采纳了该司法解释的观点。

笔者认为，在具体案件的审判过程中，不能简单地拘泥于“共债共签”原则，而应该根据具体情况进行具体分析，既不能无条件地认定所有举债方配偶都具有共同举债的合意，也要避免存在夫妻串通逃避债务、转移资产的情况发生。司法裁判中应该结合借款背景、款项交付、款项实际用途、家庭收入情况、借款前后家庭资产情况等综合分析，兼顾债权人利益和举债方配偶保护的平衡。因此除“夫妻双方共同签字”和“夫妻一方事后追认”外，共同作出口头承诺、共同作出某种行为等也应推定为配偶具有共同举债的合意。例如：1. 出具借条时债务人配偶在场；2. 债务人所借款项汇入其配偶掌握的银行账户；3. 债务人配偶归还借款本息。

当然，尽管笔者理解并且确认配偶共同举债的合意可以通过推定确定，但在日常生活中，鉴于借款行为错综复杂，事后举证也十分困难，若出借人未坚持“共债共签”，客观上会加重该债务系夫妻共同债务的证明难度。对此，笔者建议债权人在出借款项时，为了防止纠纷的产生，尽可能要求债务人配偶与债务人共同在借款合同上签字。

编写人：江苏省江阴市人民法院　李峰　黄静宇

18

夫妻共同债务中对夫妻共同生产经营的认定问题

——衣某华诉陈某等民间借贷案

【案件基本信息】

1. 裁判书字号

北京市第一中级人民法院（2019）京01民终6918号民事判决书

2. 案由：民间借贷纠纷

3. 当事人

原告（上诉人）：衣某华

被告（被上诉人）：思台地公司、王某、陈某

【基本案情】

衣某华和斯瑞达公司共计向王某和王某担任法定代表人的思台地公司出借4笔资金，分别为：1. 2007年1月29日，王某向衣某华出具借条，向衣某华借款30万元，约定借款期限30日，利息3000元，自2007年2月1日起计算；2. 2008年9月3日，思台地公司向衣某华出具借款单，内容为王某向衣某华借款10万元，借款期自2008年9月3日至2009年9月2日，利息13000元，该借条上还加盖了王某的人名章；3. 2008年5月16日，斯瑞达公司向思台地公司出借资金20万元；4. 2010年5月24日，斯瑞达公司向思台地公司出借资金10万元，同年6月2日出借10万元，同年6月3日出借30万元，同年6月11日出借20万元，共计出借70万元。以上4笔共计借款130万元，思台地公司和王某拖欠以上借款本金均未还。

2015年5月1日，衣某华代表斯瑞达公司，王某代表思台地公司签订《借款说明》，将4笔借款共计130万元制作了明细，包括2015年5月16日借款20万元，年息13%，借期至2016年5月15日；2015年5月24日借款70万元，年息13%，借期至2016年5月23日；2015年5月25日借款30万元，年息24%，借期至2016

年5月24日；2015年9月2日借款10万元，年息13%，借期至2016年9月1日；并约定以上4笔借款到期偿还本金，按月付息；如果不能按约定还清本金及利息，由王某本人和陈某名下房产作为抵押，思台地公司、斯瑞达公司均在《借款说明》上加盖了公章。王某未将上述房产与斯瑞达公司办理抵押登记手续。

2015年5月16日，斯瑞达公司向思台地公司出具《债权转让通知书》，告知思台地公司已将该公司拖欠斯瑞达公司的130万元及其相关利息转让给衣某华。王某签收了该份《债权转让通知书》。

2015年10月23日，思台地公司向衣某华出具了《还款计划》，主要内容为：根据衣某华的要求，思台地公司于2016年起每月偿还本金5万元以上，办理房产抵押，同时将2015年9月利息和2015年10月利息于2015年10月30日前一并付清，之后每月按时支付出借人。

王某与陈某于1986年1月7日结婚，于2008年10月8日离婚。

思台地公司成立于2001年，陈某为控股股东和公司法定代表人，2009年10月29日，陈某不再担任公司法定代表人，但仍为公司控股股东和董事，2011年10月，公司法定代表人变更为王某，陈某仍为公司控股股东，2014年7月29日，公司股东和法定代表人均变更为王某。

【案件焦点】

1. 对案涉债务是否属于"夫妻共同生产经营"的认定；2. 一人有限责任公司的股东因不能证明财产独立而对公司债务所负连带之债是否属于夫妻共同债务。

【法院裁判要旨】

北京市海淀区人民法院经审理认为：本案涉及4笔借款，其中一笔30万元借款为王某向衣某华所借，由王某个人向衣某华出具了欠条，其余3笔借款为思台地公司向斯瑞达公司所借，以上共计借款130万元经由斯瑞达公司与思台地公司签订的《借款说明》所确认。斯瑞达公司将对思台地公司借款债权转让给衣某华并已通知思台地公司，故衣某华是思台地公司合法的债权人，有权向思台地公司主张债权。陈某辩称衣某华变更起诉事实与事实不符，但衣某华的诉称有事实依据，法院对陈某的辩称不予采信，130万元借款既包括衣某华向王某出借的30万元资金，也包括斯瑞达公司向思台地公司出借的100万元资金。衣某华与王某之间、斯瑞达公司与思台地公司之间有关借贷的约定不违反法律法规的强制性规定，合法有效。

本案的主要争议焦点为130万元借款债务是否为思台地公司的债务，王某个人是否要对130万元债务承担还款责任。对此法院认为，如前所述，130万元中有30万元为王某个人向衣某华的借款，根据合同的相对性原则，王某负有偿还的义务，但根据《借款说明》的表述，130万元为思台地公司因经营需要对外的借款，故思台地公司对于130万元债务负有清偿义务。2014年7月29日，思台地公司变更为王某的一人公司，在王某不能证明其与思台地公司财务不存在混同的证据的情况下，王某应对思台地公司的债务承担连带清偿责任。本案的另一争议焦点为，陈某对于与王某夫妻关系存续期间的60万元债务是否承担共同还款的义务。对此法院认为，60万元的债务虽产生于2008年10月8日王某与陈某夫妻关系存续期间，但债务均系为思台地公司经营所借，并无证据证明用于王某与陈某的夫妻共同生活或共同经营中，不应认定为是夫妻共同债务。衣某华提交转账汇款对账单复印件，以证明王某在离婚后仍有向陈某付款的行为，陈某认可存在王某向其付款的事实，但称系王某支付的房贷利息。对此法院认为，该份证据不足以证明陈某使用了130万元借款中的款项，故不负有返还义务。王某在《借款说明》中承诺抵押的房产在离婚协议中已分割给陈某，并未经陈某同意办理抵押登记，故对陈某不发生法律效力，衣某华要求陈某承担共同偿还60万元的责任，缺乏事实和法律依据，法院不予支持。陈某辩称2007年1月29日和2008年9月3日的两笔借款均已过诉讼时效，因思台地公司通过签订《借款说明》和还款计划的形式承诺还款，故陈某的辩称缺乏法律依据，法院不予采信。王某、思台地公司经法院合法传唤，无正当理由拒不出庭参加诉讼，视为放弃抗辩权，不影响法院依据查明的事实依法作出裁决。

北京市海淀区人民法院依照《中华人民共和国合同法》第八条、第七十九条、第八十条、第一百零七条、第二百零五条、第二百零六条、第二百零七条，《中华人民共和国物权法》第一百八十七条，《中华人民共和国公司法》第六十三条，《最高人民法院关于审理涉及夫妻债务纠纷案件适用法律有关问题的解释》第三条，《中华人民共和国民事诉讼法》第一百四十四条规定，判决：

一、思台地公司、王某于本判决生效后十日内偿还衣某华借款本金130万元并支付利息（利息以130万元作为计算基数，自2016年11月1日起，按年息202000元计算至实际付清之日止）；

二、驳回衣某华其他诉讼请求。

衣某华不服一审判决，提起上诉。

北京市第一中级人民法院经审理认为：衣某华就陈某在案涉借款中的责任问题提起上诉，针对该问题，应从以下层次进行分析：

第一，应明确发生于陈某和王某夫妻关系存续期间的三笔债务的主债务人问题。根据查明的事实，第一笔2007年1月29日的30万元借款借条的出具人为王某个人，故该笔债务的主债务人应为王某；第二笔2008年8月3日的10万元借款借款单的借款人处，既加盖了思台地公司的公章，又加盖了王某的人名章，结合借款单中“今有王某向衣某华借款”的表述，应认定该笔债务的主债务人为王某和思台地公司；第三笔2008年5月16日的20万元借款系直接汇入思台地公司的账户，故主债务人应为思台地公司。

第二，应明确三笔借款是否实际发生和衣某华的起诉是否超过诉讼时效的问题。首先，关于衣某华主张的《借款说明》与在先借款是否能相互对应的问题，《借款说明》中，虽未对每笔借款的最初发生时间予以明确写明，但根据证据的高度可能性原则，对衣某华关于三笔争议借款与《借款说明》中三笔借款相互对应的主张，予以采信。其次，关于三笔借款是否实际发生的问题。衣某华就第三笔借款提供了银行账户明细，故应认定该笔借款已经实际发生；就第一笔和第二笔借款，衣某华主张均汇入思台地公司账户，但目前无法提供汇款凭证。法院认为，衣某华虽无法提供款项支付凭证，但结合两份借款凭据和《借款说明》中王某对该两笔债务的再次确认，对两笔借款的真实性，予以确认。最后，关于衣某华的起诉是否超过诉讼时效的问题。第三笔借款发生之时未有还款期限的约定，故债权人可以随时主张。第一笔和第二笔借款的履行期限虽已届满，但结合利息支付情况和《借款说明》的签订，法院认为衣某华的起诉未超过诉讼时效期间。

第三，关于三笔争议债务是否为夫妻共同债务的问题。首先，应当明确《借款说明》是否变更了第一笔和第二笔债务的主债务人，《借款说明》系思台地公司与斯瑞达公司签订，但在《借款说明》中，并未明确约定王某就该两笔债务不再需要承担还款责任，故《借款说明》并未变更王某的主债务人身份，就该两笔借款，应认定王某和思台地公司负有共同还款义务。第三笔借款的主债务人始终为思台地公司，根据一审判决的认定，王某系因为一人有限责任公司的股东身份，而对公司债务承担连带清偿责任。其次，《最高人民法院关于审理涉及夫妻债务纠纷案件适用法律有关问题的解释》第三条规定，夫妻一方在婚姻关系存续期间以个人名义超出家庭日常生活需要所负的债务，债权人以属于夫妻共同债务为由主张权利的，人民法院不予支持，但债权人能够证明该债务用于夫妻共同生活、共同生产经营或者基于夫妻双方共同意思表示的除外。案涉第一笔和第二笔借款发生于陈某与王某的夫妻关系存续期间，款项用途为思台地公司经营，王某为债务人，两笔借款发生之时，陈某系思台地公司的股东及法定代表人，即陈某也在经营思台地公司，故应认定两笔借款用于了夫妻共同生产经营，应作为陈某和王某的夫妻共同债务。第三笔借款虽然发生于夫妻关系存续期间，但其主债务人为思台地公司，并非王某的个人债务，王某基于2014年之后的思台地公司一人有限责任公司的股东身份而就第三笔债务承担连带清偿责任，并非基于司法解释所指向的夫妻关系存续期间的共同生产经营活动而负债，故该笔债务，不应认定为陈某与王某的夫妻共同债务。综上，对衣某华主张陈某在40万元债务范围内承担共同还款责任的诉讼请求，予以支持。

第四，关于衣某华上诉所主张的《离婚协议》约定无效且陈某应就王某无法偿债部分承担连带清偿责任的问题。一审中，衣某华的诉讼请求系要求陈某承担夫妻共同债务，而非上诉所提出的基于《离婚协议》效力产生的还款责任问题。该两种主张在责任性质、事实认定和法律依据上存在明显区别，故衣某华的该项上诉理由已经超过了一审诉讼请求及事实理由的范畴，且陈某对其上诉理由均不予认可，故对该部分主张，二审不予处理。综上所述，衣某华的上诉请求部分成立，予以支持。

北京市第一中级人民法院依照《中华人民共和国合同法》第七十九条、第八十条、第一百零七条，《中华人民共和国公司法》第六十三条，《最高人民法院关于审理涉及夫妻债务纠纷案件适用法律有关问题的解释》第三条，《最高人民法院关于适用〈中华人民共和国民事诉讼法〉的解释》第九十条、第一百零八条，《中华人民共和国民事诉讼法》第一百七十条第一款第一项、第二项规定，判决：

一、维持北京市海淀区人民法院（2016）京0108民初9345号民事判决第一项；

二、撤销北京市海淀区人民法院（2016）京0108民初9345号民事判决第二项；

三、陈某于本判决生效后十日内就上述第一项确定的债务在400000元的范围内承担共同还款责任；

四、驳回衣某华的其他诉讼请求。

【法官后语】

本案主要涉及以下三个方面的问题：

首先，应明确夫妻共同债务的债务人主体仅限定于夫妻个人，本案中，涉及夫妻关系存续期间发生的债务共计三笔，但该三笔债务的债务人主体问题，一审判决并未予以明确。夫妻一方经营企业，与企业共同负债的情况时常发生，但夫妻共同债务指向的是夫妻个人一方作为债务人的债务，如债务的主债务人为企业，显然不属于夫妻共同债务审查的范畴，本案中，陈某承担夫妻共同债务的前提应当是债务的债务人为王某个人，就思台地公司作为债务人的债务，不直接作为夫妻共同债务考虑。本案二审分析了案涉三笔债务的债务人主体，最终确定第一笔2007年1月29日的30万元和第二笔2008年8月3日的10万元属于王某的个人债务。

其次，如何理解债务用于夫妻“共同生产经营”的问题。此处的“共同生产经营”应指向个人所负债务用于生产经营，而经营事项系夫妻双方共同参与。此时并不要求债权人证明夫妻双方对负债均属明知，仅需证明夫妻双方均参与了负债事项的生产经营即可。对于如何证明生产经营事项为夫妻双方共同参与的问题，司法实践中，常有夫妻双方均在经营体（多数为公司）任职，夫妻双方均参与某项具体交易或在交易相关文件上签字等情况发生，此时，即可认定债权人完成了其证明目的。本案中，从查明事实来看，案涉借款均用于了思台地公司经营，而借款发生之时，陈某系思台地公司的股东及法定代表人，故王某、陈某夫妻二人共同经营思台地公司的事实是可以确定的，案涉前两笔借款可认定为夫妻共同债务。

最后，针对第三笔借款是否为夫妻共同债务的问题。对于第三笔借款，王某个人需承担还款责任，但其承担还款责任的原因在于《中华人民共和国公司法》第六十三条，即一人有限责任公司的股东不能证明公司财产独立于股东自己的财产的，应当对公司债务承担连带责任。对于该类型的债务是否作为夫妻共同债务处理，应从债务的形成时间、形成原因及债务性质等多个角度进行考虑。从债务性质角度考虑，该债务的类型为法定连带之债。《最高人民法院民一庭关于夫妻一方对外担保之债能否认定为夫妻共同债务的复函》将夫妻一方对外担保之债排除在夫妻共同债务的范畴之外，但也有最高人民法院的判例认定上述回复系针对个案情况的处理意见，夫妻一方对外担保之债是否能够认定为夫妻共同债务，还应考量该担保之债与夫妻共同生活是否密切相关。笔者赞同后者的观点，虽然担保之债从债务产生原因上来源于债务人的承诺或法定情形，但若债务的承担与夫妻共同生活、共同生产经营相关，还是应该考虑为夫妻共同债务，而不能一概否定为个人债务。具体到本案中，王某作为思台地公司的股东，本案中未出庭参加诉讼，应认定其未能证明财产独立的情况，故应就思台地公司的债务承担连带清偿责任，但思台地公司在一定时间内由王某和陈某共同经营，故还应考虑上述债务是否属于与夫妻共同生产经营相关。此时，需考虑上述债务产生的时间问题。根据查明的事实，王某 2014 年成为公司的唯一股东，届时其与陈某已经离婚，而债权人衣某华就第三笔债务能够让王某承担连带清偿责任，是基于王某 2014 年之后的一人有限责任公司的股东身份，该身份的产生时间晚于王某和陈某的离婚时间，故王某系因为离婚后的经营行为导致了对第三笔债务的连带清偿责任，故从形成时间来看，第三笔债务不予认定为夫妻共同债务。

编写人：北京市第一中级人民法院　王晴

19

夫妻一方为投资移民负担大额债务不能认定为夫妻共同债务

——杨某春诉李某伟、陶甲民间借贷案

【案件基本信息】

1. 裁判书字号

北京市第一中级人民法院（2019）京 01 民终 197 号民事判决书

2. 案由：民间借贷纠纷

3. 当事人

原告（上诉人）：杨某春

被告（上诉人）：李某伟

被告（被上诉人）：陶甲

【基本案情】

李某伟、陶甲原系夫妻关系，双方于1995年2月28日登记结婚，育有一女儿陶乙，2018年3月28日，双方经北京市海淀区人民法院主持调解离婚。

2015年9月6日，杨某春（甲方、出借人）与李某伟（乙方、借款人）签订《借款协议》一份，其中载明了乙方借款用途、金额、借款期限、利息、还款方式、逾期利息等内容。杨某春及李某伟均在该协议上签字确认。

2015年9月7日，杨某春通过银行转账向李某伟汇款350万元。关于该笔借款用途，李某伟主张，系因其女儿陶乙在美国留学需要资金，其经营公司运营出现了问题，家庭生活亦需要必要的开支。杨某春称，李某伟向其借款时提到借款系用于孩子出国留学移民，用于家庭生活。陶甲则主张，《借款协议》签订时，其在拉萨支教，对李某伟借款一事并不知情。

经查，李某伟收到涉案350万元后，于2015年9月9日至9月15日，李某伟分11次将上述350万元分别转出到案外11人账户，并换成美金电汇给美国一物流公司。经询问，李某伟称其将借款投入了美国一物流公司，该项投资系为了取得盈利，且有移民方面的优惠政策，若投资成功，其全家包括陶甲均能享受相应移民方面的利好，而陶乙求学过程也会较为顺利。关于该项投资活动，李某伟称投资现已失败。

关于本次借款及投资移民计划，李某伟称均向陶甲进行了说明，但陶甲表示不同意借款。陶甲则称，李某伟并未向其提起借款一事，亦不清楚借款用于投资何项目，只知道李某伟想办理移民，但陶甲并不同意移民。另查，李某伟或陶甲均未向杨某春返还借款或支付利息。杨某春认为该笔350万元款项系李某伟和陶甲婚姻关系存续期间的借款，属于夫妻共同债务，请求李某伟、陶甲共同返还借款本金及利息，故提起本案诉讼。

【案件焦点】

涉案借款是否属于夫妻共同债务。

【法院裁判要旨】

北京市石景山区人民法院经审理认为：杨某春与李某伟签订《借款协议》，杨某春向李某伟交付借款，双方已达成借贷合意，并已建立民间借贷法律关系且该借贷行为合法有效。本案的争议焦点在于涉案借款是否属于李某伟、陶甲的夫妻共同债务。

法院认为涉案借款不应认定为夫妻共同债务，理由如下：第一，涉案《借款协议》签订于李某伟与陶甲夫妻关系存续期间，借款理由处虽写明系因家庭原因，但仅有李某伟一人签字，庭审中陶甲亦未对该笔借款进行追认；第二，涉案借款金额高达350万元，明显超过了必要的家庭日常生活需要消费支出。经审查，李某伟将该笔款项全部用于了投资美国一有限合伙企业，而陶甲否认就该笔投资对李某伟进行了授权。在此情况下，杨某春未能提交证据证明该笔债务系用于李某伟与陶甲的夫妻共同生活、共同生产经营，或系基于双方共同意思表示；第三，就李某伟的投资行为，李某伟虽主张若投资成功带来的优惠移民政策陶甲可以共享，但该投资行为是否成功本身即具有一定的不确定性，无法认定陶甲与李某伟共享了投资收益。故此，涉案借款应属于李某伟之个人债务且还款期限已届满，李某伟应当向杨某春返还借款本金350万元并支付借款利息及逾期利息。杨某春主张的计息标准，均符合双方约定及法律规定，本院不持异议，但逾期利息起算时间不当，法院予以调整。

北京市石景山区人民法院依照《中华人民共和国合同法》第一百九十六条、第二百零六条、第二百零七条，《最高人民法院关于审理民间借贷案件适用法律若干问题的规定》第二十九条，《最高人民法院关于审理涉及夫妻债务纠纷案件适用法律有关问题的解释》第三条之规定，判决：

一、李某伟于本判决生效后十日内给付杨某春借款本金3500000元并支付利息（以3500000元为本金，自2015年9月7日起至2017年9月6日止，按照月利率1.5%计算）；

二、李某伟于本判决生效后十日内支付杨某春逾期利息（以3500000元为本金，自2017年9月10日起至实际付清之日止，按照月利率1.5%计算）；

三、驳回杨某春的其他诉讼请求。

杨某春、李某伟不服一审判决，提起上诉。

北京市第一中级人民法院经审理认为：《最高人民法院关于审理涉及夫妻债务纠纷案件适用法律有关问题的解释》第一条、第二条、第三条规定为夫妻共同债务的认定确立了“共同签字共同承担”的原则，并依据债务是否属于“家庭日常生活需要”实行举证责任的二元分配；对于超出“家庭日常生活需要”的部分，债权人需要证明该债务用于夫妻共同生活、共同生产经营或基于双方的意思表示。

本案中，涉案借款属于李某伟单方签字的借款，借款数额为350万元，借款期限为两年，明显超出了必要的家庭日常生活所需。而陶甲亦明确表示对该债务不知晓、不认可。也就是说，本案属于适用《最高人民法院关于审理涉及夫妻债务纠纷案件适用法律有关问题的解释》第三条考察债权人是否能够证明涉案借款用于“夫妻共同生活、共同生产经营”的情形。

对此，杨某春、李某伟主张，借款用于投资移民，如果成功，陶甲也能享受优惠移民政策，只是由于投资失败，款项投入国外的公司以后就没有了，夫妻对此债务应当共担。陶甲则主张，李某伟借款时，自己正在西藏支教，其对借款用于投资移民不清楚、对李某伟的移民计划亦不同意。《最高人民法院关于适用〈中华人民共和国民事诉讼法〉的解释》第九十条规定：“当事人对自己提出的诉讼请求所依据的事实或者反驳对方诉讼请求所依据的事实，应当提供证据加以证明，但法律另有规定的除外。在作出判决前，当事人未能提供证据或者证据不足以证明其事实主张的，由负有举证证明责任的当事人承担不利的后果。”本案中，杨某春、李某伟并未就陶甲同意并参与移民计划或陶甲同意投资美国物流公司等相关的事实提供充分的证据予以证明，也就是说，杨某春、李某伟并未举证证明350万元用于了有陶甲参与的“夫妻共同生活”，因此，杨某春、李某伟应当承担举证不能的不利后果。杨某春、李某伟的上诉理由不能成立，对其上诉请求法院不予支持。

北京市第一中级人民法院依照《中华人民共和国民事诉讼法》第一百七十条第一款第一项之规定，判决：

驳回上诉，维持原判。

【法官后语】

该案例是在民间借贷纠纷中，婚姻关系存续期间，夫妻一方以个人名义所负大额债务能否认定为夫妻共同债务的典型案例。在现实生活中，夫妻双方串通损害债权人利益或者夫妻一方与债权人串通损害另一方利益的情形时有发生，导致司法实践中审理涉及夫妻共同债务的案件难度随之加大，如何平衡债权人利益与未举债配偶的合法权益成为审理此类案件的核心所在。

笔者认为夫妻一方以个人名义借贷资金进行大额投资能否认定为夫妻共同债务的裁判标准主要通过两个方面衡量：一是借款是否是夫妻双方合意；二是借款用途是否用于夫妻共同生产、生活，夫妻双方是否分享了该债务带来的利益。按照举证责任分配的规则，主张该债务为夫妻共同债务的一方应当承担举证责任，明显超过家庭日常生活所需的大额债务，债权人应当举证证明夫妻双方存在举债合意或者未举债配偶享受了相关利益等情形，否则应当作为借款人个人债务进行认定。实践中，作为未举债的配偶一方，其一般仅需证明对该笔债务未有共同借款的合意，未享受该借款带来的相关利益即可，其证据形式可以是借据、实际借款人的交易流水及借款用途证明、夫妻日常收入、开支情况、实际借款人被追债的照片、电话录音等使得法官形成内心确信的形式。对于债权人，对外出借大额资金用于债务人投资的，在未“共债共签”或者夫妻共同使用和还款的情形下，根据新颁布解释规则，有责任提出充分证据证明债务人配偶客观上享受了该笔债务带来的任何利益，否则其主张无法成立。

具体到本案中，借款人李某伟在2015年9月向杨某春借款350万元，且借款凭证系其一人签署，考虑到李某伟与陶甲二人的职业、收入及生活消费习惯等情况，可以认为该350万元借款明显超过了家庭日常生活所需。该笔债务虽然在婚姻关系存续期间形成，但根据查明的案件事实，彼时陶甲在外地支教，有固定收入且本人明确表示对该借款不知情亦不认可其实际用途，可以认为陶甲作为借款人配偶并未具有借贷该笔款项的共同意思表示。出借人杨某春有责任提供充分有效的证据证明该笔债务实际用于李某伟与陶甲夫妻共同生活或共同生产经营。虽然根据杨某春、李某伟的主张，该笔大额借款是用于成年女儿出国留学和投资移民，如果投资成功，陶甲也能享受优惠移民政策，但实际投资失败。杨某春作为理性的债权人未提供有效证据证明陶甲作为债务人配偶在客观上分享了该笔债务带来的利益，因此该笔债务应当认定是借款人李某伟的个人债务。

编写人：北京市石景山区人民法院　宋颖　张乃伦

20

配偶单方借款用于夫妻共同生活的应当认定为夫妻共同债务

——方某良诉方某艳、方某彬民间借贷案

【案件基本信息】

1. 裁判书字号

云南省昆明市中级人民法院（2019）云01民终8758号民事判决书

2. 案由：民间借贷纠纷

3. 当事人

原告（上诉人）：方某良

被告（被上诉人）：方某艳、方某彬

【基本案情】

方某良与方某彬系父子关系，方某彬和方某艳2017年4月登记结婚，2019年4月16日经调解离婚。2017年6月21日，方某良通过银行转款15万元给方某彬。方某彬于2017年6月20日向方某良出具借条，载明“2017年6月20日借到方某良现金15万元”，2017年7月20日，方某彬又向方某良出具借条，载明“方某彬向方某良借款15万元整，现由于无法归还，展期两个月，本人承诺于2017年9月20日之前归还方某良上述借款，若逾期归还款项，则以年利率6%支付方某良借款利息”等。后方某良未收到还款，遂诉至法院。

另查明，2017年6月15日，甲方卖方（魏某）与乙方买方（方某彬、方某艳）、经纪方丙方（康业公司）签订房产买卖经纪合同，载明甲乙双方通过丙方中介出售及购买位于昆明市博客寓南楼×单元×号房屋。付款方式为乙方于产权过户当天现支付首付款19万元给甲方，包含定金2万元，剩余尾款61万元由乙方办理

公积金贷款后由银行支付给甲方。2017 年 6 月 21 日，方某良通过账户银行转款 15 万元给方某彬。同日，方某彬通过账户转款 17 万元给魏某。2017 年 6 月 21 日，出卖人魏某与买受人方某彬、方某艳签订了二手房买卖合同并办理了公证。该合同载明，买卖双方约定该房屋成交价款为 80 万元。签订本合同时，买受人向出卖人支付首付款 19 万元。产权证载明，昆明市博客寓南楼×单元×号房屋权利人为方某彬、方某艳共同共有。二审中，方某良申请赵某某出庭作证，赵某某陈述其系涉案房屋交易中介的经办人，其与方某良、方某彬、方某艳系涉案房屋交易认识，全程参与了方某彬、方某艳对涉案房屋的看房、买房、交易的全过程。涉案的购房款的首付款分两次付给卖方魏某，第一次交的定金 2 万元，第二次是过户当天支付的剩余十多万元。付款流水是由方某良支付 15 万元给方某彬的账户，方某彬收到款项后立马就转给卖方魏某了。转款的过程中方某良、方某彬、方某艳都在现场。

【案件焦点】

本案诉争借款 15 万元是否属于方某艳、方某彬夫妻共同债务。

【法院裁判要旨】

云南省昆明市盘龙区人民法院经审理认为：合法的借贷关系受法律保护，方某彬向方某良借款 15 万元，并出具借条，虽然在借条中记载的是现金，实际上是银行转款，鉴于借条书写在先，且后来又写了一份借条，对该借款事实予以确认，《中华人民共和国合同法》第二百零六条规定：“借款人应当按照约定的期限返还借款。对借款期限没有约定或者约定不明确，依照本法第六十一条的规定仍不能确定的，借款人可以随时返还；贷款人可以催告借款人在合理期限内返还。”方某良主张方某彬归还本金，于法有据，予以支持；方某良主张方某彬支付利息，符合双方的约定，予以支持；方某良主张方某艳承担共同还款责任，虽然借款时方某艳、方某彬尚在夫妻关系存续期间，但方某良不能举证证明该借款用于夫妻共同家庭生活，且借条上确实没有方某艳的签名，其也没有追认该笔借款的任何意思表示，方某艳、方某彬在法院调解离婚形成的（2019）云 0103 民初 1950 号调解书中第四项是财产分割，分割对象是昆明市博客寓南楼×单元×号房屋及一辆车，协议中提到了车辆及房屋的剩余贷款，但并无房屋还有其他借款的表述，故对方某艳关于不知道该借款，该借款没有用于购房的意见予以采纳。

云南省昆明市盘龙区人民法院根据《中华人民共和国合同法》第六十条、第二百零六条，《最高人民法院关于审理涉及夫妻债务纠纷案件适用法律有关问题的解释》第一条、第二条之规定，判决：

方某彬向方某良偿还借款本金15万元及自2017年9月20日起至实际还清之日止以15万元为本金按照年利率6%计算的利息。

方某良不服一审判决，提起上诉。

云南省昆明市中级人民法院经审理认为：本案中，方某良出具的方某彬的借条能够与方某良2017年6月21的转款相互印证，证明方某良向方某彬出借款项的事实。依据本案方某良提交的证据，能够证明2017年6月21日方某良银行转款15万元给方某彬，同日，方某彬就将17万元转账给房屋所有人魏某。魏某与方某彬、方某艳签订了二手房买卖合同并办理了公证。之后，方某彬、方某艳取得了涉案昆明市博客寓南楼×单元×号房屋所有权。故依据本案证据及涉案各方的陈述，方某良的举证已经达到证明方某彬向其借款15万元并将借款用于购买夫妻共同房屋，用于夫妻生活的高度可能性。（2019）云0103民初1950号案件中对于涉案的15万元借款并未纳入调解范围，法院认为应当将涉案的款项认定为方某彬、方某艳夫妻关系存续期间的共同债务，借款15万元及利息应当由方某彬、方某艳共同承担还款责任。一审法院对此认定错误，依法予以纠正。方某艳抗辩借条中没有其签名，其也未追认，并未形成借贷的意思表示合意，并不能证明该笔借款用于夫妻共同生活的主张不予支持。综上，一审法院认定事实不清，适用法律错误，本院依法予以纠正。据此，云南省昆明市中级人民法院依照《中华人民共和国婚姻法》第四十一条，《中华人民共和国民事诉讼法》第一百七十条第一款第二项，判决：

一、撤销云南省昆明市盘龙区人民法院（2019）云0103民初4458号民事判决；

二、由方某彬、方某艳向方某良偿还借款本金15万元及自2017年9月20日起至实际还清之日止以15万元为本金按照年利率6%计算的利息。

【法官后语】

由于社会生活的不断变化，夫妻共同债务的形式也千变万化，对其种类进行列举无法穷尽，只有抓住其本质，确立一个判断标准，才能以不变应万变，有效应对随时产生的新情况、新问题。笔者想从因合同所生之债视角评析夫妻共同债务的实务问题。

一、夫妻共同债务与个人债务的定义

夫妻共同债务是指夫妻双方因婚姻共同生活及在婚姻关系存续期间履行法定抚养义务所负的债务，包括夫妻在婚姻关系存续期间为解决共同生活所需的衣食住行医等活动以及履行法定义务和共同生产、经营过程中所负的债务。

夫妻个人债务是指夫妻一方与共同生活无关或者依法约定为个人所负担的债务。

二、夫妻共同债务认定的原则

1. 夫妻有无共同举债的合意。如果夫妻有共同举债合意，则不必举证证明举债的实际用途是否为夫妻共同生活，该债务应认定为共同债务。

2. 是否属于为“家庭日常生活”所负。如认定属于家事代理权范围内所负债务，可直接认定为夫妻共同债务。

3. 夫妻是否分享了债务所带来的利益。尽管夫妻事先或事后均没有共同举债的合意，但该债务的发生，系用于共同生活或者共同经营，夫妻双方共同分享了该债务所带来的利益，应认定为夫妻共同债务。

三、夫妻债务纠纷案件中举证责任的分配

在不同负债情形下举证证明责任的分配。这里的举证证明责任是指结果意义上的证明责任，即若事实真伪不明，则由承担证明责任的一方承担不利后果，对其构成或不构成夫妻共同债务的诉讼主张不予支持。

1. 对夫妻存在举债合意的证明责任分配。对夫妻共同意思表示，证明责任在债权人。夫妻双方共同签字的借款合同、借条以及短信、微信、QQ 聊天记录、邮件等其他能够体现夫妻共同举债意思表示或事后追认的有关证据，都是债权人用以证明债务系夫妻共同债务的有力证据。

2. 为家庭日常生活需要负债情形下的证明责任分配。对夫妻一方为家庭日常生活所负的债务，原则上应当推定为夫妻共同债务，债权人无须举证证明该债务是否实际用于家庭日常生活。若配偶抗辩债务不属于夫妻共同债务的，应由其举证证明所负债务并非用于夫妻共同生活。

3. 超出家庭日常生活需要负债情形下的证明责任分配。对超出家庭日常生活范围的债务是否属于夫妻共同债务，证明责任在债权人，即此时应由债权人举证证明该债务用于夫妻共同生活、共同生产经营或基于共同意思表示。

四、夫妻债务纠纷案件中应当注意的内外关系

夫妻债务纠纷案件主要分为离婚诉讼中的夫妻债务认定和债权人起诉夫妻双方或一方夫妻债务认定的纠纷，对于两种类型的纠纷，应坚持内外有别和内外结合的原则。

1. 内外有别。一是对于夫妻双方离婚案件中共同债务的认定，根据“谁主张，谁举证”的原则，由主张债务的举债方承担所负债务系“为夫妻共同生活”的举证责任。二是对于债权人与夫妻之间的诉讼，由债权人举证证明该债务属于“为夫妻共同生活”所负。同时夫妻或其中一方亦可举证证明所负债务并非“为夫妻共同生活”所负。

2. 内外结合。对于夫妻共同债务的认定，应根据《中华人民共和国民法典》第一千零八十九条及相关司法解释规定进行综合认定。对在债权人起诉的案件中认定为夫妻一方债务但在离婚案件中认定为共同债务的，以及夫妻离婚案件中认定为个人债务而债权人举证证明属于夫妻共同债务的，应分析举证责任并阐明认定理由，妥善处理夫妻债务认定的“二元化”问题。

五、一般认定为夫妻共同债务的情形

该情形主要是在日常家事代理权范围之内，即使是夫妻一方所欠之债，也应认定为夫妻共同之债，双方应当共同承担清偿责任。许多国家的亲属法在婚姻的效力中对日常家事代理权都有明确规定，如《瑞士民法典》第一百六十六条规定：“配偶双方中任何一方，于共同生活期间，代表婚姻共同生活处理家庭日常事务。”夫妻因日常家庭事务与第三人所为之法律行为，视为夫妻共同的意思表示，并由夫妻双方共同承担法律责任。夫妻在日常家庭事务范围内互为代理人，互有代理权。超出日常家事代理范围的行为，由行为人自己承担责任。但第三人有理由相信行为人有代理权的，可以适用表见代理。

关于日常家庭事务的范围，史尚宽先生在《亲属法论》中指出：“为夫妻共同生活通常必要的一切事项，一家之食物、光热、衣着等之购买，保健（正当）娱乐、医疗、子女之教养，家具及日常用品之购置，女仆、家庭教师之雇佣，亲友之馈赠，报纸杂志之订购等。”

笔者总结如下：

1. 夫妻为家庭共同生活所负的债务，如购置共同生活用品所负的债务，购买、装修共同居住的房屋所负的债务，为支付一方医疗费用所负的债务；

2. 夫妻一方或双方为履行法定抚养义务所负的债务；

3. 夫妻一方或双方为履行法定赡养义务所负的债务；

4. 为支付夫妻一方或双方的教育、培训费用所负的债务，如夫妻从事正当的文化、教育、体育、娱乐活动等所负的债务；

5. 夫妻共同从事生产、经营活动所负的债务；

6. 夫妻协议约定为共同债务的债务。

六、一般认定为夫妻个人债务的情形

1. 夫妻一方的婚前债务；

2. 夫妻一方未经对方同意，擅自资助没有抚养义务的人所负的债务；

3. 夫妻一方未经对方同意，独自筹资从事生产经营活动所负的债务，且其收入确未用于共同生活的；

4. 遗嘱或赠与合同中确定只归夫或妻一方的财产，附随这份遗嘱或赠与合同带来的债务为接受遗嘱或赠与一方的个人债务；

5. 夫妻双方依法约定由个人负担的债务；

6. 夫妻一方因个人不合理开支所负的债务；

7. 其他依法应由个人承担的债务，如一方因实施违法犯罪行为、侵权行为所负的债务。

七、理解“夫妻共同生活、共同生产经营”的范围

这里的“夫妻共同生活”，在概念外延上大于“家庭日常生活”，只要是夫妻双方共同消费支配或者用于形成夫妻共同财产的支出，都属于“夫妻共同生活”的范围。“夫妻共同生产经营”的情况则更为复杂，较常见的有夫妻双方共同决定生产经营事项、一方授权另一方决定生产经营事项等情形。审判实践中，判断经营活动是否属于夫妻共同生产经营，要根据经营活动的性质以及夫妻双方在其中的地位作用等综合认定。

有证据证明存在以下情形的，可以考虑认定为夫妻共同债务：

1. 负债期间购置大宗资产等形成夫妻共同财产的；

2. 举债用于夫妻双方共同从事的工商业或共同投资；

3. 举债用于举债人单方从事的生产经营活动，但配偶一方分享经营收益的。

有证据证明存在以下情形的，可以考虑认定为个人债务：

1. 婚姻持续短暂且夫妻关系存续期间无大宗开支，负债用于家庭共用共益的可能性较低的；

2. 债务发生于夫妻分居、离婚诉讼等婚姻关系不安宁期间，配偶有固定工作或稳定收入来源的；

3. 债务用途存在指向举债人从事赌博、吸毒等违法犯罪活动的高度可能性；

4. 债务用途与举债人无直接关联，而是举债人单方自愿负担且用途与家庭共同生活、共同生产经营无关的，如与家庭共同生活、共同生产经营无关的担保、债务加入等；

5. 债务用途无益于家庭甚至有损于家庭安宁生活的，如用于婚外同居生活等。

结合本案借款，从出借双方就借款达成的合意来看，明显不属于基于夫妻共同举债合意所负债务，但二审法院在补充查明案件事实的基础上，结合款项发生之后，方某艳购房及房款来源等事实，足以形成证据锁链，能够证实方某彬借款15万元用于购买房屋给夫妻二人居住，该房屋购买于方某艳、方某彬二人夫妻存续期间，当然属于夫妻共同生活范畴。故而，方某彬借款属于夫妻共同债务，方某艳应当承担共同还款责任。

编写人：云南省昆明市中级人民法院　毛维清　古维贤

21

婚姻关系存续期间夫妻一方以个人名义所负债务，要求认定为夫妻共同债务的，应当由主张一方承担举证责任，若缺乏借款用于“夫妻共同生活”条件，应当不予认定

——沈某霄诉金某炯、王某英民间借贷案

【案件基本信息】

1. 裁判书字号

浙江省绍兴市中级人民法院（2019）浙06民终5230号民事判决书

2. 案由：民间借贷纠纷

3. 当事人

原告（被上诉人）：沈某霄

被告（上诉人）：金某炯

被告（被上诉人）：王某英

【基本案情】

2017年8月22日，金某炯向沈某霄出具借条一份，约定金某炯因资金周转向沈某霄借款50000元，还款期限为2018年2月22日，并约定逾期未还，除依法承担借款利息外，出借人有权收取逾期未还借款金额每天0.5%的违约金。同日，沈某霄向金某炯支付宝账户转账交付借款50000元。2017年8月22日，金某炯转账给王某英人民币35000元。另，沈某霄与金某炯均确认在借款时口头约定借款利息为月利率2%，且金某炯按月利率2%支付利息至2018年8月22日止；自2018年8月23日起至法庭辩论终结之日止，金某炯先后共支付沈某霄借款利息4000元。另查明，金某炯与王某英已于2019年11月14日经人民法院判决离婚。

【案件焦点】

案涉借款是否属于夫妻共同债务。

【法院裁判要旨】

浙江省嵊州市人民法院经审理认为：债务应当清偿。沈某霄与金某炯之间形成的借贷关系系双方当事人的真实意思表示，其内容未违反法律、法规的禁止性规定，应属合法有效。金某炯未按约定返还借款，属违约，应当承担违约责任。根据沈某霄、金某炯在庭审中的陈述，对沈某霄与金某炯一致确认的借款金额、借款利息及还息情况，未违反法律规定，法院予以确认。结合借条上双方对违约金的约定，现沈某霄起诉要求金某炯返还借款本金50000元，并支付自2018年8月23日起至付清之日止按月利率2%计算的违约金，理由正当，法院予以支持，但应当扣除2018年8月23日以后金某炯已支付的利息4000元。对于沈某霄诉称本案系金某炯、王某英婚姻存续期间的共同债务，要求王某英承担共同还款的诉讼请求。法院认为，审理中，沈某霄及金某炯均陈述借款时王某英不在场，事后也未明确告知王某英借款之事；虽然金某炯提交了借款当日其向王某英转账35000元的依据，但金某炯提交的交易明细并不能证明金某炯转账给王某英的款项来自金某炯向沈某霄的借款。沈某霄仅依据借款发生于金某炯、王某英婚姻关系存续期间，在没有其他证据予以佐证的情况下，并不能证明本案借款系用于家庭共同生活，因此，沈某霄要求王某英承担共同还款的诉讼请求，事实依据不足，法院依法不予采纳。

浙江省嵊州市人民法院依照《中华人民共和国合同法》第二百零六条、第二百零七条、第二百一十一条，《最高人民法院关于适用〈中华人民共和国民事诉讼法〉的解释》第九十条，《中华人民共和国民事诉讼法》第一百四十四条之规定，判决：

一、金某炯返还沈某霄借款本金50000元，并支付自2018年8月23日起至付清之日止按照月利率20‰计算的违约金（但应扣除已支付的款项4000元），款限判决发生法律效力后十日内付清；

二、驳回沈某霄的其余诉讼请求。

金某炯不服一审判决，提起上诉。

浙江省绍兴市中级人民法院经审理认为：首先，本案讼争发生于金某炯与王某英的离婚诉讼期间，除本案外，同期尚有（2019）浙0683民初7479号案件，也系民间借贷纠纷，本案的沈某霄亦主张夫妻共同债务，后以沈某霄撤诉结案，故本案应更加严格审查主张夫妻共同债务一方的举证责任。其次，案涉借条仅有金某炯一人签名，缺乏王某英的借款意思表示，案涉款项系汇入金某炯的支付宝账号，而王某英收到转账系通过金某炯的招商银行账户，虽如金某炯上诉所述两次转账时间相差仅数小时，但并不能据此确认系同笔款项，更无法确认王某英从案涉借款中获益。最后，据金某炯的招商银行账户显示，2017 年 8 月 22 日下午 15 时 20 分（借款转账之前），账户余额为 32503. 69 元，上午 8 时 29 分，账户余额为 42254. 8 元，另据金某炯的浦发银行账户显示，借款当日，该账户资金最多时候为 64757. 44 元。虽然金某炯的借款行为与其是否有存款不存在直接必然的关系，但金某炯的账户情况可以印证王某英的抗辩具有一定的合理性。综上，法院认为案涉借款缺乏夫妻共同借款的意思表示，亦缺乏证据证明案涉借款系用于家庭共同生活，一审判决未予支持沈某霄要求王某英承担共同还款的诉讼请求，于法有据。

浙江省绍兴市中级人民法院依照《中华人民共和国民事诉讼法》第一百七十条第一款第一项规定，判决如下：

驳回上诉，维持原判。

【法官后语】

对第一个焦点，主张债务为夫妻共同债务的一方负有举证责任。本案案由首先是民间借贷案件，属于实践合同，应当审查借贷合意与借款实际交付，沈某霄对上述事实负有举证责任。本案又涉及只有金某炯一方签字的债务，沈某霄对该债务系夫妻双方的共同债务也负有初步的举证责任，应当举证证明夫妻共同的借贷合意、借款用于夫妻共同生活。在本案中沈某霄并不能对这点进行举证的情况下，金某炯认为仅有其签字的借条涉及的借款是用于夫妻共同生活的，那么应当由其承担举证责任。诉讼中，金某炯提供了借款当日 35000 元由其账户汇入王某英账户的依据。而夫妻另一方可以从家庭的经济情况，家庭生活情况，借款的去向等各方面进行举证证明所借债务并非用于夫妻共同生活。本案中为查明案情，二审法院依职权调取了举债方借款当日其他银行卡的信息。

对第二个焦点，以个人名义所负债务应当用于共同生活、生产或经营所负债务。在沈某霄除提供向金某炯支付宝账户转入案涉借款 50000 元的证据外，未提供证据证明该案涉借款用于金某炯、王某英共同生活、生产或经营的情况下，金某炯凭借自己招商银行卡向王某英转账35000元的证据要求认定借款属于夫妻共同生活所需。王某英辩称，其确于2017年8月22日收到金某炯转账的35000元，该款项用于两人房产的装修，但该款项并非案涉借款，当时两人家庭经济富裕，无须借款用于生活。王某英对金某炯汇入的款项可作合理说明，且二审法院依职权调取金某炯的浦发银行卡2017年8月22日的资金进出情况，发现“借款当日，该账户资金最多时候为64757.44元”。侧面应征了王某英的陈述。在认定共同债务时，不能背离《中华人民共和国民法典》第一千零八十九条“离婚时，夫妻共同债务应当共同偿还。共同财产不足清偿或者财产归各自所有的，由双方协议清偿；协议不成的，由人民法院判决”的规定，债务应当为夫妻共同债务。

案件办理中，除依法审查债权债务关系外，也应当保护夫妻中另一方的合法正当权益，尤其本案是在金某炯、王某英感情破裂、正处于离婚诉讼的情形下，可能存在夫妻一方损害另一方的情况，更应当合理分配举证责任，谨慎审查。

编写人：浙江省嵊州市人民法院　王伊文

22

子女夫妻关系存续期间，父母未作明确意思表示的出资购房行为应如何定性

——蒋某贤、熊某英诉蒋某云、曾某民间借贷案

【案件基本信息】

1. 裁判书字号

广西壮族自治区贺州市中级人民法院（2019）桂11民终925号民事判决书

2. 案由：民间借贷纠纷

3. 当事人

原告（上诉人）：蒋某贤、熊某英

被告（被上诉人）：蒋某云、曾某

【基本案情】

蒋某贤、熊某英系蒋某云的父母。蒋某云与曾某于2014年11月27日登记结婚。2017年、2018年期间以蒋某云与曾某名义购买了房屋及两个商铺，蒋某云与曾某二人确认购买的房屋及商铺的款项大部分系由蒋某云支付，小部分系由曾某支付。购买相应产权期间，蒋某贤、熊某英多次向蒋某云银行账户汇入款项共计410500元，蒋某云每次收到款项后不久即支付相应购房及商铺款项。蒋某云银行账户在收到蒋某贤、熊某英汇入的款项至支付相应购买房屋和商铺期间，并无其他大额开支。另，蒋某云于2018年11月30日向熊某英借支20000元现金用于偿还曾某信用卡欠款。2018年11月下旬蒋某云、曾某分居，后离婚。蒋某贤、熊某英认为在蒋某云、曾某购房期间，二人通过银行转账或现金的方式出借了681500元给蒋某云、曾某，故要求蒋某云补写了数额共计681500元的借条。蒋某贤、熊某英向法院起诉要求蒋某云、曾某共同偿还681500元。

【案件焦点】

子女夫妻关系存续期间，父母未作明确意思表示的出资购房行为应如何定性。

【法院裁判要旨】

广西壮族自治区贺州市八步区人民法院经审理认为：蒋某贤、熊某英主张蒋某云、曾某共同向其借款，但所提供的借条仅有蒋某云一人签字，其借条所称的借款发生时间与转账时间不相符，与蒋某云、曾某支付购房款的时间也不相符，现金部分亦无证据证实。蒋某贤、熊某英作为蒋某云的父母，在听说蒋某云与曾某要离婚之后才要求蒋某云写借条，没有证据证明其将钱款交付蒋某云时有明确作为借款的意思表示。综上分析，蒋某贤、熊某英所提供的证据不足以证明其主张，故不予支持。

广西壮族自治区贺州市八步区人民法院依照《最高人民法院关于民事诉讼证据的若干规定》第二条之规定，判决：

驳回蒋某贤、熊某英的诉讼请求。

蒋某贤、熊某英不服一审判决，提起上诉。

广西壮族自治区贺州市中级人民法院经审理认为：蒋某云将蒋某贤、熊某英转入其银行账户的 410500 元用于购买其与曾某共有的房屋、商铺及其于 2018 年 11 月 30 日向熊某英支借 20000 元现金用于代曾某偿还信用卡欠款的事实可以确认。至于蒋某云、曾某是否应当共同偿还相应款项的问题。首先，子女成家立业后已不属于父母履行抚养义务阶段，父母没有法律义务为子女出资购买资产。在蒋某云、曾某购买房屋及商铺缺乏资金的情况下，蒋某贤、熊某英作为父母提供相应款项的行为更多带有暂时资助性质，出资时未作意思表示，但不能理所应当推定为赠与，况且现蒋某贤、熊某英起诉要求蒋某云、曾某偿还相应款项，并明确表示其之前的资助行为出借并非赠与。其次，从《最高人民法院关于适用〈中华人民共和国民事诉讼法〉的解释》第一百零九条规定来看，对赠与事实的认定高于一般事实“具有高度可能性”的证明标准，曾某认为即使蒋某贤、熊某英确实存在出资行为，亦属于赠与行为，则在举证责任分配上，曾某应承担相应举证责任，但曾某未能提供任何证据证实蒋某贤、熊某英出资时明确表示将款项赠与蒋某云、曾某，故曾某应承担举证不能的不利后果。最后，法律上的权利与义务始终是对等的，父母既然没有法律义务为成年子女购买资产，那么在父母提供资金给子女让子女获得相应产权时也就设立了子女应返还款项的义务。虽然该款项偿还也许并未如同普通民间借贷一样书写明确的借据并设立明确期限，甚至在子女经济困难时可无限延长还款期限，但若据此直接推定父母的出资行为为赠与，并在父母要求还款时不予归还，将有悖于诚实守信及公平原则。综上，法院认为，银行转账给蒋某云用于购买夫妻共有的房屋、商铺的款项 410500 元及代为曾某偿还信用卡款项 20000 元，合计 430500 元应属于借款，应由蒋某云、曾某共同向蒋某贤、熊某英偿还。

广西壮族自治区贺州市中级人民法院依照《中华人民共和国民法通则》第一百零八条，《最高人民法院关于审理民间借贷案件适用法律若干问题的规定》第二十九条，《最高人民法院关于适用〈中华人民共和国民事诉讼法〉的解释》第九十条、第一百零九条及《中华人民共和国民事诉讼法》第一百七十条第一款第二项、第一百七十五条的规定，判决：

一、撤销广西壮族自治区贺州市八步区人民法院（2019）桂 1102 民初 440 号民事判决；

二、蒋某云、曾某应共同偿还蒋某贤、熊某英借款本金 430500 元及利息（利息以430500元为基数，自2019年2月20日起按年利率6%计付至清偿之日止）；

三、驳回蒋某贤、熊某英的其他诉讼请求。

【法官后语】

在当今房价飞涨的背景下，在子女夫妻双方购买房产时，父母提供资金支持的现象是非常普遍的。通常情况下，父母提供资金支持时，出于亲情与信赖之考虑，往往未作明确意思表示。在法律上父母该未作明确意思表示之出资行为应认定为赠与、借贷，或是共同购买，司法实践中观点不一。本案之所以认定为借贷，主要认为：

1. 父母出资购房不应当然认定为赠与，作出赠与的明确表示时才认定为赠与。子女成家立业后已不属于父母履行抚养义务阶段，父母没有法律义务为子女出资购买资产。在夫妻双方购买房产时，父母予以提供的资金支持的行为，实际上，更多是出于亲情关爱帮助子女改善生活质量、积攒财富，带有暂时资助性质。对于这种暂时性资助行为，不应理所当然推定为赠与。否则，也不利于对父母权益的保护。在当今高房价背景下，父母出资动辄几十万元甚至过百万元，这可能是父母毕生积蓄，若直接认定为赠与，不利于实现老人安享晚年，将有悖于中华民族尊老爱幼的传统美德。因此，在子女夫妻双方购买房产时，父母提供资金支持的行为，只有父母在出资时明确表示为赠与亦或出资购房后，事后确认该出资为赠与，方能认定为赠与。另外，对于父母已作出赠与意思表示的举证，因《最高人民法院关于适用〈中华人民共和国民事诉讼法〉的解释》第一百零九条就赠与的事实所需达到的证明标准规定："当事人对欺诈、胁迫、恶意串通事实的证明，以及对口头遗嘱或者赠与事实的证明，人民法院确信该待证事实存在的可能性能够排除合理怀疑的，应当认定该事实存在。"而就一般事实，该解释第一百零八条第一款规定："对负有举证证明责任的当事人提供的证据，人民法院经审查并结合相关事实，确信待证事实的存在具有高度可能性的，应当认定该事实存在。"从上述规定可看出，赠与的事实证明标准高于一般事实"具有高度可能性"的证明标准，应达到"可能性能够排除合理怀疑"，故在举证分配上，应由主张赠与者承担相应的举证责任，所举证据证明标准应达到"可能性能够排除合理怀疑"，方可认定父母该出资行为系赠与。

2. 未表示赠与，则可能认定为集资购买或临时出借，认定集资购买应当以父母与子女共同生活及家庭财产存在混同为前提。倘若父母在出资时或出资后，均未表示为赠与，则应分两种情形进行认定，一种认定为集资共同购买，对所购产权认定为共有。另一种应认定为临时性出借，应予以归还。集资共同购买适用于父母与子女共同生活，平时家庭收入与支出存在混合，不分你我的情形，家庭财产存在混同，父母也未主张为出借，此种情形父母出资行为可认定为集资共同购买，对所购房的房屋为共有。另一种情形如本案的情形，家庭收入与支出并不存在混合，父母与子女各有各的收入，各自管理自己的财物，则父母对子女在婚后买房提供资金支持的行为应为临时性资金出借，在父母主张归还时，子女夫妻双方应予以偿还。虽然父母该临时性出借行为并非如同普通民间借贷书写明确的借据并设立了明确期限，甚至在子女经济困难时可无限延长还款期限，但毕竟子女成年后，理应实现生活独立，经济自立。在子女夫妻双方购房时，父母并没有法律上的出资义务。父母的出资行为，更多的是出于对子女的关爱，帮助子女改善生活质量、积攒财富。对于父母无微不至的关爱，作为成年子女不应认为是理所当然与天经地义。作为成年子女，赡养父母本是义务，如果将父母的出资行为一味认定为赠与，将可能造成父母老无所依与保障的困局。回归本案的情形，认定为临时性出借，并在父母要求偿还时予以偿还，既可维护父母的合法权益，在经济上有效保障父母安享晚年，也符合法律上权利义务对等原则及公平原则。同时，也能很好地厘清父母、子女之间的金钱关系，敦促、鞭策已婚子女努力工作不断提高自己的经济水平，实现经济独立。

编写人：广西壮族自治区贺州市中级人民法院　陈小坤

23

父母为子女婚后购房出资款性质的认定

——郭某林、翁某东诉郭某杰、张某民间借贷案

【案件基本信息】

1. 裁判书字号

北京市第三中级人民法院（2019）京03民终1680号民事判决书

2. 案由：民间借贷纠纷

3. 当事人

原告（被上诉人）：郭某林、翁某东

被告（上诉人）：张某

被告：郭某杰

【基本案情】

郭某林、翁某东系郭某杰父母；郭某杰与张某系夫妻关系，双方于2014年5月8日登记结婚。郭某林、翁某东以转账凭证以及郭某杰向郭某林、翁某东出具的借条向郭某杰、张某主张借款，并要求还款。

【案件焦点】

涉案出资款的性质是否为借款。

【法院裁判要旨】

北京市朝阳区人民法院经审理认为：合法的借贷关系受到法律的保护。张某对郭某杰提交的录音真实性不认可，但是经法院释明后不要求鉴定，应承担举证不力的后果，法院对该录音予以采信。

根据银行流水、借条、当事人陈述、录音等证据可以认定，郭某林、翁某东转给郭某杰款项中185万元与购买涉案房屋有关；涉案房屋的装修郭某林、翁某东支

出了20万元。现双方争议焦点为购房款及装修款系赠与还是借贷；虽然《最高人民法院关于适用〈中华人民共和国婚姻法〉若干问题的解释（二）》第二十二条第二款确有“当事人结婚后，父母为双方出资购置房屋的，该出资应当认定为对夫妻双方的赠与，但父母明确表示赠与一方的除外”的规定，但本条主要是依据夫妻特有财产制度的规定，对当事人婚后父母为双方购置房屋出资的归属如何认定的解释性规定。也就是说，该出资在何种情况下是夫妻共有财产，在何种情况下是夫妻特有财产。上述解释所提到的父母“出资”，均为赠与意义上的出资。但该条并未明确规定只要父母与子女夫妻双方有金钱上的往来，就一律视为赠与意义上的出资。故法院认为，父母给子女夫妻双方的出资是否为赠与，要依查明的具体事实而定，否则，一律将父母与子女的经济往来视为赠与，对于父母一方是极不公平的，这也悖离了该司法解释的初衷与本义。本案中，张某称涉案款项系郭某林、翁某东对郭某杰、张某的赠与，但张某未能对赠与充分举证；结合郭某杰向郭某林、翁某东出具的借条、银行流水、各方当事人陈述及郭某杰、张某之间的谈话录音，能形成证据链佐证郭某林、翁某东所主张的借贷关系，故法院对张某所述不予采信。购买涉案房屋合同于郭某杰、张某婚后签订，通过公证确认为郭某杰、张某共同所有，故涉案房屋相关的首付款及装修款应为郭某杰、张某夫妻共同债务。

关于5万元现金，郭某林、翁某东没有充分证据，法院不予支持。其他款项，不能证明与购买或装修涉案房屋有关，不能认定为夫妻共同债务，郭某杰认可借款，由郭某杰偿还。综上，北京市朝阳区人民法院依照《中华人民共和国合同法》第二百零六条，《最高人民法院关于审理民间借贷案件适用法律若干问题的规定》第二条，《最高人民法院关于审理涉及夫妻债务纠纷案件适用法律有关问题的解释》第一条、第二条、第三条，《中华人民共和国民事诉讼法》第六十四条之规定判决：

一、郭某杰、张某于本判决生效后十日内向郭某林、翁某东偿还借款二百零五万元；

二、郭某杰于本判决生效后十日内向郭某林、翁某东偿还借款六万元；

三、驳回郭某林、翁某东其他全部诉讼请求。

张某不服一审判决，提起上诉。

北京市第三中级人民法院经审理认为：关于郭某林、翁某东所支付涉案款项的性质应当如何认定。根据本案所查事实，郭某林、翁某东于2014年1月13日至2014年7月14日先后向郭某杰转账共计166万元，翁某东于2014年4月13日向金宝公司支付25万元；郭某杰分别于2014年1月10日、2014年3月15日向郭某林、翁某东出具借条载明借款45万元、90万元；郭某杰、张某于2014年6月1日签订商品房预售合同购买涉案房屋，其二人均认可涉案房屋首付款为180万元；郭某杰于2014年3月13日在金宝公司POS机上消费30万元、2014年5月10日消费804508元、2014年7月15日向张某转账50万元。现郭某林、翁某东持借条、转账凭证要求郭某杰、张某偿还借款，一审法院综合考虑全案证据认定上述涉案款项中支付涉案房屋首付款的部分之性质系郭某林、翁某东出借给郭某杰、张某用于购买房屋的借款，并无不当，但涉案房屋的首付款为180万元，一审认定为185万元不妥，法院予以更正。

张某虽主张依据《最高人民法院关于适用〈中华人民共和国婚姻法〉若干问题的解释（二）》第二十二条第二款即“当事人结婚后，父母为双方购置房屋出资的，该出资应当认定为对夫妻双方的赠与，但父母明确表示赠与一方的除外”的规定，涉案款项应视为父母对其与郭某杰的赠与，但该条款系针对当事人婚后父母为双方购置房屋出资是否属于夫妻特有财产所作的解释性规定，目的在于区分父母为双方出资购置房屋应认定为对子女一方赠与或是对夫妻双方赠与，且该条款的适用均以款项系赠与性质为前提，而本案中张某亦未提交足以证明涉案款项并非借款而是赠与的证据，故其该项主张缺乏事实及法律依据，法院对此不予采信。

关于涉案款项系借款，夫妻共同债务的范围应当如何界定。因郭某杰、张某于婚后购买涉案房屋，且经过公证确认为二人共同所有，则相关涉案房屋首付款应认定为郭某杰与张某的夫妻共同债务，在郭某杰提交的录音证据中张某亦表示同意偿还郭某林、翁某东所支付购房款项。张某虽对郭某杰在一审过程中提交的录音证据之真实性不予认可，但经一审法院释明后其明确不申请鉴定，故其应对此承担举证不利的后果。综上，结合郭某林、翁某东向郭某杰的转账记录、翁某东向金宝公司的转账记录、郭某杰在金宝公司POS机上的消费记录及其向张某的转账记录，可以认定对于郭某林、翁某东向郭某杰转账的166万元及翁某东向金宝公司支付的25万元，其中用于支付涉案房屋首付款的180万元系夫妻共同债务，应由郭某杰、张某共同偿还；对于其余款项，因郭某林、翁某东所提交证据不足以证明系用于购买涉案房屋，但郭某杰认可借款，故应由郭某杰个人偿还。对于郭某林、翁某东提出的二人为涉案房屋装修向郭某杰、张某出借20万元之主张，因其并未提交充足证据证明二人曾向郭某杰、张某支付过该款项，亦未提交证据证明其所主张的装修款系借款，故郭某林、翁某东该项主张证据不足，法院对二人要求郭某杰、张某偿还该部分款项的诉请不予支持。张某的上诉请求部分成立，应予支持；一审判决不妥之处，法院予以更正。依照《中华人民共和国民事诉讼法》第一百七十条第一款第二项规定，判决：

一、撤销北京市朝阳区人民法院（2018）京0105民初26958号民事判决第三项；

二、变更北京市朝阳区人民法院（2018）京0105民初26958号民事判决第一项为：郭某杰、张某于本判决生效后十日内向郭某林、翁某东偿还借款一百八十万元；

三、变更北京市朝阳区人民法院（2018）京0105民初26958号民事判决第二项为：郭某杰于本判决生效后十日内向郭某林、翁某东偿还借款十一万元；

四、驳回郭某林、翁某东其他诉讼请求。

【法官后语】

本案争议问题为父母为婚后子女购房出资款性质的认定问题，对于本案的裁判要旨，作如下解析：

首先，赠与合同是赠与人将自己的财产无偿给予受赠人，受赠人表示接受赠与的合同，属于单务合同，应谨慎认定。《最高人民法院关于适用〈中华人民共和国民事诉讼法〉若干问题的解释》第一百零九条规定："当事人对欺诈、胁迫、恶意串通事实的证明，以及对口头遗嘱或者赠与事实的证明，人民法院确信该待证事实存在的可能性能够排除合理怀疑的，应当认定该事实存在。"上述规定表明，对赠与事实认定所依据的"排除合理怀疑"的证明标准高于一般事实"具有高度可能性"的证明标准。本案中，郭某林、翁某东在一审、二审过程中所举证据，能够证明款项交付真实存在，在郭某林、翁某东没有明确赠与意思表示的情况下，张某抗辩涉案款项系郭某林、翁某东对郭某杰、张某的赠与，应当将款项系赠与的举证责任分配给主张赠与关系的一方。

其次，在当前高房价以及不动产系我国居民家庭主要财产的社会背景下，部分子女经济条件有限，父母在其购房时给予资助属于常态，但不能将此视为理所当然，也绝非法律所应该倡导的。在法律意义上，父母没有义务给成年子女出资买房，因为成年子女成家立业生子之时已经不属于父母履行抚养义务的阶段，恰恰相反，此时的子女应当向父母履行赡养义务。法律上的权利与义务应当是对等的，父母既然没有义务为成年子女出资购买房屋，那么在其提供购房款给子女以让子女获得适用购房款的权利时也就为子女设立了返还购房款的义务。实践中，父母为子女出资购房或许并不同于典型的民间借贷交易模式中明确约定了相关的借款期限、还款方式以及利息等，甚至在子女经济有困难时父母无限延长还款期限，但子女不能据此认为款项系赠与而在父母要求偿还时拒不偿还。

最后，公民对自有财产的处分权属私权范围，公民的财产权是与人身权并存的两大基本民事权利。我国民法采意思自治原则，即参加民事活动的当事人在法律允许的范围内享有完全的自由，按照自己的自由意思决定缔结民事法律关系，为自己设定权利或对他人承担义务，任何机关、组织和个人不得非法干预。根据意思自治原则，民事主体意思表示的判断应根据其主体所作出的客观真实意思表示为判断标准，司法解释不能代替民事主体作出相应意思表示。

综上，子女成年后，父母已经尽到抚养义务，并无继续供养子女的义务。子女买房是父母出资，除明确表示赠与的外，应当视为以帮助为目的的临时性资金出借，子女仍应负偿还义务，此亦为本案作为司法实践中的个案所传递的司法理念与社会行为指引。

编写人：北京市朝阳区人民法院　李思巧

三、借款主体认定

24

公章控制人与公司订立涉双方借贷合同的效力认定

——马某安诉厦门戎堃公司等民间借贷合同案

【案件基本信息】

1. 裁判书字号

福建省厦门市中级人民法院（2019）闽 02 民终 1449 号民事判决书

2. 案由：民间借贷合同纠纷

3. 当事人

原告（上诉人）：马某安

被告（被上诉人）：厦门戎堃公司、乐保德公司、张某

【基本案情】

厦门戎堃公司于 2016 年 4 月 20 日登记设立，股东为张某、乐保德公司。张某担任法定代表人，马某安担任监事。乐保德公司的法定代表人原为马某安，于 2017 年 12 月 8 日变更为马某林（系马某安之子）。马某安提交一份《债务清偿协议》，协议内容为厦门戎堃公司对本协议项下各债权人尚未清偿的到期债务，包括对债权人马某安及乐保德公司的借款本金债务 216.826431 万元、对债权人福建戎堃公司的借款本金债务 11.699121 万元，以及对债权人杨某珠的服务费 150 万元，以上债务本金合计为 378.525552 万元。落款时间为 2017 年 11 月 3 日，协议加盖了厦门戎堃公司的公章，马某安、杨某珠及乐保德公司、福建戎堃公司加盖公章。马某安为

厦门戎堃公司的总经理，实际经营管理厦门戎堃公司，张某为厦门戎堃公司的法定代表人，张某否认上述协议系其授权盖章，且协议落款时间时，因公司管理、公章问题，厦门戎堃公司已与马某安发生诉讼和其他纠纷。

【案件焦点】

在自行控制公章期间，订立以公司为债务人、公章控制人为债权人的合同，公司不予认可，订立借贷合同的行为是否能认定为公司的真实意思表示，该合同是否成立。

【法院裁判要旨】

福建省厦门市海沧区人民法院经审理认为：马某安在自行控制公章期间订立《债务清偿协议》，确认厦门戎堃公司欠马某安的债务，在厦门戎堃公司不予认可的情况下，不能代表厦门戎堃公司的真实意思表示。《债务清偿协议》未成立，对厦门戎堃公司不具有法律上的约束力。因此，马某安依据《债务清偿协议》提出债权主张并要求张某、乐保德公司承担补充清偿责任，缺乏事实及法律依据。至于马某安主张其他证据足以证明本案债权成立的问题，其中马某安个人债权的部分，马某安仅提交银行转账往来记录，无借款合意之证据，不足以证明厦门戎堃公司与马某安系借款关系。

福建省厦门市海沧区人民法院依照《中华人民共和国民法总则》第一百四十三条，《中华人民共和国民事诉讼法》第六十四条、第一百四十四条之规定，判决：

驳回马某安的全部诉讼请求。

马某安不服一审判决，提起上诉。

福建省厦门市中级人民法院经审理同意一审法院裁判意见，依照《中华人民共和国民事诉讼法》第一百七十条第一款第一项之规定，判决：

驳回上诉，维持原判。

【法官后语】

本案系一起由公章引发的合同纠纷，争议焦点在于加盖公章的《债务清偿协议》是否应认定为公司的真实意思表示。

一种观点认为，公章是公司形式权力的直接有效凭证之一，在交易习惯中，人们也普遍认定印章就是公司意思表示的推定形式。加盖的公章是真实的，公章对外即代表公司，具有证明力，《债务清偿协议》成立，公司应受其约束并承担相关的法律责任。另一种观点认为，加盖真实公章的情况下，若有证据证明不是公司的真实意思表示，《债务清偿协议》不成立。

我们认为，公章的表意行为具有对内对外两层效力，公司意思表示的判定不能单纯依据公章的真实性，应先判断具体情形。在外部关系上，只要公章是真实的，应当直接依据外观主义原理认定加盖公章的文本即代表公司的意思表示；而在内部关系上，外观主义原理的运用应受到限制。

首先，从双方当事人看，本案表面上是厦门戎堃公司与马某安、乐保德公司、福建戎堃公司、杨某珠之间的借贷纠纷，因借贷合同中明确将乐保德公司、福建戎堃公司、杨某珠享有的全部债权转让给马某安，本质上借贷合同双方当事人即转化为厦门戎堃公司与马某安，而马某安作为厦门戎堃公司的总经理，实际经营管理公司，当事人双方实际上为内部关系，即实际债权人为公司经营者，债务人为公司，不能简单依据外观主义原则对公章的意思表示进行判断。

其次，从公章控制人看，公章的控制人或授意加盖公章的人是认定公章代表何人意思表示的关键。马某安主张职员蔡某丽系受公司法定代表人张某委托管理公章的人员，但从蔡某丽被抢夺走公章后汇报的对象为马某安，以及蔡某丽曾以员工身份作为乐保德公司的委托诉讼代理人出庭，而乐保德公司原法定代表人为马某安，后变更为马某安之子。此外，张某提交的相关证据可以证明马某安保管公章保险柜的钥匙，可见，马某安是公章的实际控制人，其有足够的便利条件使用公章签订本案讼争的《债务清偿协议》。

最后，从公司态度看，作为法定代表人的张某与马某安就厦门戎堃公司的公章及经营问题在合同签订之前即已发生纠纷，双方就公章归属问题曾发生争抢且有报警记录，甚至对簿公堂，在此种情况下，张某与马某安合意签署《债务清偿协议》确认厦门戎堃公司的债务，与常理相悖。且该合同并无法定代表人张某的签字，张某到庭明确表示不知情、不认可该份合同的订立，出现加盖公章的意思表示与法定代表人意志相冲突的情形，诉讼行为应以法定代表人的意思表示为准。综上，《债务清偿协议》确认厦门戎堃公司欠马某安的债务，在厦门戎堃公司不予认可的情况下，不能代表厦门戎堃公司的真实意思表示。

本案讼争的《债务清偿协议》是公章实际控制人与厦门戎堃公司订立涉双方的借贷合同，其内容对厦门戎堃公司强加了巨额的还款义务，有损厦门戎堃公司利益，在法定代表人出庭作证否认的情形下，应认定订立行为不是厦门戎堃公司真实的意思表示，系马某安的个人行为，《债务清偿协议》未成立，对厦门戎堃公司不具有法律上之约束力。

编写人：福建省厦门市海沧区人民法院　黄玉梅　陈芳序

25

股东签字借条上无公司签章不必然否定公司是借款人

——曹某霞诉粉豹公司、王某文民间借贷案

【案件基本信息】

1. 裁判书字号

河南省平顶山市中级人民法院（2020）豫04民终660号民事判决书

2. 案由：民间借贷纠纷

3. 当事人

原告（上诉人）：曹某霞

被告（被上诉人）：王某文、粉豹公司

【基本案情】

2019年3月1日，王某文向曹某霞借款并出具借条一份，借款人王某文，担保人粉豹公司。王某文是粉豹公司的股东，占35%的股份，经王某文授意，曹某霞将出借的100万元直接打入粉豹公司账户，借条上担保人处没有粉豹公司印章，公司名称系王某文所写。之后，王某文向该公司借款50余万元，并出具了借条。借款到期后，王某文未偿还借款本息，曹某霞向王某文、粉豹公司主张共同偿还责任。

【案件焦点】

1. 公司的借款人身份如何确定；2. 公司应承担何种法律责任。

【法院裁判要旨】

河南省平顶山市卫东区人民法院经审理认为：曹某霞依约向王某文提供借款，王某文亦为曹某霞出具借条，借款合同系双方真实性意思表示。因粉豹公司并未在王某文向曹某霞出具的借条上之担保人处盖章确认，担保合同并不成立，故曹某霞要求粉豹公司对上述借款本金及利息承担连带清偿责任的诉讼请求不能成立，不予支持。

河南省平顶山市卫东区人民法院依照《中华人民共和国合同法》第八条之规定，判决：

一、王某文于本判决生效后十日内向曹某霞偿还借款本金100万元及利息（利息以本金100万元为基数，自2019年8月1日起按照年利率6%计算至实际支付之日止）、违约金（违约金以本金100万元为基数，自2019年8月1日起按照年利率1%计算至实际支付之日止）；

二、驳回曹某霞的其他诉讼请求。

曹某霞不服一审判决，提起上诉。

河南省平顶山市中级人民法院经审理认为：虽然借条上担保人处粉豹公司的名字为王某文书写，但并未加盖印章，曹某霞作为善意出借人，基于对王某文股东身份的认可，将款项按王某文指示转账至该公司名下。粉豹公司未提供就该笔款项如何进行处分的相关证据，结合本案证据，案涉款项并未完全用于王某文个人，且从公司转出的款项，也是以借款的形式出借给了王某文，该事实与案涉款项系王某文个人之债的说法相互矛盾。参照《最高人民法院关于审理民间借贷案件适用法律若干问题的规定》第二十三条第二款的规定，虽然粉豹公司不应承担担保责任，但应就案涉借款承担共同还款责任。

河南省平顶山市中级人民法院依照《中华人民共和国合同法》第一百九十六条、《中华人民共和国民事诉讼法》第一百七十条第一款第二项规定，判决：

一、撤销河南省平顶山市卫东区人民法院（2019）豫0403民初4818号民事判决；

二、王某文、粉豹公司于本判决生效后十日内向曹某霞偿还借款本金1000000

元及利息；王某文于本判决生效后十日内向曹某霞支付违约金（违约金以本金1000000元为基数，自2019年8月1日起按照年利率1%计算至实际支付之日止）。

【法官后语】

通过对全国民事案件的分类统计情况来看，民间借贷案件始终占据着相当比例，且在其他案件有所减少的情况下，仍稳步增长。其中不乏数个借款人的情形，尤其是有法人参与时，常常出现真实借款人不明的情况，与实际借款人、名义借款人的情况相区别。在处理这类案件时，需要着重审查借据上借款人的签章和借款的用途及流向。

1. 从借据上借款人签章情况审查形式外观。在除却借贷流水影响的前提下，借据是最为直接有效的借贷凭证，一般来讲，只要借条上的签字真实，均应承担相应的法律责任。本案中，案涉借条上有借款人王某文的签字，担保人处又有粉豹公司的字样，二者应各负责任，但因粉豹公司字样非公司负责人签字，而是王某文代签，在公司拒绝追认的情况下，依法应不予认定其保证人身份，此时，保证人应认定不存在，只有借款人王某文的权利义务可以确定，公司的责任则应从其他方面加以分析。

2. 从借款的用途和流向审查实质权利义务归属。在其他借款人不易确定的情况下，即需从款项的使用情况来着手分析。由于企业是市场经济的主体，对企业行为更为细致地规范是对经济顺利运行的保障，也是权利义务对等性的体现。对于涉及企业借贷的事项，《最高人民法院关于审理民间借贷案件适用法律若干问题的规定》第二十二条第二款规定，法人的法定代表人或者非法人组织的负责人以个人名义与出借人订立民间借贷合同，所借款项用于单位生产经营，出借人请求单位与个人共同承担责任的，人民法院应予支持。

本案中，虽然粉豹公司未出现在借条上借款人处，其保证人的身份也因非真实意思表示而无法认定，但从借款的使用情况来看，案涉借款直接由出借人打入粉豹公司账户，虽然借款人王某文称系其为购买公司股权而授意出借人打入公司账户的，但根据常理，出资证明是证明出资情况的主要依据，而王某文未能提交出资证明以证实案涉款项确用于出资，其辩解即因失去关键证据的支持而无法成立。且从流向王某文手中的钱款系以王某文借款的形式从公司账户转出的事实来看，此时款项的性质已发生变化，仅是王某文与公司之间的另一笔借贷关系，而非本案借款经公司账户后退回王某文的返还关系，也可以说明案涉借款进入公司账户后已脱离王某文的掌控，完全由公司进行支配，进一步证实了案涉借款用于公司的事实。综合来看，王某文无法证明案涉借款系个人之债，公司也无法证明其收到款项后已作出处分，案涉借款王某文作为该公司股东在借条上签字，所借款项又用于公司，也非职务行为，参照上述法律规定，公司也应承担共同还款责任。

这种情况与名义借款人、实际借款人情况的不同之处在于：前者存在借款既用于公司也用于借条上的借款人的情形，而后者一般是借款仅用于实际借款人；前者出借人可以主张公司和个人共同承担偿还责任，而后者一般情况下需按照合同相对性由名义借款人承担责任。

编写人：河南省平顶山市中级人民法院　张建鸿　刘艳丽　郭洋洋

26

借条上加盖项目部印章的效力认定

——徐某健诉吕某等民间借贷案

【案件基本信息】

1. 裁判书字号

安徽省淮南市中级人民法院（2020）皖04民终62号民事判决书

2. 案由：民间借贷纠纷

3. 当事人

原告（上诉人）：徐某健

被告（被上诉人）：吕某、王某、湖南昌达公司

【基本案情】

《潘三矿二水平延深及安全改建工程——场外输电线路》由湖南昌达公司承建，吕某系该工程的具体承包人。工程建设期间，吕某与其妻王某分别于2017年

11 月 24 日、12 月 3 日、12 月 19 日和 2018 年 1 月 2 日，陆续向徐某健借款 50 万元、50 万元、28 万元和 40 万元，合计 168 万元，同时，吕某、王某在同一时间又分别向徐某健出具了借条、收条各 4 份。除借款数额、借款时间有所变化外，其他内容基本相当。如 2017 年 11 月 24 日出具的借条载明："今借到徐某健人民币现金转账大写：伍拾万整/小写：500000 元整。借款双方约定利息为月息 2 分。收款账户：吕某。借款用途：湖南昌达公司承建淮南矿业集团潘三矿二水平延深及安全改建工程——场外输电线路。用于材料采购及协调地方占地补偿，该笔借款专款专用不可改变用途。借款人 1：湖南昌达公司潘三项目部，借款人 2：吕某、王某，2017 年 11 月 24 日。"该借条还加盖了"湖南昌达公司潘三项目部"印章以及吕某、王某在自己签名处的捺印。四份借条均未约定还款期限。每份借条出具的时间与打款时间、出具收条时间均为同一天。吕某以湖南昌达公司名义扣押了潘三项目的部分工程款，导致未能偿还徐某健借款，故徐某健诉至法院。

另查明，湖南昌达公司在承建《潘三矿二水平延深及安全改建工程——场外输电线路》的同时，还承建了《潘集选煤厂 35KV 输电线路》工程。2017 年 3 月，吕某与龙脉公司合作，承包了《安徽省寿县双庙集镇埝东村 20MWP + 20MWP 光伏发电项目土建》工程，实行"项目核算，利润分红"。该工程成立了"寿县光伏发电项目部"，该项目部印章由龙脉公司以邮寄的形式寄给了吕某。

【案件焦点】

1. 涉案借款系吕某、王某的个人借款行为还是吕某、王某与湖南昌达公司的共同借款行为；2. 吕某、王某实际向徐某健借款的数额及归还借款的情况。

【法院裁判要旨】

安徽省淮南市潘集区人民法院经审理认为：针对争议焦点一，首先，纵观全案，涉案借款的借条、收条以及给付凭证行为均由吕某个人经手，且有关资金的流动均通过吕某聘用人员的个人账户，而徐某健未提供证据证明湖南昌达公司对吕某或者所谓潘三项目部的借款行为予以授权或事后进行追认，且湖南昌达公司也未通过其账户向徐某健归还过借款，因此不能就此认定湖南昌达公司与吕某、王某共同向徐某健借款。其次，涉案借款的借条、收条虽然加盖了潘三项目部印章，但因吕某系涉案工程的具体承包人，并不当然享有以项目部名义对外借款的权限，因此吕某的上述行为不能证明代表湖南昌达公司，而徐某健又未提供相应的证据证明涉案借款经湖南昌达公司授权或追认，因此吕某无权代理湖南昌达公司对外举债，徐某健据此要求湖南昌达公司对涉案借款承担责任无事实法律依据，法院不予采信，故仅凭借条、收条上的项目部印章，不能认定湖南昌达公司系涉案借款的共同借款人。综上，涉案借款应认定为吕某、王某夫妻的个人借款。

针对争议焦点二。结合本案查明的事实，吕某、王某分别于2017年11月24日、12月3日、12月19日和2018年1月2日向徐某健借款50万元、50万元、28万元和40万元，四次共计借款168万元，四份借条均约定了利率为月息2分，截至2019年3月，共计产生利息50.6万元，借款本息合计218.6万元。徐某健主张借款月利率为2%，符合法律规定。鉴于吕某、王某自认借款本息至今未还，故吕某、王某对徐某健的借款本息应当承担还款责任。按照《最高人民法院关于执行程序中计算迟延履行期间债务利息适用法律若干问题的解释》的规定，对于徐某健要求判决吕某、王某自2019年3月后至全部清偿之日止的利息诉讼请求，法院予以照准。吕某、王某应以本金168万元为基数，自2019年4月起支付至实际给付之日止，按年利率24%计算。

安徽省淮南市潘集区人民法院依照《中华人民共和国合同法》第八条、《最高人民法院关于审理民间借贷案件适用法律若干问题的规定》第二十六条、《最高人民法院关于民事诉讼证据的若干规定》第二条之规定，判决：

一、吕某、王某于判决生效之日起十日内归还徐某健借款本金168万元、利息50.6万元，合计218.6万元；

二、自2019年4月起，吕某、王某支付徐某健利息至实际给付之日止，以本金168万元为基数，按年利率24%计算；

三、驳回徐某健的其他诉讼请求。

徐某健不服一审判决，提起上诉。

安徽省淮南市中级人民法院经审理同意一审法院裁判意见，依照《中华人民共和国民事诉讼法》第一百七十条第一款第一项规定，判决：

驳回上诉，维持原判。

【法官后语】

建筑施工企业由于施工项目多、分散，且施工项目所在地与建筑施工企业住所地往往不在同一个地区，为了方便管理，在施工项目所在地设立项目部便是最佳选择，而项目部印章也应运而生。在一个工程项目施工过程中，施工企业项目部对外签订涉及法律内容的文书很多，其中又以合同为主，这是施工企业工程项目管理风险的主要来源之一。

1. 项目部的法律地位：建设部 1995 年 1 月 7 日颁布的《建筑施工企业项目经理资质管理办法》第二条规定，项目经理是指受企业法定代表人委托对该工程项目施工过程全面负责的管理者，是建筑施工企业法定代表人在工程项目上的代表人；第六条规定，工程项目施工应建立以项目经理为首的生产经营管理系统，实行项目经理负责制，项目经理在工程项目施工中处于中心地位，对工程项目施工负有全面管理的责任。由此可见，项目经理是建筑施工企业的法定代表人委托其对工程项目施工过程进行全面负责的管理人，其法定的职责范围仅限于该工程项目施工过程，项目（经理）部公章仅限于项目的工程技术资料、签证资料等，以项目（经理）部名义对外联系的对象仅限工程项目在施工安全质量的相关单位，如建设方、工程项目的管理部门和监理部门等。项目经理与施工企业的法定代表人之间系一种委托与被委托的关系，是在法定代表人授权许可的范围内代表法定代表人行使项目施工职权的人。而项目（经理）部是项目经理在企业支持下组建成立的，仅负责施工过程的全面管理，其民事行为仅限于施工过程的管理和法定代表人授权许可的范围，在没有设立单位明确授权许可的情况下，不能以项目（经理）部自己的名义对外进行材料设备的采购、签订合同、提供担保等民事法律行为。

2. 项目经理和项目部的法定职责权限：根据《建设工程施工项目管理规范》规定，项目经理和项目部的法定职责权限是受建筑施工企业之委托履行与发包人订立的工程承包合同，因此，其主要代理行为就是代表施工企业向发包人履行合同与履行合同相关的行为，包括编制施工计划、组织管理施工进程，以及合同履行中的通知、签证等相关事务。《建设工程施工项目管理规范》十分详尽地列举了施工项目管理的各项具体工作，如项目进度控制、项目质量控制、项目安全控制、项目成本控制、项目现场管理、项目合同管理、项目信息管理、项目生产要素管理、项目组织协调、项目竣工验收阶段管理、项目考核评价、项目回访保修管理等，而唯独没有涉及项目的材料采购管理，说明项目（经理）部并不具备对外签订合同和材料采购的法定职责权限。因此，如果没有设立单位的明确授权，项目（经理）部无权对外签订合同或者进行借款。

3. 在实践中认定项目部印章的法律效力上，应当根据具体情形，分别处理。

（1）具有完全法律效力的情形。项目（经理）部一般是仅为实施特定项目施工而成立的临时性及一次性内部组织机构，多从事与项目施工有关的事务性工作，包括收发文函及资料，一般不对外进行经营活动。如果成立项目法人，则必须刻制印章，除提交公司介绍信、营业执照原件及经办人的身份证件外，还须按属地管辖的原则经项目施工所在地公安机关审批，审批后凭“刻制印章通知单”到公安机关指定的刻制印章单位刻制。已依法通过审批备案的项目法人印章应视为建筑施工企业公章，对建筑施工企业产生法律效力。

（2）在授权委托权限范围内具有法律效力的情形。在不是依法通过审批备案而是由企业或者其项目（经理）部自行刻制项目（经理）部印章的情况下，关键看项目（经理）部的行为是否得到建筑施工企业的明确授权。

①建筑施工企业内部发文确认项目（经理）部公章并出具载明委托事项及委托权限的授权委托书，授权项目（经理）部公章在委托事项及委托权限内代表建筑施工企业行使职能的，如果项目（经理）部公章未超越委托事项及委托权限范围，项目（经理）部公章应视为建筑施工企业公章，其对外盖章的民事行为产生的法律后果由建筑施工企业承担，对建筑施工企业产生法律效力，而不能因项目（经理）部不具备法人资格而机械地认定项目（经理）部公章没有法律效力。

②建筑施工企业虽然内部发文确认项目（经理）部公章且出具了授权委托书，但其委托的事项及委托的权限不明确，建筑施工企业应对其授权不明确的部分负责，其对外盖章的民事行为产生的法律后果由建筑施工企业承担，对建筑施工企业产生法律效力，但对方当事人负有举证责任，应提供证据证实建筑施工企业出具了授权委托书并有相应的委托事项及委托权限，虽然其委托的事项及委托的权限不明确，但对方当事人有理由相信项目（经理）部有相应的委托权限，即可以作出有利于相对人的理解。

③项目（经理）部公章如果没有得到设立单位的明确授权或者超越委托事项及委托权限，经建筑施工企业事后认可，则项目（经理）部公章也可视为建筑施工

企业公章，其对外盖章行为产生的法律后果由建筑施工企业承担，对建筑施工企业产生法律效力。

(3) 对建筑施工企业不产生法律效力的情形。

①建筑施工企业未向项目（经理）部出具授权委托书，或者项目（经理）部超越委托事项及委托权限对外签名盖章，建筑施工企业事后也不认可项目（经理）部公章的，在这种情况下，以项目（经理）部名义对外签名盖章的行为，对建筑施工企业不产生法律效力。

②建筑施工企业对已授权限制或者授权排除的项目（经理）部对外签名盖章行为，对授权限制或者授权排除的部分不承担法律责任。所谓授权限制，是指在施工项目开工前，以授权委托书的方式明确项目（经理）部的授权事项、授权范围和期限，并将该授权委托书作为合同附件或者在施工开始前向发包人和已确定的分包商及材料供应商等相关单位送达，保留其签收记录。所谓授权排除，是指在对项目经理或项目（经理）部的授权中，将不希望或者不适宜由其决定的事项加以确认排除，包括事项比如合同修改与变更、重大施工技术方案的变更、重大分包事项、重大材料和设备采购、重大财务事项以及对外提供担保等。

(4) 项目（经理）部对外签名盖章不能认定为表见代理，其“代理”行为无效。《中华人民共和国民法典》第一百七十二条规定，行为人没有代理权、超越代理权或者代理权终止后，仍然实施代理行为，相对人有理由相信行为人有代理权的，代理行为有效。项目（经理）部对外签名盖章是以项目（经理）部自己的名义而不是以建筑施工企业的名义对外订立合同，明显不符合表见代理的特征，其“代理”行为当然是完全无效的。

综上所述，如果借款人没有查明项目部印章是否经审批备案及项目部印章是否在设立单位明确授权范围内使用，那么，借款人就有可能承担存在的法律风险，而湖南昌达公司并未任命吕某为项目负责人或者以其他合法形式对吕某予以有效的授权或事后追认。仅凭借条、收条上加盖项目部印章，不能认定湖南昌达公司为共同借款人。

编写人：安徽省淮南市潘集区人民法院　余占胜

27

合伙企业对外提供担保的合同相对人应对合伙决议进行审查

——赖某宇诉中业公司等民间借贷案

【案件基本信息】

1. 裁判书字号

广东省广州市中级人民法院（2019）粤01民终10125号民事判决书

2. 案由：民间借贷纠纷

3. 当事人

原告（上诉人）：赖某宇

被告（被上诉人）：中业公司、广大所、薛某华、杨某、黎某辉、王某晖、林某明、程某、吴某发

【基本案情】

2011年8月5日，中业公司向赖某宇借款500万元，并出具借据。广大所是经司法行政管理部门批准设立的通过律师为当事人代理案件提供专业服务的普通合伙企业。薛某华作为广大所法定代表人，在未经全体合伙人一致同意的情况下，以广大所名义承诺对上述借款承担补充担保还款责任。借款借据的担保人栏加盖有广大所印章，薛某华在盖章位置签名。此后，借贷双方互有款项往来，并多次对欠款进行确认，薛某华又多次以广大所名义对上述借款担保进行确认，相关借据及确认书上亦加盖有广大所印章。案涉相关借据及确认书签订时，广大所印章未进行备案。赖某宇未对广大所的担保行为是否经过合伙人决议进行审查，诉讼中薛某华确认其是借款的实际用款人。赖某宇认为中业公司未依约还款，广大所亦未履行担保责任，遂将中业公司、广大所及广大所合伙人诉至法院。

【案件焦点】

合伙企业负责人未经全体合伙人同意，超越权限对外提供担保的行为效力认定。

【法院裁判要旨】

广州市越秀区人民法院经审理认为：广大所作为普通合伙企业，其制定的章程未授权负责人对外签署担保合同，薛某华以广大所名义为中业公司债务提供担保未经全体合伙人同意，事后亦未取得全体合伙人追认，显属负责人超越权限订立合同的行为。因此，赖某宇与广大所之间的担保法律关系是否成立，取决于作为担保权人的赖某宇是否知道薛某华的行为越权。赖某宇的“善意”与否作为一种主观意识，应结合客观的行为表现进行综合判断。

赖某宇在签署担保条款时，应对广大所章程、合伙人决议进行审查，但其未能尽到最基本的形式审查义务，存在过失，赖某宇非善意相对人，薛某华的越权行为不构成表见代理。另外，任何人均不得以其不知公开的法律规则为由而主张抗辩，在《中华人民共和国合伙企业法》已有明确规定的情况下，赖某宇应当知悉广大所的担保行为需经全体合伙人一致同意。但签订涉案担保合同时，赖某宇未对广大所全体合伙人是否同意担保进行任何审查，存在重大过失，其应当知道薛某华的行为越权。因此，薛某华的越权行为，对广大所不产生约束力，赖某宇应知薛某华的行为越权而与其签订担保条款，相关责任应由赖某宇自行承担。薛某华在诉讼中确认其是借款的实际用款人，且同意与中业公司承担共同还款责任，应予以照准。赖某宇对广大所及其余合伙人的诉讼请求，缺乏事实根据和法律依据，应予以驳回。

广州市越秀区人民法院依照《中华人民共和国合同法》第五十条、《中华人民共和国合伙企业法》第三十一条第五项等规定，判决：

一、在判决发生法律效力之日起十日内，中业公司、薛某华向赖某宇偿还借款本金 286 万元；

二、在判决发生法律效力之日起十日内，中业公司、薛某华向赖某宇偿还借款利息 138 万元（该款暂计至 2018 年 5 月 2 日，从 2018 年 5 月 3 日起的利息以 286 万元为基数，按照年利率 10% 计至款项清偿之日止）；

三、驳回赖某宇的其余诉讼请求。

赖某宇不服一审判决，提起上诉。

广东省广州市中级人民法院经审理同意一审法院裁判意见，依照《中华人民共和国民事诉讼法》第一百七十条第一款第一项的规定，判决：

驳回上诉，维持原判。

【法官后语】

《中华人民共和国合伙企业法》已明确合伙企业为他人提供担保应当经全体合伙人一致同意。赖某宇应当知悉并须对此尽到注意义务，而不能以不知晓相关法律规定免除其义务。同时，基于诚实信用原则和商业交易应有的审慎，赖某宇也应当注意交易对手方的代表权限。本案借款人中业公司是担保公司，担保人是主营业务并非对外担保的律师事务所，此种反常情况下，赖某宇并未对薛某华代表广大所担保的意思表示再作进一步审查，未要求薛某华出示广大所全体合伙人已经一致同意为中业公司担保的决议并对决议进行形式审查，其行为存在重大过失，难言善意。故本案中可以推定赖某宇明知薛某华的行为为越权行为。

合伙企业属于人合型商事主体，相对于其他商事主体资合色彩相对淡薄，而人合色彩更为突出。合伙人之间遵循共同经营、共同管理、共担风险、共享收益的原则，这也是合伙人对合伙债务承担无限责任的重要原因。而为他人设定担保通常并非合伙的正常经营活动，如果允许执行事务合伙人或是任一合伙人可以不经全体合伙人一致同意而单独对外向他人作出担保的意思表示，无疑是对上述原则的违反，因为共担风险、共享收益的逻辑起点即共同经营、共同管理，如果要求其他合伙人未经共同决策而须承担正常经营活动之外的风险，显然严重侵害了其他合伙人的合法权益，甚至动摇了合伙制度的根基。换言之，普通合伙中合伙人对于合伙的债务包括保证债务的清偿责任，并不以出资为限，而如果确认执行合伙事务的合伙人在缺乏其他合伙人授权的情况下，代表合伙作出的担保效力及于合伙，则从实质上变相认可了执行合伙事务的合伙人可以为其他普通合伙人对合伙出资以外的财产设定负担。而承担这种超出正常经营的难以预计的风险，对于其他合伙人难言公平。

商事交易中，效率和安全永远处于天平的两端，二者相辅相成又互相制约，一味追求效率或安全，都可能导致天平的失衡。在没有明确规定的情况下，司法裁判应根据具体的案情，从中寻找到效率和安全二者的平衡点，才能实现公平合理的最终目的。尽管要求债权人在接受合伙企业担保时须适当履行形式审查义务，可能在一定程度上降低了交易效率。但任何完全民事行为能力人特别是商事行为主体，在交易中都应当且有能力履行适当和基本的注意义务。裁判者并非苛求债权人能够准确识别合伙人担保决议的真伪，至少在形式上须审查合伙企业是否出具了全体合伙人一致同意的担保决议。

编写人：广东省广州市越秀区人民法院　李学辉

四、债务偿还认定

28

前股东还款承诺书中加盖公司公章且借款实际用于公司经营的，公司应承担连带清偿责任

——刘某军诉顺达通公司等民间借贷案

【案件基本信息】

1. 裁判书字号

北京市第三中级人民法院（2019）京03民终8164号民事判决书

2. 案由：民间借贷纠纷

3. 当事人

原告（被上诉人）：刘某军

被告（上诉人）：顺达通公司

被告（被上诉人）：刘某清、吴某昕、高某伟、吴某合

【基本案情】

刘某清与刘某军系姐弟关系；吴某合与刘某清系夫妻关系；吴某昕、吴某君系吴某合、刘某清之子女；吴某昕与高某伟系夫妻关系。吴某合与刘某清原系顺达通公司的股东，吴某君现为顺达通公司的唯一自然人股东；刘某清原系顺达通公司的法定代表人，吴某君现为顺达通公司的法定代表人；前述股东及法定代表人工商档案变更登记的时间为2016年5月18日。

刘某军据以要求顺达通公司等向其承担还款责任的依据为落款日期为2018年

11月17日分别有吴某合、刘某清、高某伟、吴某昕签字，并加盖有顺达通公司公章的《承诺书》，该承诺书载明如下内容：吴某合和刘某清夫妻二人因公司经营资金周转需要，于2004年开始请求刘某军和韩某云帮忙以房屋抵押借款的方式筹集资金，后因吴某合和刘某清夫妻未能及时偿还，导致多次续贷……现因吴某合和刘某清夫妻暂时没有能力偿还上述借款、利息和服务费，且有可能给刘某军和韩某云带来严重法律责任后果，故请求刘某军和韩某云先行偿还完毕上述债务，同时刘某合和刘某清做出如下承诺：刘某军和韩某云夫妻二人及其子女帮忙偿还完毕上述债务后，按照实际偿还的债务金额凭证（包括本金、利息及服务费用等全部债务）作为依据，视为吴某合和刘某清夫妻应支付刘某军和韩某云的债务，具体偿还时间另行确定。

前述《承诺书》中，吴某合、刘某清作为承诺人签字，高某伟、高某、吴某昕作为承诺人保证人签字，顺达通公司作为承诺保证人盖章。

吴某合、刘某清、高某伟、吴某昕认可前述《承诺书》的真实性。经法院询问，吴某合本人陈述称《承诺书》中的“顺达通公司”公章系其亲自加盖，公章下方的手写体“顺达通公司”字样系其本人书写，就该枚公章的来源，吴某合称该枚公章系顺达通公司之前使用的公章，该枚公章有一段时间找不到，顺达通公司遂另行刻了新的公章，在新公章刻好之后，之前使用的旧公章又找到了，其使用之前的旧公章加盖在《承诺书》上。

【案件焦点】

吴某合在《承诺书》中加盖顺达通公司公章的效力如何认定。

【法院裁判要旨】

北京市顺义区人民法院经审理认为：本案中，刘某军持有的《承诺书》、吴某合与刘某清等自认的事实以及房屋抵押登记档案显示的情况，已经形成证据链，足以证实吴某合、刘某清多年来以顺达通公司需要经营资金为由要求刘某军使用自己名下的房屋到相关金融机构办理抵押贷款，相关贷款实际被吴某合、刘某清用于顺达通公司的经营活动，贷款偿还的资金来源于吴某合、刘某清经营顺达通公司的所得。根据顺达通公司的工商登记档案能够确信，吴某合、刘某清在顺达通公司成立后，长期控股顺达通公司，系该公司的实际控制人。况且，刘某清与刘某军之间系姐弟关系，在吴某合、刘某清并未明确告知刘某军顺达通公司的股东及法定代表人已经变更为吴某君的情况下，根据吴某合、刘某清的请求，刘某军基于亲属之间的高度信赖和之前多次使用自己名下房屋向金融机构抵押贷款用于顺达通公司经营的事实，在2017年6月21日继续使用自己名下的房屋从中航公司抵押借款，并被吴某合、刘某清用于偿还顺达通公司之前的债务。吴某合、刘某清作为承诺人在刘某军持有的《承诺书》中签字确认同意其在刘某军代偿欠付的贷款本息以及服务费后向刘某军、韩某云偿还相关款项，高某伟、吴某昕均作为保证人签字确认承担保证责任，系前述诸位当事人真实自愿的意思表示，不违反法律规定，应属合法有效。《承诺书》中顺达通公司的公章系吴某合加盖，加之涉诉借款实际用于顺达通公司偿还相关债务，顺达通公司作为保证人承担保证责任，于法有据，于情合理，现顺达通公司以公司股东和法定代表人发生变更为由否认实际使用所借贷款，法院不予采纳。经法院询问明确，韩某云、刘某清明确表示同意由刘某军向顺达通公司等主张权利，不违反法律规定，法院照准。

北京市顺义区人民法院根据《最高人民法院关于民事诉讼证据的若干规定》第六十四条、《最高人民法院关于适用〈中华人民共和国担保法〉若干问题的解释》第二十二条第二款、《中华人民共和国担保法》第十九条之规定，判决：

一、吴某合、刘某清、高某伟、吴某昕、顺达通公司连带偿还刘某军借款本金200万元、借款利息与服务费22万元；

二、吴某合、刘某清、高某伟、吴某昕、顺达通公司以220万元为基数按照年利率百分之六的标准连带支付刘某军自2018年11月23日起至实际偿还之日止的利息。

顺达通公司不服一审判决，提起上诉。

北京市第三中级人民法院经审理同意一审法院裁判意见，依照《中华人民共和国民事诉讼法》第一百七十条第一款第一项规定，判决：

驳回上诉，维持原判。

【法官后语】

司法实践中，有些公司有意刻制两套甚至多套公章，有的法定代表人或者代理人甚至私刻公章，订立合同时恶意加盖非备案的公章或者假公章，发生纠纷后法人以加盖的是假公章为由否定合同效力的情形并不鲜见。人民法院在审理案件时，应当主要审查签约人于盖章之时有无代表权或者代理权，从而根据代表或者代理的相关规则来确定合同的效力。

法定代表人或者其授权之人在合同上加盖法人公章的行为，表明其是以法人名义签订合同，除《中华人民共和国公司法》第十六条等法律对其职权有特别规定的情形外，应当由法人承担相应的法律后果。法人以法定代表人事后已无代表权、加盖的是假章、所盖之章与备案公章不一致等为由否定合同效力的，法院不予支持。

代理人以被代理人名义签订合同，要取得合法授权。代理人取得合法授权后，以被代理人名义签订的合同，应当由被代理人承担责任。被代理人以代理人事后已无代理权、加盖的是假章、所盖之章与备案公章不一致等为由否定合同效力的，人民法院不予支持。

应当指出，法庭不应当成为诉讼技巧的竞技场，法官应当围绕案件争议焦点问题厘清事实查明思路，将事实查明。服务于公正裁判，全面、客观地审核证据，依据法律的规定，遵循法官职业道德，运用逻辑推理和日常生活经验，对证据有无证明力和证明力大小独立进行判断，并公开判断的理由和结果。就本案争议焦点问题而言，不仅应当查明刘某军持有的《承诺书》签署、盖章的具体经过，为了彻底平息争议，还应当查清《承诺书》所涉及债权债务关系的历史形成经过以及多方当事人之间的相互关系情况。唯有如此才能通过一系列证据形成完整的证据链，并基于完整的证据链得出正确的司法判断。

编写人：北京市顺义区人民法院　涂长江

29

单一证据下民间借贷关系的认定及交付商业承兑汇票是否构成清偿债务

——曹某锋诉杜某民间借贷案

【案件基本信息】

1. 裁判书字号

湖北省鄂州市中级人民法院（2019）鄂07民再第6号民事判决书

2. 案由：民间借贷纠纷

3. 当事人

原告（上诉人、再审申请人）：曹某锋

被告（被上诉人、再审被申请人）：杜某

【基本案情】

曹某锋与杜某系生意伙伴。新业公司与华新公司之间有生意合作关系，曹某锋是华新公司的业务员，杜某是新业公司的运输商，两公司每年都要完成授信额度，通常在年底进行结账。2014年12月，经过结算，新业公司与华新公司有应付款未结清，当时三方协商，为了保证新业公司的信用额度，且新业公司还差欠杜某运费，就以杜某的名义向曹某锋借款74.2万元，新业公司承诺过年之前把借款还给曹某锋。杜某遂于2015年1月9日出具了借条一份，载明：今借曹某峰人民币柒拾肆万贰仟元整（742000元）。曹某锋以承兑汇票的方式给付。庭审中杜某陈述其未收到该承兑汇票。同年1月19日，杜某通过银行转账汇款给曹某锋30万元，余款经新业公司、杜某、曹某锋协商，曹某锋接受60万元全部结清。2016年8月4日后，曹某锋收到60万元的新业公司的到期商业承兑汇票，曹某锋于2016年11月28日在新业公司承兑未果后而引起纠纷。

2014 年 11 月 3 日、2014 年 11 月 4 日，曹某锋三次向杜某分别转账 55.6 万元、8 万元、5 万元，合计 68.6 万元。杜某收到上述款项后，同日将款项汇至案外人宋某，取得两张银行承兑汇票，金额为 70 万元，其中一张付款人为方正公司、出票时间为 2014 年 10 月 28 日、金额为 20 万元银行承兑汇票；另一张付款人为晟钢公司、出票时间为 2014 年 10 月 17 日、金额为 50 万元银行承兑汇票。新业公司取得上述两张 70 万元银行承兑汇票后，曹某锋作为经手人收取了 70 万元银行承兑汇票并将其交给华新公司，以抵偿其下欠华新公司的款项。因曹某锋承担贴息款后取得的上述两张金额合计为 70 万元银行承兑汇票，用于偿还新业公司所欠华新公司的款项。2015 年 1 月 9 日，经曹某锋与杜某按照月息 3% 结算 2 个月利息后，杜某向曹某锋出具了 74.2 万元借条。2017 年 2 月，曹某锋自行打印《借款证明》，内容为："2014 年 12 月 28 日新业公司因急需偿还某公司材料应付款，总经理李某洲以运输商杜某的名义，向曹某锋个人计划短期月息 3% 借款 74.2 万元，2015 年 1 月 19 日还款 30 万元，余款 44.2 万元将后期支付。2016 年 8 月合计金额 70.72 万元一直未支付，总经理李某洲和杜某与曹某锋协商，将 8 月金额全部支付借款，按月息 2% 结算合计金额 61.88 万元，曹某锋让步，如全部还款 60 万元可以接受。至今新业公司未兑现还款承诺，现该公司连本带息累计金额为 67.184 万元，如新业公司在 2017 年 3 月 10 日前还款，曹某锋将不计后期利息，接受 60 万元还款金额，未兑现还款，将全部按月息 2%、每日滞纳金万分之五进行结算。"新业公司未在《借款证明》上加盖公章。

【案件焦点】

1. 曹某锋与杜某之间是否成立借款合同；2. 如果借款合同成立，杜某所欠款项是否全部结清。

【法院裁判要旨】

湖北省鄂州市鄂城区人民法院经审理认为：民间借贷合同具有实践性，出借人行使债权请求权要求借款人偿还借款本息的，应当对是否已形成借贷合意，借贷内容以及是否已将款项交付给借款人等事实承担举证责任。本案借条系大额借款，且无银行转账凭证，与大额借款的交易习惯不符，曹某锋主张借款以承兑汇票方式支付，亦承认借条金额中还存在将利息预先计入本金的情况，但无相应证据印证，无法查明实际借款的本金数额。该借款系由案外人新业公司与华新公司欠货款纠纷而引起，因此，仅凭借条，尚不能认定曹某锋已将 74.2 万元借款本金实际交付给杜某。曹某锋称案外人新业公司在还差欠杜某运费的情况下杜某仍以自己名义为其向曹某锋借款，行为不合常理。曹某锋主张的事实仅有借据，尚无其他相应证据印证双方借贷关系成立，故曹某锋未完成其举证责任。曹某锋所诉借款事实不成立，借款合同未生效。曹某锋依据该借条诉请杜某归还借款的诉讼请求，不予支持。

湖北省鄂州市鄂城区人民法院依照《中华人民共和国合同法》第二百一十条，《最高人民法院关于审理民间借贷案件适用法律若干问题的规定》第九条、第十六条和《最高人民法院关于适用〈中华人民共和国民事诉讼法〉的解释》第九十条、《最高人民法院关于民事诉讼证据的若干规定》第二条之规定，判决：

驳回曹某锋的诉讼请求。

曹某锋不服一审判决，提起上诉。

湖北省鄂州市中级人民法院经审理认为：杜某向曹某锋出具 74.2 万元的借条，借条的真实性双方均予以确认，而杜某借款是为了保证新业公司在华新公司处的信用额度，因此前曹某锋支付 68.6 万元贴现款后取得 70 万元的银行承兑汇票，该汇票被新业公司随即背书给华新公司以清偿所欠水泥款，并承诺将上述承兑汇票对应的本息偿还给曹某锋，而新业公司并未按时偿还上述承兑汇票本息，遂由杜某连同 70 万元的利息 4.2 万元向曹某锋出具了 74.2 万元的借条，且在此之后，杜某另行向曹某锋通过银行转账偿还了 30 万元，故曹某锋与杜某之间所涉借款合同关系成立并生效。但法院认定杜某取得 60 万元商业承兑汇票仅是因其替代实际用款人新业公司向曹某锋代办 74.2 万元的借款手续。根据《中华人民共和国票据法》第三十九条、第五十三条、第六十五条的规定，曹某锋取得 60 万元商业承兑汇票时，该汇票的付款时间即将到期，且杜某是在新业公司在场的情况下将该汇票交给曹某锋，新业公司应该知晓其即将履行兑付的义务；曹某锋作为持票人，应当清楚其接收的 60 万元汇票性质属商业承兑汇票，不同于新业公司之前收取的 70 万元银行承兑汇票，其应当知晓商业承兑汇票的风险性，并知晓对其承担付款责任的应是付款人新业公司，而曹某锋在一、二审均未提交拒绝证明、退票理由书及其他合法证明，其实际已丧失对杜某的追索权，按照上述规定，新业公司作为承兑人或者付款人的责任并不能免除，仍然应对持票人曹某锋承担付款责任。且曹某锋在新业公司请求承兑未果后，其持有的60万元商业承兑汇票并未退还给杜某，仍然由其持有至今。杜某同样持有一张付款人为新业公司、到期日为2016年8月2日、金额为30万元的商业承兑汇票，该汇票已由付款人新业公司在2016年8月4日予以承兑，充分证明杜某用于抵偿曹某锋借款的60万元承兑汇票是可以承兑的。据以认定杜某以该汇票抵偿了所欠本息，杜某所欠款项已全部结清。

湖北省鄂州市中级人民法院依照《中华人民共和国合同法》第二百一十条、《中华人民共和国票据法》第十条、第三十九条、第五十三条、第六十五条，《最高人民法院关于适用〈中华人民共和国民事诉讼法〉的解释》第九十条，《最高人民法院关于民事诉讼证据的若干规定》第二条，《中华人民共和国民事诉讼法》第一百七十条第一款第一项之规定，判决：

驳回上诉，维持原判。

曹某锋不服二审判决，申请再审。

湖北省鄂州市中级人民法院再审认为：第一，曹某锋向杜某三次转款68.6万元，杜某将收到的款项汇至他人，取得金额合计为70万元的银行承兑汇票两张。新业公司用两张银行承兑汇票抵偿该公司欠华新公司的款项。曹某锋与杜某按月息3%结算2个月的利息后，杜某向曹某锋出具74.2万元借条。双方对借条的真实性不持异议，杜某收取了曹某锋支付的出借资金，曹某锋履行了支付出借资金的义务，双方经结算确定了借款金额为74.2万元，杜某出具了借条，双方意思表示真实，借款合同关系成立且已发生法律效力。杜某关于双方未形成借款合意，实际借款人为新业公司的理由不成立。

第二，杜某认为曹某锋接收两张商业承兑汇票，是对该种结算债务方式的认可，涉案借款本息已全部结清。曹某锋接收汇票是为了保证通过汇票兑付债权得以实现，因此，汇票能够实际兑付是涉案债权债务消灭的前提。根据《中华人民共和国票据法》第二十二条的规定，汇票上未记载前款规定事项之一的，汇票无效。杜某交给曹某锋的两张合计金额为60万元的商业承兑汇票没有出票人的签章，根据上述法律规定，属无效票据，曹某锋即使持有票据，但并未获得票据权利，此种情形不应视为有效还款。因此，杜某主张曹某锋接收两张商业承兑汇票，双方债权债务消灭，没有法律依据。

综上所述，曹某锋再审请求部分成立。曹某锋与杜某之间形成合法有效的民间借贷关系，曹某锋履行了出借义务，杜某应承担全部还款义务。杜某已偿还300000元，尚欠本金442000元。因借条中未约定利息，应视为不支付利息，但对曹某锋起诉后的利息，根据《最高人民法院关于审理民间借贷案件适用法律若干问题的规定》第二十九条第二款第一项之规定，应从起诉之日起按照年利率6%支付资金占用期间利息。二审判决认定事实清楚，但适用法律错误，应予纠正。

湖北省鄂州市中级人民法院依照《中华人民共和国合同法》第一百零七条、第二百一十一条第一款，《最高人民法院关于审理民间借贷案件适用法律若干问题的规定》第二十九条第二款第一项，《中华人民共和国民事诉讼法》第二百零七条第一款、第一百七十条第一款第二项之规定，判决：

一、撤销湖北省鄂州市鄂城区人民法院（2017）鄂0704民初2303号民事判决和湖北省鄂州市中级人民法院（2018）鄂07民终9号民事判决；

二、杜某于本判决生效后十日内偿还曹某锋借款本金442000元及逾期利息（自2017年8月28日起，以442000元为本金按年利率6%计算至实际还清之日止）；

三、驳回曹某锋其他诉讼请求。

【法官后语】

自2015年《最高人民法院关于审理民间借贷案件适用法律若干问题的规定》颁布以来，虽然缓解了该解释实施之前的各地方法院因法官自由裁量权过大而导致的关于借贷案件裁判不一、司法混乱的局面，但在审理单一证据下的民间借贷纠纷案件时，借款人通常只能提供借条等债权凭证或转账凭证等金融机构凭证，而无其他相应证据，各地方法院若无法在当事人之间依据法律规定和法律原则，对审理民间借贷纠纷三个阶段：借贷合意的成立、出借行为的实际发生、偿还行为的作出所涉及的证明责任分别作出合理的分配，就会产生不公正的判决。

在单一证据下认定民间借贷关系是否成立，由于证据的唯一性，其在认定整个案件事实中往往起着决定性的作用，在判断其证明力大小时要综合全案来审查判断。本案中，一审法院以出借人主张的事实仅有借据，无其他相应证据印证双方借贷关系成立，认定出借人未完成举证责任，进而驳回其诉讼请求。民间借贷合同实践合同，判断合同是否成立，不仅要判断借款合意是否成立，还要判断出借的借款是否实际交付。本案二审和再审法院认定的事实中，双方当事人对借条的真实性没有异议，曹某锋履行了出借义务，杜某接受了出借资金，且借款人也履行了部分还款义务。借款合同是双方真实意思表示，借款合同成立并发生法律效力。

民间借贷中的偿还行为有多种类型，如借款人以商业承兑汇票偿还借款金额，是否应认定为履行了偿还义务。商业承兑汇票不同于银行承兑汇票，其承兑人是银行以外的付款人，这就决定了当商业承兑汇票承兑人无款支付时，会发生支付风险，且风险高于银行承兑汇票。本案中借款人用以偿还借款的是商业承兑汇票，而汇票没有出票人签章，根据《中华人民共和国票据法》第二十二条规定：汇票必须记载下列事项：1. 表明“汇票”的字样；2. 无条件支付的委托；3. 确定的金额；4. 付款人名称；5. 收款人名称；6. 出票日期；7. 出票人签章。汇票上未记载前款规定事项之一的，汇票无效。根据该规定，借款人用于偿还借款的商业承兑汇票应属于无效票据，接收汇票的出借人无法基于该汇票主张付款请求权，进而无法实现其对借款人的债权，从而不应视为有效还款。

退一步讲，假如借款人给付的是合法、有效的商业承兑汇票，是否应认定为有效还款。本案二审法院以杜某同样持有一张付款人为新业公司、到期日为2016年8月2日、金额为30万元的商业承兑汇票，该汇票已由付款人新业公司予以承兑为由，认定杜某用于抵偿所欠曹某锋借款的60万元承兑汇票是可以承兑的。商业承兑汇票是否可承兑，其判断标准不是基于其他当事人持有的汇票是否被付款人承兑，而是基于商业承兑汇票是否符合《中华人民共和国票据法》第二十二规定的票据有效的情形。现实交易中，即使票据合法有效，但因付款人无款支付或拒绝承兑等情形也可能导致持票人无法在汇票到期日实现票据权利，更不能以此来认定借款人履行了偿还义务。

编写人：湖北省鄂州市中级人民法院　蒋艳

30

债权人超出正当合法权利行使范围的讨债行为构成胁迫

——袁某涛诉吕某增等民间借贷案

【案件基本信息】

1. 裁判书字号

山东省淄博市中级人民法院（2019）鲁03民终1571号民事判决书

2. 案由：民间借贷纠纷

3. 当事人

原告（上诉人）：袁某涛

被告（被上诉人）：吕某增、吕某红、孙某

【基本案情】

吕某红、孙某系夫妻关系，吕某增系吕某红之父。吕某红、孙某前期多次向袁某涛借款，后双方合意将前期借款本息结算后重新更换借据，借据载明的借款数额共计579282元，双方约定借款年息为12%。在吕某红、孙某未能还本付息的情况下，2018年7月28日，袁某涛、其妻孙某玲及案外人房某霞前往吕某增家中主张权利。袁某涛及案外人在吕某增家中与其发生激烈争吵，后吕某增为袁某涛出具了以房抵账的协议书。在袁某涛等人离开后，吕某增即报警求助，称袁某涛等人持匕首前往其家中，胁迫其为儿子还款，并签订以房抵账协议书。公安机关进行调查走访后固定了相关证据。

袁某涛提起本案诉讼要求吕某红、孙某偿还借款本息，并持吕某增为其出具的以房抵账协议书主张吕某增构成债务加入，要求其承担连带清偿责任。吕某增则辩称在其受胁迫情况下出具协议书，应依法认定协议书无效，不同意承担还款责任。

【案件焦点】

吕某增是否系受胁迫而出具以房抵账协议。

【法院裁判要旨】

山东省淄博市博山区人民法院经审理认为：袁某涛与吕某红、孙某之间的借贷关系依法成立，吕某红、孙某应按照约定返还袁某涛借款本息。《中华人民共和国民法总则》第一百五十条规定，一方或者第三人以胁迫手段，使对方在违背真实意思的情况下实施的民事法律行为，受胁迫方有权请求人民法院或者仲裁机构予以撤销。所谓胁迫是指行为人以将要发生的损害或者直接实施损害相威胁，使对方当事人产生恐惧而与之订立合同。根据民法原理，因受胁迫而作出的意思表示，应当具备胁迫故意、胁迫行为、违法性和因果关系四项要件。本案中，袁某涛等的行为构成胁迫行为；袁某涛以激烈言辞向非债务人主张权利，存在胁迫的故意，行为具有违法性；吕某增出具房屋抵账协议书与袁某涛的行为具有胁迫因果关系。因此袁某涛等超出正常债权人正当合法权利行使范围的行为构成胁迫。故对吕某增辩称存在胁迫情形的抗辩予以采信。吕某增在诉讼中主张协议因受胁迫无效的抗辩与依法行使撤销权并无二致，因系在法定期限内行使权利，故依法应予以撤销。该协议因撤销而归于无效。故对袁某涛要求吕某增承担连带责任的诉讼请求不予支持。

山东省淄博市博山区人民法院依照《中华人民共和国民法总则》第五条、第六条、第七条、第一百五十条，《中华人民共和国合同法》第一百九十六条、第二百零六条、第二百一十条、第二百一十一条，《最高人民法院关于审理民间借贷案件适用法律若干问题的规定》第二十八条，《中华人民共和国民事诉讼法》第一百四十四条的规定，判决：

一、吕某红、孙某于本判决生效之日起十日内返还袁某涛借款本金579282元；

二、吕某红、孙某于本判决生效之日起十日内支付袁某涛借款利息146718元（计算至2018年7月28日，以后的利息，以本金579282元为基数，自2018年7月29日起至实际给付之日止，按年利率12%计算）；

三、驳回袁某涛的其他诉讼请求。

袁某涛不服一审判决，提起上诉。

山东省淄博市中级人民法院经审理认为：吕某增并非本案借款的借款人，本身并无还款义务。袁某涛据以主张要求吕某增承担责任系基于吕某增在房屋抵账协议上的签名。但是吕某增主张签名系受到胁迫所致，并不认可该协议的效力。从公安机关的调查材料中也可以看出，签字当天双方发生过激烈的言语冲突，已经超出了正常协商的范围，加之事后吕某增立即报警这一举动，足以印证其当时受到胁迫的事实，在此情形下签订的协议应予撤销，其效力不能及于吕某增。因此，袁某涛的上诉主张不成立，依法不予支持。

山东省淄博市中级人民法院依照《中华人民共和国民事诉讼法》第一百七十条第一款第一项之规定，判决：

驳回上诉，维持原判。

【法官后语】

本案主要涉及债权人的讨债行为是否构成胁迫的正确认定问题。

民事行为是平等主体之间基于真实意思表示作出的设立、变更、消灭民事法律关系的行为。意思表示是否真实是认定民事行为法律效力的关键。我国法律既保护基于真实意思表示作出的民事行为的效力，亦对违背真实意思表示作出的民事行为予以事后救济。其中受胁迫民事行为尤其是因受胁迫而签订的合同被列为可撤销情形。对此，《中华人民共和国民法典》第一百五十条规定："一方或者第三人以胁迫手段，使对方在违背真实意思的情况下实施的民事法律行为，受胁迫方有权请求人民法院或者仲裁机构予以撤销。"不过在民事诉讼中，根据《中华人民共和国民事诉讼法》第六十四条的规定，当事人对自己提出的主张应当及时提供证据予以证明，即"谁主张谁举证"。因此，若当事人在诉讼中主张其因受胁迫而作出某民事行为的，其对此依法应当承担相应举证责任，否则就将承担不利法律后果。然而司法实践中受胁迫几乎是民事裁判中最难认定的情形。究其原因，正是在大多数主张受胁迫的案件中，当事人证据意识缺乏以及取证难度大，其事后补充的证据往往难以形成完整的证据链来证明受胁迫的事实，最终在诉讼中多被法院认定为举证不能或举证不足，从而导致其主张的受胁迫依法不能被法院所采信。

不过本案却是当事人主张受胁迫作出民事行为被法院所认定的典型案件。本案也对受胁迫如何正确认定提供了较为明确的裁判思路。即先准确把握所谓胁迫是指行为人以将要发生的损害或者直接实施损害相威胁而使对方当事人产生恐惧后与之订立合同这一定义，因受胁迫而作出的意思表示应当同时具备胁迫行为、胁迫故意、违法性和因果关系四项构成要件，进而通过对当事人提供的证据进行综合认定后确定袁某涛等的行为满足前述构成要件，最终得出袁某涛等超出正常债权人正当合法权利行使范围的讨债行为构成胁迫的认定结论。本案具体而言，首先，袁某涛等的行为构成胁迫行为。如果所采取的手段足以威胁到相对人的人身、财产安全与名誉、荣誉等，使其产生心理上的恐惧从而不敢拒绝行为人的要求，即构成胁迫。本案中，根据公安机关调查走访所固定的相关证据，结合孙某玲的陈述以及双方当事人在录音中多次出现的“死”“活”等用词，足以认定当时袁某涛等以激烈言辞主张权利的行为，已超出了正常协商的范围，加之吕某增事后不久即报警寻求公权力介入的事实，更能印证其签订协议非其真实意思表示，故袁某涛对吕某增构成胁迫行为。其次，袁某涛以激烈言辞向非债务人主张权利，存在胁迫的故意，行为具有违法性。借贷合同具有相对性，吕某增之前并非借款人或担保人，虽然与吕某红是父子关系，但法律上并无替子偿还债务的法定义务。在袁某涛明知吕某增并非法定债务人的情况下，仍向其主张权利并发生激烈言语冲突，存在胁迫的故意，行为亦不具有合法性。袁某涛虽主张吕某增系自愿债务加入，但双方对账及签订协议的过程均不符合常理，亦不符合正常偿债习惯，袁某涛主张的吕某增系自愿债务加入的主张显然不应被采信。最后，出具房屋抵账协议书与袁某涛的行为具有胁迫因果关系。是否因胁迫产生心理上的恐惧，进而认定相对人因此作出了违背真实意思表示的行为，可参照胁迫的结果是否导致受胁迫方别无合理选择的标准判断。根据在场双方是吕某增、孙某玲夫妻两位老人，而对方是相对年轻力壮的袁某涛夫妻及案外人；地点在吕某增家中，且吕某增回家时，袁某涛等已先行进入吕某增家中这一相对密闭的空间内这些事实可以认定，吕某增并无条件和能力以其他合理方式即刻摆脱这种状态，其认为其与家人有人身安全之虞，基于心理恐惧和不安出具抵账协议，应认定二者存在因果关系。据此，本案中一、二审法院对吕某增辩称存在胁迫情形的抗辩予以采信并依法撤销其在受胁迫情形下出具的以房抵账协议。综合来看，本案结合法律规定以及民法原理对胁迫的定义及构成要件进行深入的分析和认定，实现了法律效果和社会效果的有机统一，更为实践中受胁迫的当事人如何正确取证从而形成相对完整的证据链提供了较为明确的指引。

编写人：山东省淄博市中级人民法院　荣明潇

山东省淄博市博山区人民法院　卜凡国

31

恋爱同居关系期间购置财产的分配应当遵从意思自治原则

——李某霞诉兰某平民间借贷案

【案件基本信息】

1. 裁判书字号

四川省成都市中级人民法院（2019）川01民终19484号民事判决书

2. 案由：民间借贷纠纷

3. 当事人

原告（被上诉人）：李某霞

被告（上诉人）：兰某平

【基本案情】

兰某平、李某霞恋爱期间共同出资购买了三菱帕杰罗牌越野车一辆，价格为379800元，含税价440000元，该车辆于2018年1月22日登记于兰某平名下。购买后主要由兰某平使用，恋爱期间大部分节假日兰某平、李某霞共同使用该车辆。在购买上述车辆时，李某霞出资280000元，二人于2018年7月分手。李某霞与兰某平多次通过微信沟通280000元的归还事宜，兰某平亦多次明确表示不认可案涉款项为借款，但在2018年12月19日的微信聊天记录中，兰某平表示："我正在卖房，卖了我就给你二十八万元"，李某霞问："你什么时候给我"，兰某平表示："卖了就给"，"分两步走，先卖掉车我就不卖房，先卖了房我就给你车款"。

【案件焦点】

恋爱同居期间购置的财产，在进行分配时的依据是什么。

【法院裁判要旨】

四川省成都市青羊区人民法院经审理认为：根据前述查明的事实，李某霞与兰某平在恋爱同居期间，共同出资 440000 元（其中李某霞出资 280000 元），以兰某平的名义购买了三菱帕杰罗牌越野车一辆。双方分手后，车辆由兰某平实际使用。李某霞多次要求兰某平返还前述出资 280000 元，兰某平于 2018 年 12 月 19 日在与李某霞的微信聊天过程中明确表示“我正在卖房，卖了我就给你二十八万元”。法院认为，上述承诺系双方在解除恋爱同居关系后对共同购置的财产分配所作的约定，该约定合法有效，兰某平应当按约履行该约定。兰某平抗辩称，上述承诺系在李某霞到其单位闹事威胁的情况下被迫作出的，但未能提交任何证据予以证明，其该项抗辩证据不足，法院不予支持。兰某平还抗辩称，李某霞支付的上述购车款系赠与行为，但其亦未提交任何证据，法院亦不予支持。故对李某霞主张兰某平返还购车款 280000 元的诉讼请求法院予以支持。

综上，李某霞的诉讼请求成立，法院予以支持。四川省成都市青羊区人民法院依据《中华人民共和国合同法》第六十条、第一百零七条，《中华人民共和国民事诉讼法》第六十四条、第一百四十二条，判决：

兰某平于本判决发生法律效力之日起十日内偿还李某霞购车款 280000 元。

兰某平不服一审判决，提起上诉。

四川省成都市中级人民法院经审理认为，根据兰某平的上诉理由及李某霞的答辩意见，归纳二审争议焦点为：兰某平是否承诺归还李某霞欠款 280000 元，该承诺对双方是否具有约束力。对此，作如下分析认证：

根据已查明的事实，兰某平、李某霞恋爱期间共同出资购买了三菱帕杰罗牌越野车一辆，价格为 379800 元，含税价 440000 元，该车辆于 2018 年 1 月 22 日登记于兰某平名下。购买后主要由兰某平使用，恋爱期间的大部分节假日兰某平、李某霞共同使用该车辆。在购买上述车辆时，李某霞出资 280000 元，二人于 2018 年 7 月分手。李某霞与兰某平多次通过微信沟通 280000 元的归还事宜，兰某平亦多次明确表示不认可案涉款项为借款，但在 2018 年 12 月 19 日的微信聊天记录中，兰某平表示：“我正在卖房，卖了我就给你二十八万元”，李某霞问：“你什么时候给我”，兰某平表示：“卖了就给”，“分两步走，先卖掉车我就不卖房，先卖了房我就给你车款”。兰某平的上述回复可以视为二人在解除恋爱关系后对共同购置的财产分配所作的约定。虽然兰某平主张还款承诺是李某霞及其朋友到单位闹事被李某霞胁迫的，但截至本案二审审理终结，并未提交证据对此予以证明，应承担举证不能的不利后果，应认定上述约定合法有效，兰某平应当按约履行该约定。另外，参考《最高人民法院关于审理民间借贷案件适用法律若干问题的规定》第十五条规定："原告以借据、收据、欠条等债权凭证为依据提起民间借贷诉讼，被告依据基础法律关系提出抗辩或者反诉，并提供证据证明债权纠纷非民间借贷行为引起的，人民法院应当依据查明的案件事实，按照基础法律关系审理。当事人通过调解、和解或者清算达成的债权债务协议，不适用前款规定。"虽然李某霞提交的证据不足以证明兰某平在购买车辆时，与李某霞就280000元购车款达成了借贷的合意，但在二人恋爱关系解除后，兰某平通过与李某霞的沟通，形成了向其偿还280000元用以了结二人关于案涉款项争议的约定，一审法院对李某霞主张兰某平返还购车款280000元的诉讼请求予以支持，并无不当。

综上所述，兰某平的上诉请求不能成立，应予驳回；一审判决认定事实清楚，适用法律正确，应予维持。四川省成都市中级人民法院依照《中华人民共和国民事诉讼法》第一百七十条第一款第一项规定，判决：

驳回上诉，维持原判。

【法官后语】

恋爱关系存续期间，当事双方购置财产特别是不动产之外的财产时，对财产权属往往无明确约定或仅有口头约定，由此造成的财产混同是导致恋爱关系解除后产生财产纠纷的主要原因。目前，对于购置财产的分割存在很多分歧，部分当事人在解除恋爱关系后往往以借条、欠条等形式进行分割，或直接以民间借贷提起诉讼。对此类案件的处理，核心是明确基础法律关系。仅以前述借款凭证，并不能认定双方构成民间借贷法律关系，反之，双方具有恋爱关系，也并不当然意味着在此期间不能构成民间借贷法律关系，而应按意思自治原则，遵从双方的合意。

一、遵从财产购置时的合意

双方合意共同购置的财产，对权属有约定的，分割时从其约定；无明确约定的，应首先由双方协商处理，无法协商一致的，应当以出资比例为基础进行分割。

一方为对方购买的财产，如戒指、服饰甚至汽车、房产等，一般认定为赠与，其性质应与彩礼进行区别，即根据《中华人民共和国民法典》第六百五十八条的相关规定，在财产转移之前可以撤销赠与，以此对动产赠与和不动产赠与进行区别。

一方欲购置财产，因资金不足等原因向另一方借款，恋爱关系解除后，出借款项的一方以民间借贷提起诉讼的，法院应当依法审理。本案中，若兰某平在恋爱期间明确表示自己想要购车，但资金紧张，希望李某霞帮忙筹集资金，在李某霞无明确赠与意思表示的情况下，不应认定为赠与合同关系。

二、遵从财产分割时的合意

在恋爱关系解除后，就共置物分割协商一致的，若该协议系自愿、善意、合法的，没有规避法律，不违反法律的强制性规定，不侵害第三人利益，则应当按约履行财产分割。若案涉财产系不可分物，可以将该财产出售后，对所得价款进行分割，也可以由一方完整地获得该财产，另一方则获得相应的价值补偿。当一方不能及时支付对价时，常常以欠条甚至借条等形式作出还款承诺，并可能构成不同的法律关系。

还款承诺以财产分割和付款时间为主要内容的，应当认定为财产分割协议，当事人据此主张还款，应以合同纠纷起诉；还款承诺将欠款明确为借款，并约定还款时间、利息等的，款项性质发生了转化，即双方重新达成了借贷合意，应按民间借贷纠纷处理。

此类案件中，因当事人法律意识淡薄，在法律关系转化时，往往不注意保管原有的债权凭证或者将原债权凭证交还债务人，导致案件在证据链上缺失关键证据，给案件事实查明带来困难。法院应依照《最高人民法院关于审理民间借贷案件适用法律若干问题的规定》的规定，依据查明的事实，按照基础法律关系进行审理。全面严格审查证据，审慎认定案件事实。除了对借条等借款凭证的真实性等进行严格审查之外，还要对当事人陈述是否一致、交易方式、出借人支付能力、交易习惯等因素综合考虑认定。

本案中，李某霞、兰某平在恋爱期间共同出资购买车辆，购买时并未对车辆权属、出资份额及出资款性质等进行过约定，在恋爱关系解除后，双方达成兰某平支付280000元取得车辆所有权的约定，此为分割协议，虽该协议不具有民间借贷的合意，但合法有效，兰某平应当返还案涉款项。而李某霞系以民间借贷起诉，经释明后，其将诉请的基础变更为双方分手后就购车款达成的返还约定，并得到了支持。

编写人：四川省成都市青羊区人民法院　张陆鹏

五、利息与违约金认定

32

借条上未载明利息的有息借贷之认定

——陈某枝诉刘某成民间借贷案

【案件基本信息】

1. 裁判书字号

福建省泉州市中级人民法院（2019）闽05民终508号民事裁定书

2. 案由：民间借贷纠纷

3. 当事人

原告（被上诉人）：陈某枝

被告（上诉人）：刘某成

【基本案情】

2013年4月22日，刘某成因需向陈某枝借款10万元，当日，陈某枝转账支付刘某成98500元。2014年10月22日，刘某成出具借条一张，载明刘某成向陈某枝借款10万元，交陈某枝收执。自2013年5月至2018年6月，刘某成通过转账汇款至陈某光账户的方式逐月向陈某枝支付利息1500元，累计54个月总计支付81000元。

【案件焦点】

1. 讼争借贷是否有约定利息；2. 讼争借款是否已还清。

【法院裁判要旨】

福建省泉州市洛江区人民法院经审理认为：刘某成向陈某枝借款，有刘某成亲笔出具的借条及双方的庭审陈述为证，双方之间借贷关系成立。虽然借款的实际时间为2013年4月22日而非借条上载明的2014年10月22日，但并不影响双方之间的借贷关系。刘某成作为借款人应当履行偿还陈某枝借款的义务。双方未约定借款期限，陈某枝随时可以要求刘某成偿还借款。虽然借条中载明的借款金额为10万元，但陈某枝实际仅转账98500元给刘某成，陈某枝自认预先扣除了1500元的利息，根据《最高人民法院关于审理民间借贷案件适用法律若干问题的规定》第二十七条规定，本案借款金额应认定为98500元，现陈某枝请求判决刘某成偿还借款10万元，对其合法部分予以支持。借条虽未载明利息，但陈某枝在出借款项时已扣除利息1500元，且借款之后，刘某成每月转账1500元至陈某光账户，双方均认可该款项是利息，据此，可以认定双方约定利息为月利率1.5%。双方均认可利息已支付至2018年6月，现陈某枝主张刘某成应支付从2018年7月24日起至还清款项之日止按月利率1.5%计算的利息，合法有据，予以支持。刘某成主张其于2015年8月12日及2017年9月12日汇款至陈某光账户56880元及60635元用于偿还本案借款，陈某枝对此不予认可，陈某光陈述该款项与本案借款无关，刘某成亦未能提供其他证据证明该两笔款项是用于偿还本案借款，且在支付该两笔款项后，刘某成未更改或收回借条，仍按每月1500元支付利息至2018年6月，故其关于已还清本案借款的主张，没有事实依据，法院不予采纳。

福建省泉州市洛江区人民法院依照《中华人民共和国民法通则》第九十条、第一百零八条，《中华人民共和国合同法》第二百零六条，《最高人民法院关于审理民间借贷案件适用法律若干问题的规定》第二十七条、第二十九条第二款第一项及《最高人民法院关于适用〈中华人民共和国民事诉讼法〉的解释》第九十条规定，判决：

一、刘某成应于本判决生效之日起十日内偿还陈某枝借款98500元，并支付自2018年7月24日起至还清款项之日止按照月利率1.5%计算的利息；

二、驳回陈某枝的其他诉讼请求。

刘某成不服一审判决，提起上诉。

福建省泉州市中级人民法院以刘某成收到二审的受理案件通知书后未在指定期

限内预交诉讼费，也未申请减交、缓交、免交诉讼费为由，依照《中华人民共和国民事诉讼法》第一百五十四条第一款第十一项、《最高人民法院关于适用〈华人民共和国民事诉讼法〉中的解释》第三百二十条规定，裁定：

本案按刘某成自动撤回上诉处理。

【法官后语】

借贷是否有约定利息涉及对未约定利息或利息不明的民间借贷的处理，所适用的主要法律依据为《最高人民法院关于审理民间借贷案件适用法律若干问题的规定》第二十五条规定："借贷双方没有约定利息，出借人主张支付利息的，人民法院不予支持。自然人之间借贷对利息约定不明，出借人主张支付利息的，人民法院不予支持。除自然人之间借贷的外，借贷双方对借贷利息约定不明，出借人主张利息的，人民法院应当结合民间借贷合同的内容，并根据当地或者当事人的交易方式、交易习惯、市场报价利率等因素确定利息。"实务中，在理解与适用此条文时应注意以下几个问题：

1. 对未约定利息或利息约定不明的理解应辩证看待。不能仅凭借条、借据、欠条等债权凭证上没有载明或借贷双方对利息约定有争议就将借款视为没有约定利息或利息约定不明，而应结合借贷双方当事人陈述等在案证据以及高度盖然性的证据规则综合认定。

2. 有利于被告原则与该条文的衔接。对于债权人诉求高利率，债务人抗辩低利率的民间借贷纠纷，不能简单依条文第二款前半段"自然人之间借贷对利息约定不明，出借人主张支付利息的，人民法院不予支持"的规定，将该借款视为"利息约定不明"，继而按不支付利息处理。此时，适宜按照有利于被告原则处理。比如，一方主张按月利率3%计息，另一方主张按月利率1%计息的借款，若以利息约定不明为由将其按无息借贷处理，恐有违利益衡平原则和公允，而根据有利于被告原则将之认定为按月利率1%计算的有息借款，则较为妥当。

3. 若依字面机械理解，条文第二款后半段内容不适用于双方当事人为自然人之间的借贷案件。实则不然，在对借款有无约定利息、利息约定是否明晰问题的判断上还是按照前述观点操作较为合适。对能够确定利息的，法院"应当结合民间借贷合同的内容，并根据当地或者当事人的交易方式、交易习惯、市场报价利率等因素确定利息”。当然，对无法确定约定利息的，应按未约定利息处理；对无法确定具体利息的，应按利息约定不明处理，视为不支付利息。

本案中，虽然借贷双方在借条中没有写明利息，但通过本金10万元的“砍头息”1500元、刘某成自2013年5月至2018年6月累计54笔的1500元汇款以及双方当事人的陈述，即通过当事人的交易方式、交易习惯等可以确定讼争借款按每月1500元计息，并非未约定利息。值得注意的是，因为月息1500元对本金10万元、98500元的占比分别为1.5%、1.52%，并不相同，就此而论，一审法院在论证得出借款本金为98500元后，将双方约定的计息方式每月1500元视为按月利率1.5%计算，在文书说理部分表述上存在瑕疵，但按照陈某枝的诉求月利率1.5%（低于月息1500元）判决支付利息的结果是正确的。

编写人：福建省泉州市洛江区人民法院　林前枢

33

借款本金证据补强对砍头息认定的影响

——龚某平诉任某厂民间借贷案

【案件基本信息】

1. 调解书字号

北京市第二中级人民法院（2019）京02民终12898号民事调解书

2. 案由：民间借贷纠纷

3. 当事人

原告（被上诉人）：龚某平

被告（上诉人）：任某厂

【基本案情】

2016年6月15日，任某厂向龚某平借款50万元，龚某平通过银行转账方式支付任某厂30万元，另通过现金方式支付任某厂20万元，借款期限自2016年6月

15日至2016年12月15日。借款到期后，任某厂于2017年6月15日向龚某平出具延期归还50万元借款的说明。因双方之间有多笔借款，双方于2017年12月30日签订债权债务清偿初步意向协议，确定任某厂尚欠龚某平113万元。后因任某厂未能偿还龚某平此笔借款，故龚某平向法院提起诉讼。

【案件焦点】

在有借条延期的签字以及债权债务清偿初步意向协议等对借款本金数额的证据补强下，如何认定借款本金的数额。

【法院裁判要旨】

北京市东城区人民法院经审理认为：合法的借贷关系受法律保护。龚某平出借款项给任某厂后，任某厂给龚某平出具了借条，龚某平已经履行出借义务，因任某厂未能偿还借款，故龚某平起诉要求任某厂偿还借款及逾期利息，符合法律规定，法院应予支持。现任某厂虽抗辩只收到龚某平借款30万元，另20万元是龚某平扣除的砍头息，但法院根据任某厂于2017年6月15日向龚某平出具的延期偿还龚某平50万元借款的借条及任某厂于2017年12月30日与龚某平签订的债权债务清偿初步意向协议中认可尚欠龚某平113万元的事实（其中63万元已另案解决），且庭审中任某厂针对113万元借款未能作出合理解释，故法院对任某厂的抗辩不予采信。关于任某厂是否偿还了龚某平上述借款的问题，任某厂虽在2016年11月2日偿还龚某平10万元、2016年11月12日偿还龚某平20万元、2017年6月30日偿还龚某平39万元，但由于双方存在多笔借款，任某厂无法证明以上还款系本案还款，龚某平将上述还款计算至其他借款并无不当，故法院认定任某厂并未偿还龚某平上述50万元借款本金。

北京市东城区人民法院依据《中华人民共和国民法通则》第九十条之规定，判决：

任某厂于本判决生效后十日内偿还龚某平借款本金50万元及自2017年12月16日起至给付之日止，按照年利率6%计算的利息。

任某厂不服一审判决，提起上诉。

北京市第二中级人民法院在审理过程中，双方自愿达成如下协议：本案审理过程中，经法院主持调解，当事人自愿达成如下协议：

一、任某厂于2019年11月30日前给付龚某平30万元；

二、如任某厂未按时履行第一项还款义务，龚某平有权按照一审判决申请强制执行；

三、一审案件受理费4400元，由任某厂负担（任某厂于2019年11月30日前给付龚某平）；二审案件受理费8800元，减半收取4400元，由任某厂负担（已交纳）；

四、双方就本案再无其他争议；

五、本调解协议自双方签字后即生效。

【法官后语】

根据《最高人民法院关于审理民间借贷案件适用法律若干问题的规定》第二十六条规定，借据、收据、欠条等债权凭证载明的借款金额，一般认定为本金。预先在本金中扣除利息的，人民法院应当将实际出借的金额认定为本金。上述规定符合民间借贷合同的实践性特征，即应当将实际交付的借款数额确定为本金。由于本案的转账凭证只有30万元，现金20万元的借款是否是预先扣除的砍头息，对此，存在以下两种观点：

第一种观点认为，借条载明的借款50万元已经预先扣除了20万元的砍头息，实际借款30万元。根据《中华人民共和国民法典》第六百七十条规定："借款的利息不得预先在本金中扣除，利息预先在本金中扣除的，应当按照实际借款数额返还借款并计算利息。"任某厂虽向龚某平出具了借款50万元的借条，但由于民间借贷的实践性特征，借款本金应以实际出借数额为准，根据现有交易凭证，龚某平只向任某厂转账支付了30万元，其虽主张已通过现金交付的方式支付20万元，但没有证据予以证明。任某厂后期在借条上载明"此借款合同延续到2017年12月15日，归还甲方共计伍拾万元整"，以及在债权债务清偿协议书上对113万元债务的确认都只是对本案借款字面上存在的说明，并不能证明本案50万元借款的实际发生，因此不能当然免除龚某平对50万元借款实际发生的举证责任。本案因龚某平举证不能，故应认定借款实际本金30万元，另20万元是预先扣除的砍头息。

第二种观点认为，本案实际借款50万元，尽管转账凭证只有30万元，但后期借条延期的签字以及债权债务清偿初步意向协议对借款数额的确认均已对借条进行了证据补强，不存在预先扣除砍头息的问题。《中华人民共和国民法典》和《最高人民法院关于审理民间借贷案件适用法律若干问题的规定》虽明令禁止砍头息，但从本案现有证据看，任某厂向龚某平出具50万元借条后，一年后又在同一张借条上签字认可借款本金50万元，借款到期后，任某厂在债权债务清偿初步意向协议上确认尚欠龚某平债务113万元（其中63万元已另案解决），其中50万元为本案借款。本案虽只有30万元转账凭证，但从任某厂三次对借款本金确认的证据来看，任某厂认可实际借款50万元，尽管其抗辩实际只收到30万元，但并未对债权债务清偿初步意向协议中载明的欠款作出合理解释。由此可见，本案实际借款数额应为50万元。

审理民间借贷案件的关键在于查清事实，而妥善适用证据规则才能更好地认定事实。基于此，笔者更认可第二种观点。首先，民间借贷以借贷合意+借贷事实为依据，借条是借贷合意的主要表现形式，转账是借贷事实发生的主要表现形式，由于产生借贷事实的具体表现形式并不绝对，因此不能只认可转账的交易形式而忽略现金交付形式。根据证据规则，主张借款存在的一方对其主张负有举证责任，龚某平已提供50万元借条和30万元交易凭证，虽20万元借款的给付没有交易凭证，但其提供了任某厂后期对借款50万元确认的借条和债权债务清偿初步意向协议，该两份证据足以补强借条载明的50万元借款发生的事实；其次，根据举证责任的分配规则，任某厂虽抗辩本案存在砍头息，但并未对债权债务清偿初步意向协议中债权的构成作出合理解释，债权债务清偿初步意向协议不违背其真实意思表示，对其具有法律约束力，其抗辩主张缺少事实依据；最后，根据诚实信用原则，任某厂作为完全民事行为能力人，对其两次出具的借条和债权债务清偿初步意向协议有清晰的认知和辨识能力，应对其自身行为承担相应的法律责任。

编写人：北京市东城区人民法院　冒南君　王广存

34

公法义务与合同义务冲突下的选择及法律后果

——沈某诉盐龙街道办民间借贷案

【案件基本信息】

1. 裁判书字号

江苏省盐城市中级人民法院（2019）苏09民终284号民事判决书

2. 案由：民间借贷纠纷

3. 当事人

原告（上诉人）：沈某

被告（上诉人）：盐龙街道办

【基本案情】

沈某系案涉借款的出借人、债权人。2013年2月5日、2月6日，沈某与盐龙街道办分别签订了借款协议，约定沈某于2013年2月5日、2月6日分别向盐龙街道办出借资金1000万元，合计2000万元，借款年利率均为18%，借期均为1年等事项。沈某依约交付了借款款项。2014年2月5日、2月6日，借款到期后双方又签订补充协议，约定两笔借款的还款期限均延长一年，年利率调整为17%，若逾期还款则按协议利率的双倍计收利息，并对未支付利息按协议利率的双倍计收复利，另加付违约金10万元整。补充协议约定的借款到期后，盐龙街道办因履行协助公安机关查封义务而未能按约偿还，后于2016年2月初向沈某支付了2000万元借款本金及利息340万元。沈某遂诉至法院。

【案件焦点】

盐龙街道办因履行协助公安机关查封义务而未按合同约定向沈某支付借款本息，是否要承担逾期付款利息和违约金。

【法院裁判要旨】

江苏省盐城市盐都区人民法院经审理认为：当事人对自己提出的诉讼请求所依据的事实或者反驳对方诉讼请求所依据的事实有责任提供证据加以证明，没有证据或者证据不足以证明当事人的事实主张的，由负有举证责任的当事人承担不利后果。本案中，双方当事人签订的借款协议不违反法律的禁止性规定，应当认定合法、有效，但借款补充协议中关于逾期利息及复利的约定超出法律规定上限的部分不予支持。

案涉借款款项被公安机关查封至2015年6月4日，在此前盐龙街道办可拒绝向沈某支付本息，在公安机关解除查封后（即2015年6月5日）盐龙街道办即应向沈某支付到期的借款本息。若未能还款，则应承担违约责任。而且，在借款期限届满次日起至解封期间，该资金仍由盐龙街道办实际掌控，公安机关仅要求停止向沈某支付，并未禁止盐龙街道办使用，因此盐龙街道办至少取得了借款期间银行活期存款利息的收益，亦可能取得高于银行活期存款利息的收益。另外，从借款协议本身来看，盐龙街道办因资金周转不足向沈某借款，构成民间借贷。这与客户将钱款存入银行是两个完全不同的法律关系，本案应适用民间借贷相关规范进行处理，盐龙街道办应按银行活期存款利率向沈某支付借款期间的银行利息。关于盐龙街道办上级机关要求清退向社会借资的问题，这是盐龙街道办与其上级之间的事，盐龙街道办是否清退、如何清退、何时清退等均不受沈某的影响，即使存在无法联系沈某或沈某拒绝受领的情形，盐龙街道办亦完全可以通过其知晓的沈某账户信息或法律允许的其他方式向沈某进行清退。

综上，盐龙街道办提供的证据既不足以证明其在公安机关解除查封后及时通知沈某领取款项或以法律允许的方式将款项清退给沈某，又不足以证明在公安机关解除查封后沈某存在拒绝受领的情形，故盐龙街道办虽系区政府派出机构，应当执行区政府的要求，及时做好向社会借资的清退工作，且在民事活动中，其作为民事主体，应当按照合同的约定和法律的规定，依法享有合同权利、承担合同义务。

江苏省盐城市盐都区人民法院依照《中华人民共和国民事诉讼法》第六十四条、第一百四十二条，《中华人民共和国民法总则》第一百一十三条、第一百七十六条，《最高人民法院关于审理民间借贷案件适用法律若干问题的规定》第二十九条、第三十条之规定，判决：

一、盐龙街道办偿还沈某以本金1000万元为基数按中国人民银行同期同类存款活期利率计算自2015年2月5日至2015年6月4日的利息、以本金1000万元为基数按中国人民银行同期同类存款活期利率计算自2015年2月6日至2015年6月4日的利息、以本金2000万元为基数按月利率2%计算自2015年6月5日至2016年2月3日的逾期利息和违约金，于判决生效后十日内履行完毕；

二、驳回沈某的其他诉讼请求。

沈某、盐龙街道办不服一审宣判，提起上诉。

江苏省盐城市中级人民法院经审理认为：合同是民事主体之间设立、变更、终止民事法律关系的协议。公安机关对案涉借款的查封、解封行为对合同产生何种影响应结合合同目的、当事人的行为等综合确定。

第一，依据《中华人民共和国合同法》第六十条规定，盐龙街道办在知悉借款被查封情况后，有义务及时告知沈某相关情况，以保障合同相对方的合法权益。第二，虽然公安机关的查封行为不影响对借款资金的使用，却可能导致沈某不能按照合同约定收回借款本息。由于沈某或盐龙街道办对借款被查封均不存在过错，故参照《中华人民共和国合同法》第一百九十六条、第九十四条第一项的规定，沈某、盐龙街道办均享有合同解除权。盐龙街道办在本案审理中既未提交证据证明其已向沈某履行了告知义务，也未证明其已提出解除合同的诉求，表明其自愿按原借款合同的约定履行义务。本案诉讼前，盐龙街道办自觉、主动按合同约定支付了案涉借款被查封后至借款期限届满前的利息，对此作了进一步的印证。第三，沈某并非公安机关查封的协助义务人，由于盐龙街道办怠于通知的行为，导致其重要合同权利客观不能行使，借款人应承担由此产生的相应不利后果。第四，鉴于本案中客观存在公安机关对案涉借款的查封行为，以及双方当事人曾对借款进行展期的事实，加之沈某也未能提交充分证据证明其已向盐龙街道办主张过权利，故不能仅因原合同约定的借期届满或公安机关解封即认定盐龙街道办应承担违约责任。综合全案情况，借款利息仍应按原合同约定的借期内利息的计算方式即按年利率17%计算，更符合双方签订合同的客观目的和利益。

江苏省盐城市中级人民法院依照《中华人民共和国合同法》第六十条、第九十四条、第一百九十六条，《中华人民共和国民事诉讼法》第一百七十条第一款第二项之规定，判决：

一、撤销江苏省盐城市盐都区人民法院（2018）苏0903民初3528号民事判决；

二、盐龙街道办于判决生效后十日内向沈某支付案涉借款利息3423611.11元，具体计算方式为：以本金1000万元为基数按年利率17%计算2015年2月5日至2015年2月6日的利息（4722.22元），加上以本金2000万元为基数按年利率17%计算自2015年2月6日至2016年2月3日的利息（3418888.89元）；

三、驳回沈某的其他诉讼请求；

四、驳回盐龙街道办其他上诉请求。

【法官后语】

笔者认为，合同标的物处于被司法机关查封、扣押、冻结状态，构成标的物交付法律上的履行不能。若当事人对标的物被司法机关查封、扣押、冻结既无可归责的过错又无可预见的过错，则标的物未交付的法律后果应适用《中华人民共和国民法典》第五百九十条关于“不可抗力”的规定。

一、合同履行的合法性决定债务人应优先履行公法行为赋予的义务而非合同义务

根据《中华人民共和国刑事诉讼法》第一百四十四条第一款规定，公安机关根据侦查犯罪的需要，可以依照规定查询、冻结犯罪嫌疑人的存款、汇款、债券、股票、基金份额等财产。有关单位和个人应当配合。但是，盐龙街道办若不按约偿还借款本息，同样也可能因违反合同约定而承担不利的后果。

如果局限于形式逻辑的推理，显然不能将债务人从究竟是履行协助义务还是履行合同义务的困境中解脱出来。当法理的逻辑判断发生冲突时，逻辑判断就要让位于价值判断。合同虽然是平等主体之间依合意而形成的设立、变更、终止民事权利义务的协议，但是，合法性始终是订立和履行合同的最基本前提。债务人不履行合同义务的后果是可能承担违约责任，而不履行法定义务则可能不仅当事人通过合同实现利益诉求的期望会落空，甚至导致其被依诉讼法、刑法等公法追究责任。因此，即使在合同履行成为可能的情况下，若债务人的履约行为构成违法时，其完全可以拒绝履约以避免陷入违法履约。即当债务人面对履行司法协助义务还是合同义务不可得兼的冲突时，履行法定义务应当优先于履行合同义务。

二、公法行为导致合同无法履行且当事人无过错构成阻却合同履行的不可抗力

《中华人民共和国民法典》第一百八十条第二款明文界定了不可抗力。司法实践中，通常将不能预见、不能避免且不能克服、客观情况作为不可抗力的三要素。本案中，公安机关非基于合同当事人的原因对借款进行查封，而且，公安机关在查证后也主动予以解封。双方当事人对标的物被司法机关查封，显然既无可预见的过错又无可归责的过错。本次查封完全超出了双方当事人在签订合同时所能够预见的范围，也不受合同双方当事人意志的左右，更不可能通过合同当事人的协商加以避免。因此，从内涵的角度分析，应当构成阻却合同履行的不可抗力。而且，将公法行为作为不可抗力，有利于正确处理民商事纠纷，也有利于在全社会形成尊法、信法、守法的良好风尚。

三、不可抗力对合同履行的影响及责任归属

因不可抗力致合同不能履行时，债务人取得继续履行抗辩权，无须继续履行合同。同时，依照《中华人民共和国民法典》第五百九十条的规定应承担两项义务：第一，通知义务。第二，提供证明义务。当然，不可抗力对合同履行以及当事人权利义务的影响也不能简单化论，需要进一步结合不可抗力对合同的影响程度，从合同目的能否实现、解除权是否行使、当事人的过错等方面综合进行考量。同时还应当考量风险分担与利益衡平的问题。在司法实践中应当采取缓和违约责任扩张的态度：一方面，尊重当事人在合同中对履行风险的分担作出的事先约定，另一方面，在个案中找寻更为细致合理、更符合合同当事人意志的风险分配规则。本案二审改判进一步完善与明晰了公法义务与合同义务冲突下的选择、不可抗力认定以及处理规则，兼顾了合同的相对性和公平性，对于规范合同违约责任的认定以及合同风险负担具有较好的指引作用。

编写人：江苏省盐城市中级人民法院　张振福

六、债权转让与债务承担

35

银行卡出借人在民间借贷关系中的责任认定

——李某牙诉李某龙、李某民间借贷案

【案件基本信息】

1. 裁判书字号

江西省宜春市中级人民法院（2019）赣09民终418号民事判决书

2. 案由：民间借贷纠纷

3. 当事人

原告（被上诉人）：李某牙

被告（上诉人）：李某

被告：李某龙

【基本案情】

李某龙与李某牙系同村同组的老乡，李某龙从小叫李某牙叔叔（但没有亲戚关系），李某龙与李某为男女朋友关系，并于2015年生育一女。

2015年，李某龙因做生意资金周转困难，陆续向李某牙多次借款。李某龙于2015年1月2日、6月26日、8月16日分别向李某牙出具了金额为40万元、20万元、15万元的借条，3张借条均载明借期两年，利息按月息2.5分计算，2016年9月之前的利息已结清。应李某龙请求，李某将其银行卡借给李某龙使用，2015年1月2日至10月22日，李某牙通过银行账户向上述李某的银行账户多次转款，共计

123.8 万元，其中 1 月 2 日的借条载明“转入李某账户”。李某牙也多次收到从李某账户向其归还借款共计 64.75 万元。

因未归还借款，李某牙在多次催讨无果后，以李某龙出具了借条，李某提供银行账户收取借款并支付利息，应与李某龙共同承担还款责任为由诉至法院。

【案件焦点】

李某是否需要因出借银行账户行为承担还款责任。

【法院裁判要旨】

江西省宜春市袁州区人民法院经审理认为：合法的民间借贷关系受法律保护，债务应当清偿。李某龙向李某牙借款，其尚欠借款 75 万元事实清楚，借条约定借款按月息 2.5 分计算，但李某牙在诉讼中主张按月息 2 分计算不违反法律规定，予以支持，李某龙对借款本息负有偿还责任；依据《人民币银行结算账户管理办法》第六十五条规定存款人不得出借银行账户；《最高人民法院关于出借银行账户的当事人是否承担民事责任问题的批复》指出：“出借银行账户是违反金融管理法规的违法行为。人民法院除应当依法收缴出借账户的非法所得并可以按照有关规定处以罚款外，还应区别不同情况追究出借人的民事责任”。李某向李某龙出借其银行卡，主观上存在过错，根据上述法律规定，李某对李某龙尚未归还的借款本金与利息应承担相应的民事责任。

江西省宜春市袁州区人民法院依据《中华人民共和国民法通则》第一百零八条，《人民币银行结算账户管理办法》第六十五条，《最高人民法院关于审理民间借贷案件适用法律若干问题的规定》第二十六条，《最高人民法院关于出借银行账户的当事人是否承担民事责任问题的批复》的规定，判决：

一、李某龙于判决生效之日起十日内偿还李某牙借款 750000 元及利息；

二、李某对上述借款本金与利息承担补充偿还责任。

李某不服一审判决，提起上诉。

江西省宜春市中级人民法院经审理认为：本案所涉民间借贷合同是李某龙和李某牙签订的，李某牙按照李某龙的指示将借款转入李某的账户，还款也是李某龙占用该账户期间，通过该账户还款，依据合同相对性原则，该合同仅对李某龙和李某牙具有约束力，对李某不具有约束力。李某虽然出借了银行账户，但本案没有证据证明李某通过出借银行账户获取利益。因此根据权利义务对等的公平原则，李某不需承担还款责任。

综上，李某的上诉理由成立，其上诉请求应予支持。一审法院认定事实清楚，但适用法律错误，应予纠正。江西省宜春市中级人民法院，依照《中华人民共和国民事诉讼法》第一百七十条第一款第二项规定，判决：

一、维持江西省宜春市袁州区人民法院（2018）赣0902民初4109号民事判决第一项；

二、撤销江西省宜春市袁州区人民法院（2018）赣0902民初4109号民事判决第二项；

三、驳回李某牙的其他诉讼请求。

【法官后语】

该案中对李某龙与李某牙借贷关系的成立不存在争议。该案分歧在于李某向借款人李某龙出借银行卡，李某是否承担还款责任。出借银行账户在经济活动中大量存在，审判实践中这样的情况也很多，特别是在民间借贷、买卖合同中较为突出。但对于银行账户出借人是否承担责任、承担何种法律责任，由于现有的法律和司法解释、规定不明确，全国各地生效裁判观点也存在较大的差异。甚至不少法院直接判决银行卡出借人承担连带责任或者共同还款责任。

但是，连带责任的产生需要有当事人之间的约定或者基于法律的规定。债权人的债权因为连带责任的制度设计能够获得多一重保障而受益，而本身并无任何侵权等行为的人却因为某一原因而卷入诉讼中，承担连带责任的债务人承担的很有可能是远远大于其应当承担的责任，甚至全部责任。因此，对于连带责任的适用应当持严格谨慎的态度，法官在适用连带责任制度的时候必须准确掌握该制度的法律意义和社会影响，遵循当事人对权利的自由处分原则，对于有法律明确规定应当适用连带责任的情形才可予以适用，对于法律没有规定的，必须仔细斟酌该制度适用带来的法律效果和社会效果，不得随意扩大连带责任的适用范围。

从现有法律规范中不能得出出借银行账户即必然承担还款责任这一结论。

有关银行卡出借人的责任问题的法律规范主要有：

1. 行政管理性规范。《银行账户管理办法》第三十四条规定："存款人的账户只能办理存款人本身的业务活动，不得出租和转让账户。”第三十七条规定：“存款人违反本办法第三十四条规定的，除责令其纠正外，按规定对账户出租、转让发生的金额处以罚款，并没收出租账户的非法所得。”《人民币银行结算账户管理办法》第六十五条规定，存款人不得出租、出借银行结算账户。以上规范性文件都是中国人民银行制定的，性质上属于部门规章的范畴，效力层级相对较弱，且该办法规定“不得出借、出租银行账户”属于关于银行卡使用的管理性规定，并非效力性强制性规定，另外关于违反该规定应承担何种民事责任，上述条文均未作具体规定，故根据银行卡管理性规范尚不能得出本案中李某应承担还款责任的结论。

2. 诉讼程序性规范。《最高人民法院关于适用〈中华人民共和国民事诉讼法〉的解释》第六十五条规定：“借用业务介绍信、合同专用章、盖章的空白合同书或者银行账户的，出借单位和借用人为共同诉讼人。”本条是关于如何确定当事人诉讼地位的规定，解决了诉讼主体的问题，出借人、借用人同是因签订合同与他人发生纠纷，在诉讼上形成了不可分的诉讼权利义务关系，应当确定为共同诉讼人。但是对于出借人、借用人实体责任如何承担，本条没有规定。

结合本案具体情况，笔者认为认定银行卡出借人是否承担还款责任，承担何种责任，需要从借款的合意、合同相对性、银行卡出借人是否获益等情况，结合公平原则，进行综合判断。

本案中李某虽向李某龙出借银行账户以接收李某牙的借款，但并无证据证明李某有向李某牙借款的合意；本案借贷行为发生后，后期李某龙与李某牙对借款本息进行结算时，前后三张借条均由李某龙单独向李某牙出具，李某未在借条上签名，李某牙亦未要求李某在借条上具名，故李某不是该借贷关系的一方当事人。从合同相对性原则出发，李某龙与李某牙的民间借贷行为对李某不具有约束力；本案借款发生前，李某与李某龙系男女朋友关系，出于对李某龙的信任，李某应李某龙要求将其银行卡出借给李某龙使用，虽有违银行卡使用的相关管理办法，但符合生活情理。该案中李某牙向李某龙出借款项后，无证据证明李某存在使用涉案银行卡账户中借款资金的行为，亦无证据证明李某通过出借银行卡获取了其他的经济收益。故从权利义务对等的公平原则出发，不宜判处李某承担还款责任。

编写人：江西省宜春市袁州区人民法院　陈国平

36

个人独资企业债务承担无限责任与连带责任的区分与适用

——李某阳诉张某等民间借贷案

【案件基本信息】

1. 裁判书字号

湖北省武汉市中级人民法院（2019）鄂01民终33号民事判决书

2. 事由：民间借贷纠纷

3. 当事人

原告（被上诉人）：李某阳

被告（上诉人）：张某

被告（被上诉人）：武汉仟信大药房、罗某

【基本案情】

武汉仟信大药房为个人独资企业，投资人为张某，罗某为该药房的实际经营者。2017年1月，罗某因经营需要向李某阳借款，李某阳以出借信用卡刷卡及现金的方式提供了借款。2017年3月1日，武汉仟信大药房、罗某向李某阳出具借条一份，内容为“武汉仟信大药房总负责人罗某借李某阳交通银行信用卡贰仟肆佰壹拾元整（2410元），借招商银行信用卡壹万肆仟肆佰元整（14400元），借现金壹万元整（10000元），合计人民币贰万陆仟捌佰壹拾元整（26810元），用于药店正常经营周转”，借款人一栏有罗某签名，并加盖了武汉仟信大药房的公章。李某阳多次催要，武汉仟信大药房及罗某均未还款，故起诉至法院。

【案件焦点】

个人独资企业投资人与实际经营者不一致时，投资人对企业债务应承担何种责任。

【法院裁判要旨】

湖北省武汉市洪山区人民法院经审理认为：李某阳与武汉仟信大药房、罗某之间债权债务关系成立，武汉仟信大药房、罗某作为共同借款人应履行还款义务。张某系武汉仟信大药房的投资人，根据《中华人民共和国个人独资企业法》第二条“本法所称个人独资企业，是指依照本法在中国境内设立，由一个自然人投资，财产为投资人个人所有，投资人以其个人财产对企业债务承担无限责任的经营实体”的规定，李某阳要求张某对武汉仟信大药房债务承担连带清偿责任的诉讼请求，法院予以支持。

湖北省武汉市洪山区人民法院根据《中华人民共和国民法通则》第一百零八条、《中华人民共和国个人独资企业法》第二条之规定，判决：

一、武汉仟信大药房、罗某于判决生效之日起十日内共同偿还李某阳26810元，并按照中国人民银行同期贷款利率，支付李某阳从2018年1月11日起至法院指定付款之日止的利息；

二、张某对上述款项承担连带还款责任；

三、驳回李某阳的其他诉讼请求。

张某不服一审判决，提起上诉。

湖北省武汉市中级人民法院经审理认为：根据《最高人民法院关于审理民间借贷案件适用法律若干问题的规定》第二十三条第二款“企业法定代表人或负责人以个人名义与出借人签订民间借贷合同，所借款项用于企业生产经营，出借人请求企业与个人共同承担责任的，人民法院应予支持”的规定，武汉仟信大药房、罗某作为共同借款人应履行还款义务。根据《中华人民共和国个人独资企业法》第二条的规定，张某作为武汉仟信大药房的投资人，应对武汉仟信大药房的债务承担无限清偿责任。

湖北省武汉市中级人民法院依照《中华人民共和国民事诉讼法》第一百七十条第一款第二项的规定，判决：

一、撤销湖北省武汉市洪山区人民法院（2018）鄂0111民初261号民事判决；

二、由武汉仟信大药房、罗某于本判决生效之日起十日内共同偿还李某阳26810元，并按照中国人民银行同期贷款利率，支付李某阳从2018年1月11日起至法院指定付款之日止的利息；

三、驳回李某阳的其他诉讼请求。

【法官后语】

个人独资企业虽不具有法人人格，但因其自身具备设立简便、经营灵活、管制宽松等优势，发展成为独立的企业组织形式。由于个人独资企业作为商事经营实体的特殊性，其债务承担问题在司法实践中存在争议需予以厘清。

根据《中华人民共和国个人独资企业法》第二条之规定，个人独资企业系指在中国境内设立，由一个自然人投资，财产为投资人个人所有，投资人以其个人财产对企业债务承担无限责任的经营实体。一方面，个人独资企业主体具有单一性，一个自然人出资，财产为其个人所有。另一方面，个人独资企业的所有权和经营权具有高度的集中性，投资人对个人独资企业的财产享有所有权的同时，也享有经营、管理决策权。根据法条规定，个人投资企业投资人对企业债务应承担无限责任。

然而实践中，亦存在个人独资企业所有权与经营权相分离的情况，正如本案中，武汉仟信大药房企业投资人为张某，实际经营人为罗某。李某阳提交的借条上，既有罗某的签字，又有武汉仟信大药房的印章。本案中，一审法院对李某阳诉请的张某对武汉仟信大药房债务承担连带清偿责任予以支持，二审法院则认为，张某应对武汉仟信大药房的债务承担无限清偿责任，对一审法院予以纠正。

在企业投资人与实际经营人不一致的情况下，企业投资人应对债务承担何种责任，是本案争议的焦点问题。本文认可二审法院的观点，企业投资人应对债务承担无限清偿责任，而非连带清偿责任。事实上，本案同时存在无限责任和连带责任两种责任清偿形式，应予以区分适用。在外部的民间借贷纠纷中，借条上同时载有罗某的签字和武汉仟信大药房的签章，罗某与武汉仟信大药房作为共同债务人应承担连带清偿责任。而就武汉仟信大药房内部而言，虽然张某并非实际经营人，但根据《中华人民共和国个人独资企业法》第二条的规定，张某作为投资人应对债务承担无限清偿责任。

个人独资企业投资人以其个人财产对企业债务承担无限责任，此处的个人财产不仅包括投资人所办企业的所有财产，而且还包括投资人的其他个人财产，如投资人的其他动产与不动产以及夫妻共同财产中的份额等。《中华人民共和国个人独资企业法》第十八条规定："个人独资企业投资人在申请企业设立登记时明确以其家庭共有财产作为个人出资的，应当依法以家庭共有财产对企业债务承担无限责任。”当个人独资企业的全部财产不足以清偿到期债务时，投资人应以个人全部财产用于清偿。这是个人独资企业的性质决定了责任承担之实质。即使出现投资人与实际经营者不一致的情况，也系投资人个人的经营管理行为。不同于法人企业集体经营管理模式，个人独资企业单独经营管理模式具有随意性特点，在使用和处置财产方面具有隐蔽性和不公开性，故经营收支与个人生活消费混同、债权债务不清的情况普遍存在。因此，投资人对企业债务承担无限清偿责任，在减轻财产划分证明责任之诉累的同时，更有利于保障债权人的合法权益。本案中，虽然二审法院没有支持李某阳要求张某承担连带清偿责任的诉讼请求，但其确认了张某的无限清偿责任，在实际执行过程中实则为李某阳的合法债权的实现提供了更为有力的保障。

编写人：湖北省武汉市洪山区人民法院　李惠

37

公司债权转让行为的效力认定

——徐某霞、杨某华诉朱某然民间借贷案

【案件基本信息】

1. 裁判书字号

河南省信阳市中级人民法院（2019）豫15民终5508号民事判决书

2. 案由：民间借贷纠纷

3. 当事人

原告（被上诉人）：徐某霞、杨某华

被告（上诉人）：朱某然

【基本案情】

朱某然从事生猪养殖经营，与诺富特公司存在业务往来，案外人尹某辉原系诺富特公司业务员。2016年，朱某然与诺富特公司经过协商，由朱某然一方作为借款

人，诺富特公司作为保证人，向第三方金融公司借款200万元用于购买诺富特公司的饲料，该款项交付至诺富特公司，后由诺富特公司向朱某然交付相应饲料。该款项支付到位后，朱某然与诺富特公司经过协商，约定朱某然使用其中的60万元，该60万元通过诺富特公司员工尹某辉、王某华的银行卡转给朱某然。朱某然于2016年5月26日向尹某辉出具借据一张，载明："今借到尹某辉人民币陆拾万元整，借款期限自2016年5月26日至2016年11月25日。借款人：朱某然，2016年5月26日。"2016年12月16日，尹某辉与徐某霞、杨某华签订一份《债权转让协议》，载明：尹某辉（乙方）自愿将朱某然借乙方的陆拾万元及利息等转让给徐某霞、杨某华（甲方），由徐某霞、杨某华向朱某然主张权利，尹某辉不再主张，双方均在该协议上签字。2017年3月3日，朱某然向徐某霞、杨某华支付20000元。2017年3月21日，徐某霞、杨某华向朱某然邮寄《债权转让通知书》。现因徐某霞、杨某华向朱某然索要该笔欠款未果，故诉至法院。

【案件焦点】

公司债权转让行为的效力认定问题。

【法院裁判要旨】

河南省信阳市息县人民法院经审理认为：依法成立的合同，对当事人具有法律约束力，当事人应当按照约定履行自己的义务。本案涉及的借据和《债权转让协议》均系合同当事人真实意思表示，亦不违反法律法规的强制性规定，应为合法有效合同。朱某然向尹某辉出具的借据，系双方真实意思表示，自借据签订之日起，尹某辉即对朱某然依法享有本案所涉60万元款项的合法债权，朱某然亦对尹某辉具有还款义务。根据法律规定，债权转让合同一经成立并生效，在让与人和受让人之间立即发生债权转让的效果。徐某霞、杨某华作为本案的债权转让受让人，其向朱某然邮寄《债权转让通知书》，客观上达到了向朱某然通知《债权转让协议》的效果，其通知行为并未违反法律强制性规定，故该通知行为应属有效。故本案涉及的《债权转让协议》合法有效，原债权人尹某辉，债务人朱某然，受让人徐某霞、杨某华均应按照约定履行合同义务。因朱某然已向徐某霞、杨某华支付2万元，徐某霞、杨某华要求朱某然偿还剩余58万元欠款，于法有据，法院予以支持。

河南省信阳市息县人民法院依照《中华人民共和国合同法》第六十条、第七十九条、第八十条，《中华人民共和国民事诉讼法》第六十四条的规定，判决：

朱某然于本判决生效之日起十日内偿还徐某霞、杨某华58万元。

朱某然不服一审判决，提起上诉。

河南省信阳市中级人民法院经审理认为：本案中，首先，朱某然对已收到尹某辉转账60万元，其向尹某辉出具借条的事实不持异议，尽管其辩称该款系以其女儿朱某婷名义向第三方融资公司贷款200万元中的一部分，实际是自己的钱，其也没有收到诺富特公司等额的饲料，但从尹某辉的证言看，该贷款虽然后来支付至尹某辉所在的诺富特公司名下，但其公司向朱某然陆续返还200万元的饲料，而朱某然没有提供证据证明其未足额收到饲料，且即使其没有足额收到饲料，也是其与诺富特公司或朱某然之间的另一层法律关系，因此，法院认为，尹某辉与朱某然之间的法律关系明确。其次，在尹某辉向徐某霞、杨某华转让债权后，徐某霞、杨某华曾向朱某然催要过借款，朱某然也已偿还2万元。虽然朱某然辩称其受到徐某霞、杨某华的欺骗，以为二人是诺富特公司员工来催收饲料款才支付了该2万元，但该抗辩没有证据支持，且与其所称诺富特公司未足额返还饲料的抗辩相互矛盾，既然诺富特公司未足额返还饲料，其却向诺富特公司员工支付饲料款显然不合常理。法院根据日常经验法则及交易习惯，对徐某霞、杨某华所称其在受让债权后向朱某然催收，朱某然已知晓该转让行为并偿还2万元的陈述予以采信。而在徐某霞、杨某华此次催收后又将《债权转让协议》通过邮寄的方式通知朱某然，只是完善相应的法律手续，朱某然以没有收到债权转让人尹某辉的通知抗辩其对该债权转让行为不应承担责任明显是断章取义，于法无据、于理不通，也有违诚实信用原则，故法院认为案涉债权转让行为有效，朱某然应当向徐某霞、杨某华承担还款责任。

关于原审未追加尹某辉参加诉讼是否适当问题。法律规定追加当事人参加诉讼是为了准确查明案情，同时也是为了保护相关当事人的合法权益。本案中，朱某然要求追加尹某辉参加诉讼是认为尹某辉是案涉债权转让人，对各方彼此之间发生的事实均有详细了解，尹某辉参加诉讼能够还原事实真相，但原审法院为准确认定案件事实，已依职权调取尹某辉的证言并经双方当事人质证，充分听取双方当事人意见，充分履职尽责且程序适当，尹某辉是否参加诉讼并不影响本案处理结果，故原审程序并无不当之处。

河南省信阳市中级人民法院依照《中华人民共和国民事诉讼法》第一百七十

条第一款第一项之规定，判决：

驳回上诉，维持原判。

【法官后语】

本案中，债权债务关系确实存在，矛盾焦点在于债务人对债权人转让债权的行为不认可，债权转让行为是否有效，债务人应当向谁履行合同义务的问题。根据《中华人民共和国民法典》第五百四十五条规定“债权人可以将债权的全部或者部分转让给第三人”，这是关于合同权利转让的规定。债权人转让债权是法定的权利，债权人是否行使该项权利，完全取决于权利人自己的意志和自由，但权利人行使权利要以合法为原则。合法原则就是对权利人行使权利的限制。故本案债权人尹某辉转让债权取决于自己的意志和自由，且符合法律规定，债权转让行为有效。但不意味着债权转让与债务人无关，《中华人民共和国民法典》第五百四十六条第一款规定，债权人转让债权，未通知债务人的，该转让对债务人不发生效力。法律作出上述规定，主要是为了防止债务人重复履行以及方便债务人履行债务。依据该规定，在债务人不知道债权已经转让的情况下，其仍可按原合同约定继续向原债权人履行债务，而不必向新债权人履行，当然，在债务人得知新债权人后就必须向新债权人履行债务。本案债务人认为债权转让行为无效的原因就在于，其认为债权受让人向其发出债权转让通知不符合法律规定，对其不发生效力。因为债权转让通知义务是债权人的法定义务，而不是债权让与人的权利。虽然该款法律规定的债权转让通知行为人，从文义上应理解为债权转让人，但在可以确认债权转让行为真实性的前提下，亦不应否定债务人知晓债权受让人为该通知行为的法律效力，即应以债务人是否知晓债权转让事实作为认定债权转让通知法律效力的关键。

进一步说，如何认定债权转让有效，主要包括：

一、债权转让须以有效的合同（债权债务关系）存在为前提

如果以无效的债权转让他人，或者以已经消灭的债权转让他人，就是转让的标的不能。这种规定的意义在于防止国家、集体的利益受损。

二、转让的债权须有可让与性

按照《中华人民共和国民法典》第五百四十五条的规定：1. 根据债权性质不得转让。主要是指合同是基于特定当事人的身份关系订立的，合同权利转让给第三

人，会使合同的内容发生变化，动摇合同订立的基础，违反了当事人订立合同的目的，使当事人的合法利益得不到应有的保护；2. 按照当事人约定不得转让。当事人在订立合同时可以对权利的转让做出特别的约定，禁止债权人将权利转让给第三人。这种约定只要是当事人的真实意思表示，同时不违反法律禁止性规定，那么对当事人就有法律效力。债权人应当遵守该约定不得再将权利转让给他人，否则其行为构成违约；3. 依照法律规定不得转让。由于债权自身的特殊性，法律规定不得转让。《中华人民共和国民法典》第五百零二条第三款规定，依照法律、行政法规的规定，合同的变更、转让、解除等情形应当办理批准等手续的，适用前款规定。如果债权人向批准或者登记机关提出权利转让请求时，批准或者登记机关经审查，未同意其转让的，该合同的权利就属于法律规定不得转让的权利，债权人不得违反法律的规定将权利进行转让。

三、债权人与受让人须达成债权转让协议

债权转让是一种处分行为，必须符合民事行为的生效条件。如果债权转移的主体不适合，当事人的意思表示不真实，签订的债权转让合同无效，因此，债权的转让以有效的债权转让协议为条件。

四、债权转让应当通知债务人

债权转让通知是债权转让行为发生效力的关键，《中华人民共和国民法典》第五百四十六条第一款规定："债权人转让债权，未通知债务人的，该转让对债务人不发生效力。"各国对于债权转让是否征得债务人的同意为要件，各有不同规定，此处不再论述。

五、债权转让必须遵守法律规定的程序

依照《中华人民共和国民法典》第五百零二条规定，"依照法律、行政法规的规定，合同应当办理批准等手续的，依照其规定"。法律规定办理债权转让必须经过批准、登记手续的，如果不履行相应手续，债权转让无效。

从鼓励交易，促进市场经济发展的目的看，法律应当允许债权人的转让行为。在经济飞速发展的今天，债权转让发挥了重要作用，只要不违反法律和社会公德，债权人可以转让其权利。但债权转让的宽泛规定，给不法之徒造成了可乘之机，因为债权转让虽说是法定权利，但在行使该权利时，要受到许多条件的限制，要想使债权转让具备法律效力，得到法律保护，应保证债权转让的合法有效。为在司法过程中使债权转让制度的适用与立法本意保持高度一致，有必要仔细研究债权转让的各种限制性规定，规范债权转让的条件及程序，使立法目的在司法实践中得到充分实现。

编写人：河南省信阳市息县人民法院　祁昱森　孙春雨

38

资产收购与股权收购的区分标准及公司法定代表人职务行为与个人行为的界限划定

——邓某华诉漳州中粮等民间借贷案

【案件基本信息】

1. 裁判书字号

福建省莆田市中级人民法院（2019）闽03民终1307号民事判决书

2. 案由：民间借贷纠纷

3. 当事人

原告（上诉人）：邓某华

被告（上诉人）：漳州中粮

被告（被上诉人）：彭某雄

被告：漳州华港、福建中粮

【基本案情】

2015年6月29日，邓某华按漳州华港的要求，把借款（投资款）汇入指定银行账户。同日，漳州华港出具《收款收据》一份，载明收到20万元投资款。同年6月30日，邓某华与漳州华港签订第一份《公司内部员工投资协议书》，主要确定邓某华出资20万元及月息计算方式。尔后，漳州华港按月息1.2%支付利息至2016年12月31日。

2016年8月28日，漳州中粮（甲方）与漳州华港（乙方）签订《资产重组并购协议》一份，该协议主要约定：甲方受让乙方生产经营相关资产、业务及债权债务等；但漳州华港对于涉案邓某华的债务，未披露亦未公告通知债权人。

2017年1月1日，彭某雄（甲方）与邓某华（乙方）另签订第二份《公司内部员工投资协议书》，该协议主要约定：乙方自愿申请投资20万元参与甲方公司经营（保值型投资）；乙方于2015年6月29日汇入20万元投资款至甲方指定账户，以上20万元利息已结算到2016年12月31日止。

因漳州华港、漳州中粮未偿还邓某华投资款及自2017年1月1日起的利息，邓某华自2017年起多次通过微信向彭某雄申请退回投资款及相应利息未果，遂诉至法院。

【案件焦点】

1. 如何区分资产收购与股权收购；2. 如何判定公司法定代表人履行公司职务行为与个人行为的界限。

【法院裁判要旨】

福建省莆田市荔城区人民法院经审理认为：邓某华与漳州华港签订的第一份《公司内部员工投资协议书》及《收款收据》合法有效，认定民间借贷关系成立。借款人漳州华港未依约还本付息，构成违约，邓某华诉求于法有据，予以确认。

漳州中粮重组并购漳州华港，故漳州中粮应在接收的财产范围内与漳州华港对本案债务承担连带责任。

彭某雄与邓某华就案涉借款另行签订第二份《公司内部员工投资协议书》未明确约定债务转让、债务加入或担保的意思表示，结合其时彭某雄的法定代表人身份，以及漳州华港出具《证明》，应认定借款人非彭某雄。

因第一份《公司内部员工投资协议书》上载明的借款主体是漳州华港，且《收款收据》加盖漳州华港公章，故漳州中粮抗辩实际借款人是漳州华港及借贷关系不成立等抗辩无理，不予采纳。

福建省莆田市荔城区人民法院依照《中华人民共和国民法通则》第九十条、第一百零八条，《最高人民法院关于审理与企业改制相关的民事纠纷案件若干问题的规定》第七条、第二十七条、第二十八条，《最高人民法院关于审理民间借贷案件适用法律若干问题的规定》第二十六条第一款及《中华人民共和国民事诉讼法》第六十四条、第一百四十四条的规定，判决：

一、漳州华港应在判决生效之日起十日内偿还邓某华投资款20万元及自2017年1月1日起至还清之日止按月利率1.2%计算的利息；

二、漳州中粮在接收的漳州华港财产范围内（5454万元）对上述第一项所确定的债务承担连带偿还责任；

三、驳回邓某华对彭某雄的诉讼请求。

邓某华、漳州中粮不服，提起上诉。

福建省莆田市中级人民法院审理认为：漳州华港未否认收到款项的事实，且综合付息情况和第二份协议的内容可见款项已实际支付。漳州中粮主张款项没有实际支付的理由不能成立。此外，协议书中并无任何关于债务转移的约定，故漳州中粮主张第二份协议是债务转移行为的主张亦不能成立。

漳州中粮与漳州华港签订资产重组并购协议，但在资产收购后并未发生主体及股权的变更，也未设立新的公司，协议中也未约定漳州中粮对本案债务承担责任，故邓某华要求漳州中粮对本案债务承担责任并无法律依据，故一审法院判决漳州中粮承担连带偿还责任不当，依法予以纠正。

对于彭某雄是否应当承担还款责任问题。根据第二份投资协议约定的内容可见，首先，甲方是彭某雄个人签字并载有身份证号码；其次，协议中甲方虽然存在不同的指代，但整体上无法得出是指代漳州华港的结论；此外，第二份协议内容显示彭某雄系以个人名义就邓某华的投资款予以确认并用于其所在集团经营。

另外，漳州华港并未举证证实漳州中粮所支付购买资产款项具体去向，彭某雄作为法定代表人、主要股东，亦无法举证并合理说明该款去向，严重损害了邓某华作为债权人的利益，故在漳州华港收到的5454万元收购款的范围内，彭某雄应承担连带责任。漳州华港出具的关于彭某雄是履行职务行为的证明不予采信。

福建省莆田市中级人民法院依照《中华人民共和国民事诉讼法》第一百七十条第一款第二项、《中华人民共和国公司法》第二十条的规定，判决：

一、维持一审判决第一项；

二、撤销一审判决第二项、第三项；

三、彭某雄对漳州华港的本案债务承担连带责任；

四、驳回邓某华的其他诉讼请求。

【法官后语】

个人与公司签订的所谓“投资协议”，当未涉及股权转让时，多数情况下仍属于民间借贷。本案的特殊性在于：签订“投资协议”后，公司的资产被第三人收购，公司法定代表人重签上述“投资协议”予以结算并进行二次约定，此时难以判断债务由哪一方来承担。本案的争议症结在于两方面：一是如何区分资产收购与股权收购；二是如何判定公司法定代表人履行公司职务行为与个人行为的界限。

一、资产收购的认定与法律后果

资产收购是指收购方根据自己的需要购买目标公司部分或是全部的资产，而股权收购是指一家企业购买目标公司部分或是全部的股权。二者的区别与判断标准如下：一是签约主体不同。资产收购的签约主体是目标公司与收购方；股权收购的签约主体是目标公司的股东和收购方。二是收购的标的不同。资产收购的标的是资产的所有权，但不包括该公司的负债；股权收购的标的是目标公司的投资者的股权。三是支付对价的方式不同。资产收购的对价通常只可为货币；股权收购的支付手段包含货币、股权、实物资产、经营管理权等。资产收购的法律后果表现为资产的所有权与目标公司分离。一方面，收购款进入目标公司成为公司的收入，但股东不能直接从资产出售行为中直接受益；另一方面，目标公司仍可继续存续，该公司原先的债务也继续存续且不发生转移。

本案中，按照《资产重组并购协议》约定，虽然转让资产确定为5454万元并约定银行抵押贷款1200万元由收购方漳州中粮承担，但实际转让的净资产为4254万元，1200万元的“债务转让”实质是一种债务抵消，即以收购方的代为清偿款项来折抵相应的资产。一审法院误判漳州中粮承担连带偿还责任，原因即在于没有辨别资产收购与股权收购的区别，误将资产转让的法律后果延伸至债务承担方面。

二、综合判断立约行为的性质

法定代表人对外代表公司从事经营活动时，经常出现签订合同但未加盖公司印章，公司事后追认相关债务的情形。若相关合同记载的当事人为法定代表人，并载明其身份证号码、借款用途为经营该公司等内容时，则足以综合确认：法定代表人系以个人名义立约，应承担合同项下的义务。即使公司事后追认相关债务，关于债务履行主体的选择权仍应由债权人享有，而不宜以公司的事后追认自然推导出履约主体变化。本案中漳州华港出具证明确认彭某雄签订该份协议系履行职务行为，但该证明仅在漳州华港、彭某雄二者之内产生效力，对外无法对抗相关合同的当事人邓某华。另外，本案存在特殊性，即被收购资产公司的法定代表人另行签订与原债务相关的结算性质合同，且无法对款项去向作合理说明。这种情况下，前后两份合同在内容上存在交叉性、时间上具有承接性，增加了判断履约主体的难度。《中华人民共和国公司法》第二十条规定了公司股东"不得滥用公司法人独立地位和股东有限责任损害公司债权人的利益"及连带责任情形，可推知：相关合同履行的底线在于不得损害债权人利益，而法定代表人的经营行为当然也不得逾越上述底线。因此，从保障债权实现角度出发，该情况下由法定代表人对该原债务承担连带责任更为公允稳妥。

编写人：福建省莆田市荔城区人民法院　连森妹　黎曦

39

民间借贷案件中部分债务按份式转移的责任认定及金额计算

——郑某、罗某诉李某庆民间借贷案

【案件基本信息】

1. 裁判书字号

湖北省荆州市中级人民法院（2019）鄂10民终105号民事判决书

2. 案由：民间借贷纠纷

3. 当事人

原告（被上诉人）：郑某、罗某

被告（上诉人）：李某庆

【基本案情】

郑某与罗某杰系夫妻关系，两人生育一子罗某。罗某杰于2017年2月3日因病去世，罗某杰父母先于其死亡。

2013年4月9日，案外人李某民、王某琼经李某庆介绍向罗某杰借款，罗某杰遂给付李某民970000元，当日李某民、王某琼出具金额为1000000元借条一份，李某庆作为担保人签名。借条中未明确约定利息。2015年5月9日，经债权人催收，李某民、王某琼与李某庆共同签订《还款协议》："截至2015年5月9日连本带息总额140万元整，现将荣鑫××的房屋（王某琼），中央××车库30栋（李某庆）及地下车位58号（王某琼）于6月1日前办理过户手续，用于还款。余下60万元整由李某庆半年内还清。注：另将王某琼名下沃尔沃汽车作差额保证。"李某庆在签名处加注"先由借款人按以上承诺办理完手续后，余额由担保人承担"。协议达成后，因李某庆未履行还款义务，郑某、罗某认为还款协议对债务进行了分割，以物抵债部分已经按协议履行，但李某庆未如约还款，故起诉至法院。

【案件焦点】

1.《还款协议》效力如何认定，是否构成债务的部分转移；2. 如果构成债务的部分转移，李某庆承担债务金额如何确定。

【法院裁判要旨】

湖北省荆州市沙市区人民法院经审理认为：李某民、王某琼经担保人李某庆介绍向罗某杰借款，双方民间借贷关系合法有效。2015年5月9日《还款协议》系各方真实意思表示，其中关于600000元债务转移给李某庆承担的约定明确，债权人也予以认可，符合《中华人民共和国合同法》第八十四条之规定，李某庆由保证人转化为债务承担人，对转移部分债务承担清偿责任。郑某、罗某作为罗某杰的法定继承人，理应享有相应债权。

关于债务金额的认定问题。借款人虽出具1000000元借条，但应以实际给付的970000元作为借款本金。结合还款协议载明结算债务总额包含利息的事实，可推定双方借款时预扣30000元利息，即实际约定有3%月利率。又根据结算债务总额1400000元中含息400000元，可推算出实际计息13.333元/月。据此，参照《最高人民法院关于审理民间借贷案件适用法律若干问题的规定》第二十六条、第二十八条、第二十九条之规定，债务总额应调整为1228660.2元，其中李某庆承担债务为526568.66元，并自逾期之日起按年利率6%计算资金占用期间利息。

关于诉讼时效的问题。协议约定债务履行期间为6个月，诉讼时效应自2015年11月9日起算，至《中华人民共和国民法总则》施行之日尚未满两年，因此郑某、罗某诉求应按三年诉讼时效计算，至本案起诉时未超过诉讼时效。

湖北省荆州市沙市区人民法院依照《中华人民共和国合同法》第八十四条，《最高人民法院关于审理民间借贷案件适用法律若干问题的规定》第二十六条、第二十八条、第二十九条，《最高人民法院关于适用〈中华人民共和国民事诉讼法〉的解释》第九十条、第一百零八条之规定，判决：

一、李某庆于本判决生效之日起三十日内给付郑某、罗某526568.66元。

二、李某庆于本判决生效之日起三十日内给付郑某、罗某资金占用期间的利息（以526568.66元为基数，自2015年11月8日起至借款本金清偿完毕之日止按年利率6%计算）。

三、驳回郑某、罗某的其他诉讼请求。

李某庆不服一审判决，提起上诉。

湖北省荆州市中级人民法院经审理同意一审法院裁判意见，依照《中华人民共和国民事诉讼法》第一百七十条第一款第一项的规定，判决：

驳回上诉，维持原判。

【法官后语】

语言文字的多义性导致合同所使用的文字语句常常有不同含义。因此，合同解释往往是案件审理的首要工作。本案审理的关键即在于如何对《还款协议》进行解释，准确认定各方权利义务关系。

一种观点认为李某庆应承担一般保证责任，理由是加注条款明确表明其“担保人”身份，履行顺位是在以物抵债完成后，责任范围仅限“余额”，符合一般保证的从属性、补充性特征，故属于一般保证责任。由于保证期间已过，李某庆不承担本案债务。

笔者认为，之所以会出现该争议，主要是因为加注条款出现“余额”及“担保人”两词。依据《中华人民共和国民法典》第一百四十二条第一款之规定，对于有相对人的意思表示进行解释时，不仅要尊重文本所表达出来的意思，同时也要着力于结合协议整体条款、行为的性质和目的、习惯以及诚信原则来探寻合同真意，不能仅满足于对用语含义的机械理解，更不能拘泥于合同所使用之词句。从协议整体来看，主文约定总债务1400000元分为两部分来履行，其中以物抵偿800000元，李某庆承担600000元，两部分债务各自独立、界限清晰。加注条款并未排斥主文明示的债务承担范围，其中“余额”即指代主文的“余下陆拾万元整”债务。至于差额保证条款，属于补充给付性质，具有明显的履行次位性，并不影响债权人在本案中主张权利。从行为目的来看，签订《还款协议》是为了确定债务金额及履行方案，保证债权全面受偿。若将“先由借款人按以上承诺办理完手续后”解释为李某庆承担债务的条件，实则推翻了主文的既定方案，增加了债务人之间恶意串通不履行协议的风险，有违公平诚信之原则。应该看到，主文“余下陆拾万元整由李某庆半年内还清”中“余下”一词，所体现的是债务金额的数学关系，而非债务履行的顺位关系，否则“半年”的履行期限就不会在此确定。实际上以物抵债是否履行，对李某庆承担其确定债务并无必然影响。该加注条款应理解为其对期限利益的争取，但又约定不明，其效力不足以对抗主文明示的履行期限。从相对人角度来看，李某庆承担部分债务的原因正是基于其原保证人身份而协商达成，其自称“担保人”也并无不妥，不妨碍协议达成后其身份转化为债务承担人。

综上所述，李某庆承担的600000元债务与原债务具有同一性，实为债务承担，经债权人认可，原债务人脱离该部分债的关系，自此原债务按份式地划分为800000元部分和600000元部分，后者移转给李某庆承担，两部分债务各自清偿。

本案另外一个问题是，债务总额依法调整后，李某庆承担债务金额如何确定。审理中有两种方案：一是法定债务总额减去约定以物抵偿的债务金额，即428660.2元；二是法定债务总额乘以转移债务所占份额，即526568.66元。笔者认为，如前文所述，两部分债务各自按份额清偿，无主次之分，也无履行顺位，系按份责任性质，比例调整更为合理；另外，采取方案一有可能干预到已给付的自然债务，有违反意思自治原则之虞。综合考量，判决采用比例调整方案。

编写人：湖北省荆州市沙市区人民法院　文耀霆

40

应依照借款合同实际履行情况对"中间人"身份予以认定

——温某波诉张某等民间借贷案

【案件基本信息】

1. 裁判书字号

北京市第二中级人民法院（2019）京02民终8676号民事判决书

2. 案由：民间借贷纠纷

3. 当事人

原告（被上诉人）：温某波

被告（上诉人）：张某、李某彬、鼎梦公司

第三人：樊某

【基本案情】

张某与李某彬是夫妻关系，张某是鼎梦公司的法定代表人。2016年9月30日，温某波（出借人）与张某及鼎梦公司（借款人）、李某彬（共同借款人）签订借款合同，主要约定：张某及鼎梦公司、李某彬因资金周转向温某波借款80万元，借款期限自2016年9月30日至2017年3月30日，该笔借款到期借款人和共同借款人未归还出借人本金，双方自愿协商按天计算违约金，借款人应每天支付借款金额1%的违约金，以实际使用天数为准。本合同利率为月利率3%。借款人应当一次性还本付息，于2017年3月30日偿还全部借款本金及实际使用的利息。当日，温某波向张某账户支付80万元借款，张某填写借条和收条各一张，载明收到借款80万元。

2016年10月9日，鼎梦公司将其所有的商品房抵押给温某波作为上述债权的担保，抵押权人为温某波，担保债权金额为80万元。

合同签订后，自2016年10月起，张某、李某彬分别不定期向樊某账户支付款项，至2017年10月起有向温某波账户支付的情况。2017年11月29日，张某向樊某支付30万元，樊某当日将该30万元支付给温某波。樊某、温某波出具收条一张，证明收到张某交来欠款本金30万元。

2018年5月3日，李某彬经与张某协商后，与温某波签订《还款协议》一份，载明：出借人：温某波，借款人：李某彬，出借人自2016年9月30日起陆续向借款人出借50万元，截止到2018年5月3日共欠出借人本金50万元，现借款人承诺2018年5月20日前归还本金15万元，若到期未能归还，借款人自愿将名下的车辆抵押给出借人并愿意按照月利息3%向出借人支付利息。

另查，张某此前曾向樊某借款，双方另有款项往来，张某亦存在由樊某作为居间人向案外人借款的情况。

【案件焦点】

1. 张某向樊某所付款项与本案的关联性；2. 张某前期向樊某按每月4%还款是否都认定为其向温某波的还息。

【法院裁判要旨】

北京市丰台区人民法院经审理认为：根据本案查明事实，张某与樊某早有款项往来，于本案借款合同签订后，张某与樊某还另有若干借款合同关系等，张某与樊某之间的款项往来不能全部认定为本案还款。结合张某与李某彬向樊某转账，樊某向温某波转账的资金流向，法院对温某波收到樊某付息期间所对应的张某、李某彬、鼎梦公司向樊某的付款予以确认，对其他付款的关联性不予确认。

对于借款人向“中间人”还款是否都应计作向出借人还款的问题，不应一概而论。如果中间人系与出借人名为两方实为一方变相收取高息，则借款人的还款应计作对出借人的还款，而如果中间人收取的款项系基于其他原因，属于不同性质，只是合并支付，则应据实认定。

综合合同签订及实际履行情况，应认定张某向樊某账户支付的款项包含两种性质，在张某与樊某之间成立事实上的居间合同关系，其支付的1%为居间报酬，即樊某所称的“好处费”，另外3%的部分为利息，樊某已经支付给温某波。至2018年5月3日，因张某在先已偿还30万元本金，李某彬在与张某协商一致后，与温某波签订还款协议，确认尚欠借款50万元，能够印证各方对于此前的还款均确认为偿还利息，未折抵本金。

综上，温某波要求张某、李某彬、鼎梦公司返还借款50万元的诉讼请求，具有事实与法律依据，法院予以支持。温某波要求张某、李某彬、鼎梦公司支付利息的诉讼请求，其利率标准高于法律规定的上限，法院予以调整，对其合理部分予以支持。温某波要求张某、李某彬、鼎梦公司支付律师费，未提交证据，法院不予支持。

北京市丰台区人民法院依照《中华人民共和国合同法》第二百零六条、第二百零七条，《中华人民共和国民事诉讼法》第六十四条第一款之规定，判决：

一、张某、李某彬、鼎梦公司于本判决生效之日起十日内偿还温某波借款本金500000元；

二、张某、李某彬、鼎梦公司于本判决生效之日起十日内支付温某波利息（以500000元为基数，按照每月2%计算，自2018年5月4日起至实际付清之日止）；

三、驳回温某波其他诉讼请求。

张某、李某彬、鼎梦公司不服一审判决，提起上诉。

北京市第二中级人民法院经审理认为：本案中，根据张某、李某彬、鼎梦公司和温某波签订的借款合同载明的内容显示，各方约定的借款利率为3%。樊某在收到三人的款项后，按照3%向温某波转账用以支付利息，张某、李某彬、鼎梦公司支付的1%并未支付给温某波。张某、李某彬、鼎梦公司上诉称其与樊某之间不存在居间合同关系，樊某与温某波是职业放贷人，其向樊某支付的1%的费用应当抵扣本金，但现有证据不能证明其上述主张，张某、李某彬、鼎梦公司与樊某之间就该1%的费用是否为居间费各方可另行解决。

张某上诉称2018年5月3日的还款协议只有李某彬一人签字，并没有张某的签字，且该还款协议是在受胁迫的情形下签订的，故张某不认可该还款协议，因李某彬与张某系夫妻关系，二人是该笔借款的共同借款人，该借款亦为夫妻共同债务，现张某以其未签字确认就否认该还款协议的效力无事实和法律依据，法院不予采信。张某、李某彬亦未提交其受胁迫的证据，故张某、李某彬此上诉理由缺乏事实和法律依据，法院不予采信。

北京市第二中级人民法院依照《中华人民共和国民事诉讼法》第一百七十条第一款第一项之规定，判决：

驳回上诉，维持原判。

【法官后语】

第三人合并收息问题（又称“中间人合并收息”“向案外人还款”问题）是民间借贷纠纷常见的疑难问题。鉴于民间借贷案件目前多呈现“民间信贷”特点，衍生出为借款人寻找、介绍资金出借方以及为双方撮合交易的“从业人员”。此类借款，中间人出于把控交易双方、监管资金流向、协助催收等目的，常见借款人按照口头指示向中间人支付还款的形式，且各方均不对“中间人”身份进行书面确认，由此引发是否应当追加中间人加入诉讼的程序性问题以及如何厘清借款人向中间人付款与本案关联性的实体性问题，这些均成为该类民间借贷纠纷审判的重点和难点。

本案的意义在于，法院应基于合同磋商及实际履行情况，着重审查当事人是否基于其他原因建立了借款合同之外的法律关系等，以确保准确认定事实。

一、应根据合同磋商及实际履行情况对“中间人”身份予以认定

常见情况是，“中间人”的身份并不单纯，其既与借款人在之前就存在一系列的资金往来，又在借款后收取借款人还款。借款人往往辩称其为共同出借人，故而将向其支付的全部款项主张为就案涉借款本金和利息的偿还。本案即是如此，张某、李某彬、鼎梦公司认为其一直是按照樊某和温某波的要求向樊某还款，故樊某与温某波系紧密联系的整体，是共同出借人，而非居间人，且款项已经还清。但从借款的实际履行情况看，温某波与张某、李某彬、鼎梦公司之间的银行转账记录表明借款是由温某波一人提供的，同时，无其他客观事实表明樊某是共同出借人；从磋商看，张某、李某彬、鼎梦公司与樊某之前就认识，本案借款也是樊某应张某、李某彬、鼎梦公司资金需求为其寻找“资方”，故应当认定，樊某为出借方和借款方的居间人。

二、基于“中间人”身份判断款项性质

常常存在的情况是，借款人通过居间人进行还款，而出借人对居间人并没有书面委托，该事项在借款合同中也并不会进行确认，那么居间人的该种收款行为则需要根据其与借款人之间的资金往来综合进行认定，如出借人在还款期限内持续性、周期性、规律性地收到居间人支付的利息，并未提出异议，其行为可以认定是对居

间人代收利息的履行方式的认可，可以视为对居间人代理行为的默认。

三、细化借款人向居间人还款性质的认定

对于借款人向居间人还款是否都应计作向出借人还款的问题，不应一概而论。如果中间人系与出借人名为两方实为一方变相收取高息，则借款人的还款应计作对出借人的还款，而如果中间人收取的款项系基于其他法律关系、出于其他原因、属于不同性质而只是合并支付，则应据实认定。本案审理中，即根据借款合同的约定、借款的支付情况、借款合同缔约的过程和出借人的默认情况，认定张某向樊某账户支付的款项包含两种性质，即向借款人的还款和居间报酬。

本案从两个层次阐释了第三人收息情况下还款金额的认定思路：一是从借款需求与借款缘起出发，分析借款人与第三人的相识关系及前期资金往来情况，剥离无关款项往来。然后，审查关联性，综观案件事实是否存在借款人向案外人（此时一般尚未追加为第三人）还款的客观证据、出借人对案外人还息事前授意或事后认可的证据、案外人把控全局并掌控利息去向的证据等，从而综合判断案外人是否应是实际的收息主体，抽离出案涉还款。二是确立“分而论之”的处理原则，审查第三人收款确系与出借人合并收息从而进行高利贷活动，还是基于其他原因、属于不同性质而只是合并支付，从而将案涉还款分解成委托还息与事实上的居间合同双重法律关系。确认是否存在两方默认向其支付居间费、好处费、财务管理费的情况，从而对第三人与其中一方（常见为借款人）成立事实上的居间合同关系、委托关系、服务关系等进行审查和确认。

编写人：北京市丰台区人民法院　李佳　赵晓蕾

41

职业放贷人的认定及责任承担规则

——李某利诉张某等民间借贷案

【案件基本信息】

1. 裁判书字号

河南省焦作市中级人民法院（2019）豫08民终2695号民事判决书

2. 案由：民间借贷纠纷

3. 当事人

原告（被上诉人）：李某利

被告（上诉人）：曹某江、韩某晖

被告：张某

【基本案情】

2016年9月30日，李某利（出借人）与张某（借款人）、曹某江（保证人）、韩某晖（保证人）签订借款合同，约定借款金额为70000元，借款期限自2016年9月30日至2016年12月30日，月利率2%。同时约定曹某江、韩某晖自愿为张某提供连带责任保证，保证期限为借款期限届满后二年，保证范围为借款本息、违约金以及出借人实现债权的费用。张某当天向李某利出具借据，载明“今借到李某利（出借人）人民币柒万元整（70000），月利率2%，借款期限三个月，自2016年9月30日至2016年12月30日”。李某利当天将借款交付张某后，张某向李某利出具收据，载明“今收到李某利人民币70000，大写柒万元整”。后张某于2016年10月至2018年4月28日分14次分别向李某利转账2800元，于2018年8月29日向李某利转账1400元。后李某利多次催要张某还款未果，故于2018年9月3日起诉至法院。

另查明，据不完全统计，自2016年以来，李某利作为债权人（不包含本案），以民间借贷（36件）、保证合同（2件）、执行异议之诉（1件）为案由，先后39次在河南省焦作市解放区人民法院和河南省焦作市山阳区人民法院起诉，24次申请诉讼保全，19次申请强制执行，涉案总标的11691622元。

【案件焦点】

1. 依据现有证据，是否足以判断李某利属于职业放贷人；2. 双方当事人之间的借款合同效力及法律后果；3. 担保合同的效力及法律后果；4. 李某利是否构成“套路贷”刑事犯罪；5. 关于李某利债权及归还借款本息数额的认定。

【法院裁判要旨】

河南省焦作市解放区人民法院经审理认为：自然人在一定时期内频繁使用格式化借款协议、收据，协议中一般都有担保条款以及约定苛刻违约情形，多次向他人发放借款，牟取高息的，属于职业放贷人。职业放贷人对外所为的民间借贷协议，因违反禁止性规定而无效，利息仅支持资金占用期间的利息，高出部分不予支持。对确定的担保，担保人有过错的，承担不超出三分之一的保证责任。

河南省焦作市解放区人民法院依据《中华人民共和国合同法》第五十二条、第五十八条、第二百一十条，《中华人民共和国担保法》第五条，《中华人民共和国银行业监督管理法》第十九条，《最高人民法院关于适用〈中华人民共和国担保法〉若干问题的解释》第八条，《最高人民法院关于审理民间借贷案件适用法律若干问题的规定》第十四条第五项、第二十九条，《中华人民共和国民事诉讼法》第六十四条第一款，《最高人民法院关于适用〈中华人民共和国民事诉讼法〉的解释》第九十条规定，判决：

一、张某于本判决生效之日起十日内偿还李某利借款本金35682.65元及利息（利息以35682.65元为基数，自2018年8月30日起按年利率6%计算至实际清偿之日止）；

二、曹某江、韩某晖对本判决第一项确定的还款义务张某不能清偿部分的30%承担连带保证责任；

三、驳回李某利的其他诉讼请求。

张某、韩某晖不服一审判决，提起上诉。

河南省焦作市中级人民法院经审理认为：关于张某通过他人转款11200元是否

应当认定为归还案涉借款。经庭审查明，一审法院认为张某通过他人向李某利归还借款利息的证据占据优势。但中间人是否将款项交给李某利存在不确定性，李某利又予以否认。在仅有张某陈述，并无其他客观证据的情况下，对张某主张的事实不予确认。若取得新的证据后，其可另行主张，对此予以认可。诉讼中，张某未能提供新证据证明自己的主张，其请求将前述款项认定为归还案涉借款证据不足，不予支持。关于韩某晖作为担保人是否存在过错并承担相应责任的问题，根据庭审查明的事实，担保人韩某晖、曹某江于李某利处，在格式借款合同签名担保，且曹某江称其知道张某是李某利手下的人。韩某晖、曹某江作为完全民事行为能力人，应当对异于正常的民间借贷有明确的认知，其行为促使了借贷的成立，一审法院认定其对担保合同无效具有一定过错，并结合本案具体情况酌定其在张某不能清偿部分的30%范围内承担担保责任，并无不当。韩某晖上诉理由不能成立，不予支持。另外，张某上诉请求不承担担保责任。因张某不是本案的担保人，一审法院也未判决其承担担保责任，其不具备上诉利益，对其该项上诉请求不予审查。张某、韩某晖的上诉请求不能成立，应予驳回。

河南省焦作市中级人民法院依照《中华人民共和国民事诉讼法》第一百七十条第一款第一项规定，判决：

驳回上诉，维持原判。

【法官后语】

本案的争议焦点在于李某利是否属于职业放贷人，涉及民间借贷合同的效力以及作为从合同的担保行为的效力。由于审判部分对裁判理由已经作了比较详尽的论述，笔者结合本案事实，对民间借贷行为的效力认定及责任承担的规范，特别是职业放贷中民事责任与刑事责任的区分进行简要阐释。

一、职业放贷行为的认定规则

民间借贷属于合同关系的一种，原则上遵循合同法的基本原则，即平等自愿、诚实信用等。根据民事理论“法无禁止即自由”的精神，只要不违反法律、行政法规的强制性规定和效力性规定的，一般都应当认定为有效的民事行为。以此鼓励交易的效率和安全，促进社会经济的有序稳定发展。

基于国家经济安全的需要，我国对金融行业给予特别的准入限制，非经严格的审批程序，任何单位和个人都不得经营金融业务。职业放贷人未经金融管理部门审批，面向社会不特定群体发放借款，其实质就是以资金融通为业的金融经营行为，违反了《中华人民共和国银行业监督管理法》的禁止性规定，当然属于无效的民事行为。

现实中，对职业放贷人的认定，一般从以下几个方面考察：

第一，格式化合同、条据的使用。由于职业放贷人以放贷为常业，为经营管理方便，一般都会使用格式化的借款合同、借据。在印制好的合同、借据上除借款人姓名、金额、日期和利率需要填充外，其余内容均提前印制完好。

第二，约定利率均超出月利率2%。职业放贷人以放贷为业，需要从中获取较高的利润，因此一般约定的利率均超出年利率24%，有的可以高达72%甚至更高。

第三，资金往来证据明晰。职业放贷人为防止纠纷的形成以及纠纷形成后确保胜诉，一般都会有明确的资金转账记录等，初期职业放贷人往往直接扣除首期利息，后期基于对砍头息的司法否定性评价，职业放贷人会全额发放借款，随后再由债务人转回或现金支付利息。

第四，违约责任和担保责任约定明确。在借款合同中对债务人的违约约定严格到苛刻的地步，还款期限具体到几时几分。一般情况下，职业放贷人需要债务人提供保证人，甚至要求提供具有公职身份的担保人，方对外发放借款。

第五，一定时期内在法院诉讼案件较多。职业放贷人甚至有专门的律师团队为其服务，在诉讼过程中申请诉讼保全、判决、申请执行等一系列操作十分娴熟，甚至与法院办案人员关系熟络。

具有以上情形的，一般即可认定为职业放贷人。很多法院主动搜集相关信息，在当地建立了职业放贷人名册。对列入名册的职业放贷人从进入起诉阶段即严格监管，取得了较好的效果。

二、职业放贷无效后的责任承担问题

如前所述，基于职业放贷的民间借贷行为无效。根据法律规定，民事行为无效的法律后果是双方返还，即任何人不得从违法行为中获益。基于以上规定，很多地方对职业放贷行为，原则上对本金部分予以保护，即判令被告返还借款本金。但在对利息部分进行处理时，存在一定的差异。

有的法院对债权人主张的利息一概予以驳回。其理由为被告无从事放贷业务的资质，其行为扰乱了国家市场和金融秩序，亦损害了社会公共利益，法院认定“借据”“收据”无效，原告只需返还从被告处已取得的财产，即借款本金。

有的法院对债权人主张的利息予以调低。现实中，有的法院按照中国人民银行公布的同期贷款利率标准予以支持，比如按照年利率4.35%支持；有的法院按照固定年利率6%予以支持；还有的法院以全国银行间同业拆借中心公布的贷款市场报价利率为准予以支持。

上述两种不同做法，均表达了司法对职业放贷的否定性评价态度，一定程度上遏制了职业放贷人非法牟利的目的实现，具有一定的积极作用。但现实中的做法却存在另外一个弊端，必须引起重视。

《中华人民共和国民法典》规定了诚实守信的基本原则。如果债权人不是职业放贷人而是正常的民间借贷，债务人按照借款合同约定支付不超出年利率24%的利息，是其法定义务。但由于债权人转换成了职业放贷人，债务人就可以不支付利息，或者仅支付很低的利息，一定程度上放纵了债务人。客观上是债务人从债权人的违法行为中获益了。

对此倾向性问题，应当在司法实践中予以纠正。《中华人民共和国民法通则》第一百三十四条第三款规定，对进行非法活动的财物和非法所得应当予以收缴。因此，建议法院对债务人应当支付的利息按照不超出年利率24%的标准与实际支付利息之间的差额予以收缴。由于《中华人民共和国民法典》通过后，《中华人民共和国民法通则》将废止，因此最高人民法院应就此作出解释，明确收缴的依据。

三、关于职业放贷行为刑事责任的承担

由于职业放贷行为的泛滥，甚至严重影响到了正常的社会经济运行和人民群众的生活秩序。因此，最高人民法院、最高人民检察院、公安部、司法部出台了《关于办理“套路贷”刑事案件若干问题的意见》（以下简称《意见》），对违法放贷行为进行严厉打击。

《意见》对“套路贷”常见的犯罪手法和步骤进行了列举和概括，既有具体可操作性，又具有原则性。尤其是对虚构债务、虚假流水、恶意制造违约、非法讨债等一系列行为的认定，为严厉打击刑事犯罪提供了原则遵循。

毫无疑问，职业放贷行为是违法行为。但在司法实践中，还需要将职业放贷究竟是民事违法行为还是刑事犯罪行为进行准确界定，以做到不枉不纵，精准打击。

一般来说，债权人虽然以职业放贷为业，但如实支出借款，仅仅存在收取“砍头息”、违法高息等行为，而不存在虚假出借资金、违法暴力或软暴力催收等行为的，原则上应当按照民事违法进行处理。

而对债权人虚假出借资金，或者资金出借后债务人后又收回资金，但仍然由债务人出具借据；或者在债务人归还借款后不归还借据，又持借据起诉主张权利；亲自或通过雇用人员实施暴力、软暴力措施催收借款本息等行为的，则应当追究行为人的刑事责任。

编写人：河南省焦作市解放区人民法院　张倩

42

债权受让人是债权转让通知义务履行的适格主体，只要实施了有效的通知行为，就有资格向债务人主张权利

——张某东诉李某等名民间借贷案

【案件基本信息】

1. 裁判书字号

广西壮族自治区高级人民法院（2019）桂民再487号民事裁定书

2. 案由：民间借贷纠纷

3. 当事人

原告（上诉人、再审申请人）：张某东

被告（被上诉人、再审被申请人）：李某、姚某连、姚某名、潘某忠

【基本案情】

李某是案外人绿园公司的法定代表人。潘某忠是案外人龙阳公司的法定代表人。

2012年3月16日，潘某忠与李某、姚某连、姚某名签订一份《借款协议书》，

约定：潘某忠借给李某、姚某连、姚某名100万元，于2012年3月16日通过银行转账方式付至姚某连账户，由李某、姚某连、姚某名出具借条给潘某忠；该笔借款李某、姚某连、姚某名于2014年3月15日前还清；借款期间不收取利息。同日，潘某忠将100万元通过银行转账的方式转入姚某连账户，潘某忠在取款业务回单上注明“兼并绿园款项，借给李某私人”。李某、姚某连、姚某名向潘某忠出具一张《借据》，载明：今依据《借款协议书》收到潘某忠借款人民币壹佰万元（1000000元）。特立此据。

2015年4月27日，潘某忠与张某东签订一份《债权转让协议》，约定：潘某忠于2014年7月向张某东借款人民币肆佰零柒万元，现归还人民币伍拾柒万元，仍欠人民币叁佰伍拾万元及利息，现潘某忠愿意将下列债权全部转让给张某东以抵偿甲方的债务，张某东愿意接受。潘某忠的债权：2012年3月16日借给李某、姚某连、姚某名人民币壹佰万元，见附件1（借款协议书、银行转账凭证、借据）。同日，双方就该《债权转让协议》到象州县公证处办理了公证。

张某东于2015年5月11日将债权转让的通知分别邮寄给李某、姚某连、姚某名。张某东提供的三张邮寄回执收件人签名一栏只有两个“姚”字和一个“李”字。在本案重审时，李某、姚某连、姚某名否认收到张某东邮寄的债权转让通知。

【案件焦点】

1. 如何确定本案债权转让的通知义务主体；2. 本案债权转让是否依法通知了债务人。

【法院裁判要旨】

广西壮族自治区桂林市象山区人民法院经审理认为：李某、姚某连、姚某名不应偿还张某东款项100万元。首先，根据《中华人民共和国合同法》第八十条第一款规定，潘某忠未将债权转让通知李某、姚某连、姚某名。张某东提供的债权转让通知分别邮寄给李某、姚某连、姚某名的邮寄回执不能证实李某、姚某连、姚某名已签收；且在本案重审时，李某、姚某连、姚某名否认收到张某东邮寄的债权转让的通知。因此，本案债权转让对李某、姚某连、姚某名不发生法律效力。其次，李某是绿园公司的法定代表人，潘某忠是龙阳公司法定代表人。李某、姚某连、姚某名向潘某忠借款100万元与龙阳公司兼并绿园公司应支付的款项具有一定的关联性，与本案不是同一法律关系，潘某忠可另行向李某、姚某连、姚某名主张权利，本案不予审理。

广西壮族自治区桂林市象山区人民法院依照《中华人民共和国合同法》第八十条第一款，《中华人民共和国民事诉讼法》第六十四条，《最高人民法院关于适用〈中华人民共和国民事诉讼法〉的解释》第九十条之规定，判决：

驳回张某东的诉讼请求。

张某东不服一审判决，提起上诉。

广西壮族自治区桂林市中级人民法院认为：涉案债权转让后，债权人潘某忠未依法通知债务人李某、姚某连、姚某名，该债权转让对债务人不发生效力。张某东作为涉案债权的受让人，在债权人潘某忠未依法通知债务人李某、姚某连、姚某名的情况下，尚不是向债务人李某、姚某连、姚某名主张履行涉案债权的适格主体，因此，张某东提起本案诉讼不符合起诉条件。

广西壮族自治区桂林市中级人民法院依照《中华人民共和国民事诉讼法》第一百一十九条、第一百五十四条、第一百七十条第一款第二项，《最高人民法院关于适用〈中华人民共和国民事诉讼法〉的解释》第三百三十条之规定，裁定：

撤销一审判决，驳回张某东的起诉。

张某东不服二审裁定，申请再审。

广西壮族自治区高级人民法院经审理认为：根据《中华人民共和国合同法》第八十条第一款"债权人转让权利的，应当通知债务人。未经通知，该转让对债务人不发生效力"的规定，在认定债权转让通知对债务人的法律效力时，应当将债务人是否知晓以及能否确认债权转让事实作为认定债权转让效力的关键。在可以确认债权转让真实性的前提下，不应否定受让人为该通知的法律效力。受让人直接通过向人民法院提起诉讼的方式向债务人主张权利的，亦可认定为通知债权转让的一种方式，在相关诉讼材料送达债务人时，该债权转让通知对债务人发生法律效力。涉案债权转让的事实有象州县公证处出具的《公证书》为证，且潘某忠作为债权人在本案重审庭审后出具给李某、姚某连、姚某名的债权转让告知函亦足以证实，涉案债权转让是存在的。此外，张某东不仅通过向法院提起诉讼的方式，亦通过向李某、姚某连、姚某名以邮政快递的形式主张涉案债权已转让并要求偿还借款，故可认定李某、姚某连、姚某名已知道债权转让的通知。同时本案一、二审都存在遗漏当事人的问题，即李某、姚某连、姚某名主张是受其公司委托进行的借款，故应追加绿园公司为第三人，从而查明涉案借款系个人借款还是公司借款。张某东的再审申请符合《中华人民共和国民事诉讼法》第二百条第六项规定的情形。

广西壮族自治区高级人民法院依照《中华人民共和国民事诉讼法》第二百零七条第一款、第一百七十条第一款第二项，《最高人民法院关于适用〈中华人民共和国民事诉讼法〉的解释》第四百零七条、第三百三十二条规定，裁定：

一、撤销桂林市中级人民法院（2018）桂03民终1886号民事裁定；

二、指令广西壮族自治区桂林市中级人民法院对本案进行审理。

【法官后语】

一、债权转让中的受让人是履行债权转让通知义务的适格主体

《中华人民共和国民法典》第五百四十六条第一款规定："债权人转让债权，未通知债务人的，该转让对债务人不发生效力。"根据本条规定，债权人向第三人转让权利后，应当通知债务人。只有通知债务人，债务人才能够按照合同规定的期限，向新债权人履行合同义务。但对于债务人的通知主体，法律和司法解释并未进行明确规定。"法无明文禁止即许可"，民法典规定债权转让通知义务的目的旨在保护债务人的合法利益，防止债务人因不知债权转让这一事实，仍向原债权人履行偿还义务，从而产生不必要的利益损失。故在确认债权转让事实客观真实存在的前提下，只要向债务人履行了通知义务，债权转让才产生相应的法律效力，而不是限定履行通知义务的主体必须是原债权人。由受让人代为履行债权转让的通知义务也并未违反法律的禁止性规定。而且从经济交往的实际来看，认可受让人作为债权转让的通知义务主体，更能促进经济活动的有序开展，减少债权转让行为的交易成本，尤其是存在债权多次转让情形的。本案中，关于潘某忠向张某东转让债权的事实，有公证处的《公证书》及基础法律关系的证据为凭，可以认定债权转让事实的成立。

二、债权转让通知的形式可书面可口头，也可通过诉讼等方式实现

债权转让的通知形式，法律没有作出明确的规定。在私法领域，没有禁止即为许可，故通知既可通过口头方式，也可以通过书面形式，还可以通过登报公告、诉讼仲裁的方式进行。如果转让人或者受让人在向法院提起诉讼前没有将债权转让的

事实通知债务人，而是直接由受让人向债务人提起债务清偿之诉时，亦应认定“通知”已经完成，该债权转让在相应诉讼材料送达债务人时对债务人发生法律效力。如前所述，债权转让通知债务人的关键，在于让债务人知晓债权转让的事实。通过法院依法向债务人送达受让人的起诉状等诉讼材料的方式，既不对债务人的实际权利造成实质影响，也能够保证债务人获知该债权转让的事实，故只要相关诉讼材料送达了债务人，债权转让就应对债务人发生法律效力。本案中，有三个通知行为，一是债权受让人张某东2015年5月25日邮寄送达通知的行为，二是债权转让人潘某忠向李某、姚某连、姚某名邮寄送达债权转让告知函的行为，三是张某东通过向法院提起诉讼的方式主张债权已经转让并要求偿还借款的行为。即使前两种通知形式未送达债务人，但张某东向法院起诉主张债务人偿还债务的诉讼材料送达债务人时，即可认定债务人知晓债权转让的事实，债权转让已依法通知了债务人。另，张某东基于其与原债权人潘某忠之间的债权转让协议而取得了对债务人的债权，与本案有直接利害关系；其向债务人主张债权100万元，本案亦有明确的被告和具体的诉讼请求、事实和理由；最后，本案诉讼标的额为100万元，符合基层人民法院一审民商事案件受理标准，且潘某忠住所地为桂林市象山区，根据“原告就被告”的诉讼原则，应属广西壮族自治区桂林市象山区人民法院管辖范围。故张某东的起诉符合《中华人民共和国民事诉讼法》第一百一十九条的起诉条件。故综上所述，一审法院不应驳回张某东的起诉。

编写人：广西壮族自治区高级人民法院　杨钉　蒋维维

七、证据与时效

43

当事人仅提供转账凭证的民间借贷案件中的举证规则问题

——阮某荣诉何某才、牛某英民间借贷案

【案件基本信息】

1. 裁判书字号

湖北省宜昌市中级人民法院（2019）鄂05民终1766号民事判决书

2. 案由：民间借贷纠纷

3. 当事人

原告（上诉人）：阮某荣

被告（被上诉人）：何某才、牛某英

第三人：张某

【基本案情】

阮某荣与张某系夫妻关系，何某才、牛某英系夫妻关系，双方系邻居。何某才系安王寨煤矿的负责人，张某2007年～2010年、2013年1月～2015年6月在该煤矿工作。2013年4月23日，阮某荣在接到张某要求转款电话后，向何某才转账23万元，当日案外人李某志出具借条一份，载明“今借到张某等现金人民币35万元整，出借款月息2.4%，此款在煤矿放假时本息全部还清”，当时在煤矿工作的还有朱某军（会计）、牛某红（牛某英的弟弟），朱某军自认李某志35万元借款中有自己的12万元。2014年1月6日，何某才、张某、朱某军等一起到安龙县公安局报案，称李某志诈骗152万元（其中煤矿100万元，张某35万元，牛某红17万元），安龙县公安局对何某才制作询问笔录后，以双方系经济纠纷为由未予立案。2015年7月21日，何某才通过邮箱将李某志的借条及身份证复印件等传送给张某。2015年10月8日阮某荣向法院提起诉讼，要求何某才、牛某英偿还借款23万元并支付相应利息。

【案件焦点】

当事人之间的民间借贷关系是否成立。

【法院裁判要旨】

湖北省当阳市人民法院经审理认为：根据《最高人民法院关于审理民间借贷案件适用法律若干问题的规定》第十七条规定："原告仅依据金融机构的转账凭证提起民间借贷诉讼，被告抗辩转账系偿还双方之前借款或其他债务，被告应当对其主张提供证据证明。被告提供相应证据证明其主张后，原告仍应就借款关系的成立承担举证证明责任。"本案中，阮某荣在接到丈夫张某电话要求后向何某才转账23万元，阮某荣并未事先与何某才协商，转账行为的用途及目的均来源于张某的告知，因此对转账行为的定性应以张某与何某才之间发生的民事法律行为为依据。何某才对收到23万元转账的事实并不否认，但辩称系张某借款23万元给李某志用于购煤，何某才替张某垫付后由阮某荣转账，转账行为系偿还债务。何某才针对辩称提交的证据中，安龙县公安局的询问笔录系关键证据，该证据形成于2014年年初，系公安机关履行法定职责时依职权形成的公文，其真实性足以认定，且笔录形成时利害关系人张某、朱某军、牛某红均尚在安王寨煤矿工作，何某才作为上述利害关系人的老板、亲属、邻居，在李某志本人是否能找到、损失能否弥补以及公安机关能否予以立案尚不知情的前提下，在向公安机关陈述案情时作虚假陈述的可能性极低，结合何某才提交的李某志的借条，证人朱某军、牛某红、余某强、朱某雷的证言，何某才辩称系张某向李某志借款、由何某才先予以垫付的事实虽然仍不能达到完全证明的目的，但认定该事实从证据角度处于优势地位，可以认为何某才举证责任已完成，相应举证责任自此转移到相对方。阮某荣与张某系夫妻关系，故应由阮某荣与张某共同就主张的借款关系成立承担举证责任。阮某荣原审中补充提交的邓某、马某国及温乐酒店的证言及证明，上述证据均形成于2016年10月，证明效力明显低于2014年年初公安机关的笔录，只能证明张某在2013年4月20日~25日曾参加过安全员培训，不能证明张某未参与与李某志协商借款的过程，也不能证明与何某才之间存在借贷关系。综合双方举证情况，阮某荣与张某未能就与何某才之间存在借贷关系尽到举证责任，应承担相应不利法律后果。综合双方举证情况，阮某荣与张某未能就与何某才之间存在借贷关系尽到举证责任，应承担相应不利法律后果。

综上，湖北省当阳市人民法院依照《中华人民共和国合同法》第一百九十六条，《最高人民法院关于审理民间借贷案件适用法律若干问题的规定》第十七条，《中华人民共和国民事诉讼法》第六十四条第一款，《最高人民法院关于适用〈中华人民共和国民事诉讼法〉的解释》第九十条规定，判决：

驳回阮某荣的诉讼请求。

阮某荣不服一审判决，提起上诉。

湖北省宜昌市中级人民法院经审理认为：本案二审中双方当事人争议的焦点问题是：阮某荣与何某才之间是否存在民间借贷法律关系。针对该问题，法院作如下阐述：

一、关于当事人仅依据金融机构的转账凭证提起民间借贷诉讼的举证责任分配问题

根据《最高人民法院关于审理民间借贷案件适用法律若干问题的规定》第二条第一款规定："出借人向人民法院起诉时，应当提供借据、收据、欠条等债权凭证以及其他能够证明借贷法律关系存在的证据。"本案为民间借贷纠纷，自然人之间的借款合同，自出借人提供借款时生效。出借人向借款人主张归还借款时，应当举证证明双方就借贷法律关系达成合意，且出借人实际向借款人交付了款项。本案中，阮某荣要求何某才、牛某英偿还借款23万元，并提供了银行转账凭证，但未提供证明该款项系借款的证据。何某才认可收到了该23万元款项的同时主张阮某荣的丈夫张某出借23万元给案外人李某志用于购煤，何某才替张某垫付后由阮某荣转账，该转账行为系偿还债务。对此，法院认为，对于阮某荣仅依据金融机构的转账凭证提起民间借贷诉讼、何某才抗辩转账系偿还双方之间债务的民间借贷纠纷案件，问题的关键是查清双方是否有借贷合意，核心是举证责任的分配。根据《最高人民法院关于审理民间借贷案件适用法律若干问题的规定》第十七条规定："原

告仅依据金融机构的转账凭证提起民间借贷诉讼，被告抗辩转账系偿还双方之前借款或其他债务，被告应当对其主张提供证据证明。被告提供相应证据证明其主张后，原告仍应就借贷关系的成立承担举证证明责任。”具体而言，在阮某荣仅提供金融机构的转账凭证证明款项支付事实，而不能提供借据、收据、欠条等债权凭证的情况下，何某才抗辩转账系偿还双方之前的借款时，相当于提出了一个新的主张。何某才对该主张不仅要作出合理解释，还需要提出一定的证据加以证明。若何某才提供了相应证据证明其主张，则此时举证责任再次转移至阮某荣一方，阮某荣仍应就借贷关系的成立承担举证责任。

二、关于何某才所举证据应达到的证明程度问题

根据《最高人民法院关于适用〈中华人民共和国民事诉讼法〉的解释》第一百零八条规定：“对负有举证证明责任的当事人提供的证据，人民法院经审查并结合相关事实，确信待证事实的存在具有高度可能性的，应当认定该事实存在。对一方当事人为反驳负有举证证明责任的当事人所主张事实而提供的证据，人民法院经审查并结合相关事实，认为待证事实真伪不明的，应当认定该事实不存在……”本条是对于本证和反证的规定。所谓本证，是指在民事诉讼中负有证明责任的一方当事人提出的用于证明自己所主张事实的证据。反证是指没有证明责任的一方当事人提出的为证明对方主张事实不真实的证据。本案中有借贷合意的证明责任主体不是何某才，其承担的不是本证义务，而是反证义务，何某才为反驳阮某荣所主张有借贷合意的事实提供的证据，不必达到高度盖然性的标准，而只需动摇法官的内心确信，其举证责任达到使阮某荣所主张借贷关系存在的事实处于真伪不明的程度即可。因此，虽然《最高人民法院关于审理民间借贷案件适用法律若干问题的规定》第十七条赋予何某才一定的举证责任，但并不意味着举证责任的倒置。从责任主体上看，阮某荣仍负有举证证明存在借贷合意的责任，证明责任主体不是何某才。本案中，阮某荣提起诉讼的证据仅为向何某才转款23万元的转账凭证，并未提供其他证据证明双方就借贷合意达成了一致的意思表示。何某才的抗辩事由为，阮某荣的丈夫张某出借23万元给案外人李某志用于购煤，何某才替张某垫付后由阮某荣转账，该转账行为系偿还垫付款。该抗辩实际上涉及的是张某与何某才之间的民事法律关系。对此，法院认为，案外人李某志于2013年4月23日出具的借条载明“今借到张某等现金35万元整”，其中，朱某军自认李某志35万元借款中有自己的

12 万元。同时，安龙县公安局于 2014 年 1 月 6 日对何某才进行询问时，其陈述“李某志不光拿了 100 万元煤炭款，还向煤矿上几个人借钱，向张某借 35 万元，向牛某红借 17 万元，这些钱都有借条并承诺有还款时间”。何某才的该段陈述与借条记载的债权内容相一致。何某才系安王寨煤矿的负责人，张某在煤矿上工作多年，双方又是邻居关系，并且，在张某随何某才等到安龙县公安局报案的前后期间，亦无证据显示张某与何某才之间存在债权债务纠纷或其他经济纠纷。何某才为此还提供了 100 万元汇款凭证、牛某红 17 万元借条等证据以证明询问笔录内容的真实性。基于上述事实考虑，在安龙县公安局依照职权对何某才进行询问后所形成的笔录具有较高的可信度，法院对其内容的真实性予以采信。另外，牛某红、朱某军与张某均是同事关系，其证言能够在一定程度上对询问笔录及借条内容予以佐证。综上，何某才的抗辩构成反证，故何某才虽未提供足够充分的证据直接证明双方存在其他借贷关系或其他法律关系，但对案涉 23 万元转账系其他原因作出了合理解释，所提交的询问笔录、金融凭证、借条及证人证言等证据能够让法官相信李某志向张某借款、由何某才先予垫付的事实确有可能存在，从而使得阮某荣提出案涉 23 万元转账系借款的主张处于真伪不明的状态。根据《最高人民法院关于审理民间借贷案件适用法律若干问题的规定》第十七条之规定，在何某才就其抗辩主张提供相应的证据证明后，阮某荣仍应就借贷关系的成立承担举证责任。在阮某荣不能举证证明案涉 23 万元转账系借款的情况下，一审法院驳回其诉讼请求并无不当。

综上所述，阮某荣的上诉理由不能成立，应予驳回。一审判决认定事实清楚，适用法律正确，应予维持。

湖北省宜昌市中级人民法院依照《中华人民共和国民事诉讼法》第一百七十条第一款第一项之规定，判决：

驳回上诉，维持原判。

【法官后语】

本案所讨论的重点是当事人之间的民间借贷关系是否成立。民间借贷案件具有实践性特征，因此民间借贷关系若想成立，需要具有形式上的要件和实质上的要件，即双方当事人之间借贷的合意（如借条、书面借款合同，或者其他可以表明双方存在借贷合意的形式要件）和实际交付款项的事实。在司法实践中，对《最高人民法院关于审理民间借贷案件适用法律若干问题的规定》第二条第一款的理解，通常主张借贷的一方应先证明双方存在借贷合意，原则上原告应先证明其与被告之间存在借款的意思表示，即使原告提供汇款凭证或所交付之票据，但也应先证明其汇出之款项或所交付之票据与借款有关，但在本案中，当事人仅提供了银行转账凭证，仅凭该项凭证，无法证明其与借款有关。

在阮某荣仅依据金融机构的转账凭证提起民间借贷诉讼、何某才抗辩该款项为偿还双方之间债务的情况之下，问题的关键是要查清双方之间是否有借贷的合意，而核心是举证责任的分配，因为举证责任的分配不仅涉及为避免败诉而举证的行为责任，亦涉及对不利结果进行负担的责任和风险。因此有两个问题值得思考，即关于当事人仅依据金融机构的转账凭证提起民间借贷诉讼的举证责任分配问题；关于被上诉人所举证据应达到的证明程度问题。

第一，《最高人民法院关于审理民间借贷案件适用法律若干问题的规定》第十七条规定明确了在原告只有转账凭证而无其他证据，被告又抗辩该转账为偿还双方之前债务时，双方举证责任分配的问题。由于被告所为之抗辩相当于提出一个新的主张，即在原告所主张的借贷关系之外，双方之间还存在其他权利义务关系，依照基础事实说，主张权利发生的当事人负证明责任，此时被告应当对其主张提供新的证据，而在被告提出证据证明后，举证责任会再次转移至原告一方，原告仍应就借贷关系的成立负举证责任。此时原告可以选择从两个方面来举证，原告可以进一步提供有关借款的证据，亦可以针对被告所提出的抗辩事实而举反证。若原告能进一步提供证明双方之间借款的证据，则可在此时提出，以证明该借贷关系的存在具有高度盖然性。实践中，在此阶段原告往往难以再提出新的证据，故原告得以针对被告抗辩的主张进行举证，从侧面推翻被告所为之抗辩不成立，以此达到证明双方存在借贷关系的目的。若原告未能完成上述举证责任，则可能面临败诉的风险。

此项规定的初衷在于以更细致具体的证明责任分配规则，来缓解法院因主要证据的缺失而导致的事实查明困难。该法条的起草者认为，因民间借贷案件的当事人法律风险防范意识薄弱，欠缺证据保全意识，导致法院在查明缺少书面合同或书面借据的案件事实时存在很大困难，故因此对典型案件类型的证明责任分配作出具体规定。

第二，《最高人民法院关于适用〈中华人民共和国民事诉讼法〉的解释》第一百零八条规定，人民法院对于本证人所提供的证据，需要审查后结合相关事实，确定其待证事实的存在具有高度可能性，即认定该事实存在。而对于反证人所提出的证据，人民法院在审查后结合相关事实，认为待证事实真伪不明时，即认定该事实不存在。由此可以看出，本证人和反证人所举证证据的证明程度不同。在借贷关系中，证明借贷合意的证明责任主体是主张自己为债权人之人，本证人的举证需要使法官确信，该债权债务关系存在，反证人的举证只需动摇法官的内心确信即可。但本证人在针对反证人抗辩的举证过程中，所举证的力度只需免除法官因反证人举证而造成的内心合理怀疑，使法官再次确信原告所主张的法律关系的存在。

笔者认为，在民间借贷市场尚未完全规范的前提下，对于民间借贷关系是否成立的审核需要慎重，除了实质上付款的事实，仍需对双方借款的合意进行仔细的审查，举证责任的分配在案件的审查过程中有着不可忽视的作用，因此需要法官在案件审查中依法合理分配举证责任，以维护法秩序和法安定。

编写人：湖北省宜昌市中级人民法院　张灿

44

当事人仅凭交付凭证主张归还借款的举证责任分配问题

——顾某兴诉常某娜民间借贷案

【案件基本信息】

1. 裁判书字号

江苏省无锡市中级人民法院（2019）苏02民终3520号民事判决书

2. 案由：民间借贷纠纷

3. 当事人

原告（上诉人）：顾某兴

被告（被上诉人）：常某娜

【基本案情】

2016年12月23日，顾某兴向常某娜银行卡转账20万元；2017年6月16日，顾某兴分三次各向常某娜银行卡转账4.9万元，共计14.7万元；2017年6月17日，顾某兴向常某娜银行卡转账5万元。

2019年1月，顾某兴诉至江阴法院，请求判令常某娜归还借款本金40万元及相应利息。

审理中，常某娜向江阴法院提交以下证据：1. 罗某钊、程某豹的书面证言，载明：2016年曹某成、程某豹、罗某钊、顾某兴四人共同开发金矿，由常某娜担任该团队的财务负责人，顾某兴汇给常某娜的款项系投资款。2. 银行业务回单，显示2017年6月17日刘某盈账户汇款给常某娜20万元。3. 机票订单截图，由常某娜为曹某成、程某豹、顾某兴等人订购机票。

【案件焦点】

本案顾某兴与常某娜是否具有借贷合意。

【法院裁判要旨】

江苏省江阴市人民法院经审理认为：根据《最高人民法院关于人民法院审理民间借贷案件适用法律若干问题的规定》第十七条的规定，原告仅依据金融机构的转账凭证提起民间借贷诉讼，被告抗辩转账系偿还双方之前借款或其他债务，被告应当对其主张提供证据证明；被告提供相应证据证明其主张后，原告仍应就借贷关系的成立承担举证证明责任。本案顾某兴虽起诉常某娜归还借款，但明确系曹某成与其联系向他借款，他向曹某成催款，没有向常某娜催款，故可以确认本案纠纷发生在曹某成与顾某兴之间，顾某兴主张与常某娜之间存在借贷合意的证据不足。

本案中，顾某兴主张常某娜向其借款40万元，其提交的银行汇款凭证仅能证明款项交付，常某娜辩称顾某兴交付的系投资款，其系合伙项目的财务负责人，常某娜虽未提交合伙协议，但其承担的是反证义务，常某娜提交的证据不必达到高度盖然性标准，只需使待证的借贷合意这个事实真伪不明即可。《最高人民法院关于人民法院审理民间借贷案件适用法律若干问题的规定》第十七条虽赋予了被告一定的举证责任，但并不意味着举证责任发生倒置，从责任主体上看，原告仍负有举证证明存在借贷合意的责任，证明责任主体不是被告。本案常某娜提供了其为顾某兴、曹某成等订购机票的截屏及 2017 年 6 月 17 日顾某兴出借第二笔借款的同日，案外人向其转账 20 万元的银行凭证，并提供了证人罗某钊、程某豹的证人证言，顾某兴虽对证人证言不认可，但确认常某娜为其订购机票事实，亦确认其与曹某成等一起去缅甸等事实，顾某兴与曹某成等的交往行为已完全超出了一般借贷关系双方的行为范畴，故常某娜的上述抗辩意见及举证情况使顾某兴主张借款这一法律要件事实处于真伪不明的状态，顾某兴需进一步就借贷关系的成立承担举证责任。在顾某兴不能举证证明讼争款项系借款的情况下，法院对顾某兴主张常某娜归还借款不予支持。

江苏省江阴市人民法院依据《中华人民共和国民事诉讼法》第六十四条，《最高人民法院关于民事诉讼证据的若干规定》第二条及《最高人民法院关于审理民间借贷案件适用法律若干问题的规定》第十七条之规定，判决：

驳回顾某兴的全部诉讼请求。

顾某兴不服一审判决，提起上诉。

江苏省无锡市中级人民法院经审理认为：民间借贷纠纷本质上是自然人、法人、其他组织之间及其相互之间的借款合同纠纷，而借款合同成立需要双方当事人有借款合意。起诉时顾某兴陈述常某娜向其借钱，表明其与常某娜有借款合意，一审中顾某兴又陈述曹某成向其借款，表明其认为与曹某成有借款合意，二审中顾某兴再次陈述常某娜、曹某成共同向其借款，表明其认为与常某娜、曹某成两人有借款合意。顾某兴上述关于合意对象的三次陈述相互矛盾。本案应系顾某兴与曹某成形成了合意，而不是常某娜，现有证据无法认定常某娜与顾某兴存在借款合意，顾某兴以双方之间的借贷法律关系起诉常某娜，无事实依据，二审中，顾某兴虽提出该债务是曹某成与常某娜的夫妻共同债务，常某娜应当对此承担还款责任，但该主张改变了其起诉时提出的常某娜因与顾某兴之间有直接借款关系而需要承担法律责任的主张，改变了请求权基础，法院对变更后的主张不予审查。

江苏省无锡市中级人民法院依照《中华人民共和国民事诉讼法》第一百七十条第一款第一项的规定，判决：

驳回上诉，维持原判。

【法官后语】

自然人之间的借款合同，自贷款人提供借款时生效。出借人向借款人主张归还款项时，应当举证证明双方就借贷法律关系达成合意，且出借人实际向借款人交付了出借款项。本案系一起典型的当事人仅凭转账凭证起诉要求归还借款的民间借贷案件，而《最高人民法院关于人民法院审理民间借贷案件适用法律若干问题的规定》第十七条对仅持有转账凭证即款项交付记录的当事人提供了以民间借贷纠纷为由进行司法诉讼的条件，不再苛责当事人提供借贷合意的相关证据，该类案件实为孤证案件，最大的问题即事实认定难，加之各地法院对第十七条的理解适用不同，证明标准不明确、举证责任分配困难，导致司法裁判难以统一。对此，笔者从举证责任角度针对此类借贷案件分析如下：

一、原告应承担的举证责任

在《最高人民法院关于人民法院审理民间借贷案件适用法律若干问题的规定》制定过程中，就原告承担的举证责任问题，意见曾发生过重大变化，草案曾规定："原告基于借贷关系主张返还借款的，应当对借贷合意的成立和款项交付的事实承担举证责任。原告仅提供转账、存款凭证等交付证据，未提供借贷合意的证据，被告以双方不存在借贷关系或存在其他法律关系为由抗辩的，人民法院应当要求原告就双方存在借贷合意进一步提供证据。原告不能提供证据的，应当驳回其诉讼请求。"该规定系将对双方之间存在借款合同关系的举证责任，彻底地分配给出借人。其思路是基于证明责任分配的一般原则，要求作为原告的出借人，对存在借贷合意和款项交付的两个基本事实都承担举证责任。①

但最终定稿施行的《最高人民法院关于人民法院审理民间借贷案件适用法律若干问题的规定》第十七条将原告的举证责任分为两个阶段，明确了被告对其抗辩的举证义务，并将"被告提供相应证据证明其主张"作为原告履行下一阶段举证义务的前提条件。原告持有款项交付的转账凭证，即完成了证明借贷合意存在的初步证明责任，此时需要结合被告的答辩情况，运用第十七条规定对双方是否存在借贷关系作进一步分析判断。如被告没有提出该转账系还款或款项属其他性质的抗辩，也未提供相应证据，则可依据第十七条的规定推定借贷关系成立。当然，笔者认为，司法实践中，还需对当事人的经济能力、双方之间的关系、交易习惯与交易方式等

---

① 杜万华主编：《最高人民法院民间借贷司法解释理解与适用》，人民法院出版社2015年版，第304页。

进行综合审查而认定借贷关系是否存在，以此来降低适用推定规则造成不合理结果的概率，毕竟存在原告持有转账凭证要求被告归还不真实借款的可能，特别是在被告下落不明，缺席审理的情况下。

二、被告应承担的举证责任

关于此类案件“被告提供相应证据证明其主张”的证明标准问题，即被告提供的证据需要达到何种证明程度，笔者认为，被告提交的证据只需要动摇法官的内心确信，使得待证事实处于真伪不明的状态，举证责任即再次转移至原告，原告仍应就借贷关系的成立承担举证证明责任。因被告系否定原告主张的要件事实存在而进行举证，其承担的是反证义务，根据《最高人民法院关于适用〈中华人民共和国民事诉讼法〉的解释》第一百零八条规定：“对负有举证证明责任的当事人提供的证据，人民法院经审查并结合相关事实，确信待证事实的存在具有高度可能性的，应当认定该事实存在。对一方当事人为反驳负有举证证明责任的当事人所主张事实而提供的证据，人民法院经审查并结合相关事实，认为待证事实真伪不明的，应当认定该事实不存在。法律对于待证事实所应达到的证明标准另有规定的，从其规定。”故被告对反证的证明标准不同于原告对本证的证明标准，即被告提交的证据不必达到高度盖然性标准，只需使待证的借贷合意这个事实真伪不明即可，原告仍需进一步就借贷关系的成立承担举证责任。在原告不能举证证明讼争款项系借款的情况下，对原告主张归还借款的诉请不予支持。如被告提供的证据已达到高度盖然性的标准，则可直接认定被告抗辩证成的法律关系成立，不必再适用第十七条要求原告进一步证明借贷合意。

本案顾某兴主张与常某娜存在借款关系，但其明确系曹某成联系其借款，故常某娜与顾某兴之间并无直接借款关系，其主张双方存在借贷合意证据不足，故法院驳回其诉讼请求。

编写人：江苏省江阴市人民法院　陈教智　黄静宇

45

借贷关系的举证责任分配

——宋某栋诉朱某辉民间借贷案

【案件基本信息】

1. 裁判书字号

江苏省无锡市中级人民法院（2019）苏 02 民终 71 号民事判决书

2. 案由：民间借贷纠纷

3. 当事人

原告（被上诉人）：宋某栋

被告（上诉人）：朱某辉

【基本案情】

宋某栋与朱某辉系同事关系。2017 年 10 月，朱某辉告知宋某栋可通过支付宝、微信平台贷出款项，之后每期还款由其负责，另外每 10000 元给宋某栋 2000 元。宋某栋遂以微信、支付宝平台借贷款项、信用卡取现等方式前后将共计 130000 元（2017 年 10 月 2 日 35000 元、2017 年 10 月 7 日 45000 元、2017 年 12 月 22 日 50000 元）交付给朱某辉。其间，朱某辉曾询问宋某栋相应钱款要不要投资，宋某栋陈述该钱款实为借给朱某辉进行投资的。2017 年 12 月 21 日，宋某栋微信告知朱某辉因交付款项计 130000 元，要求朱某辉写欠条，朱某辉表示同意。上述三笔款项交付当日或次日，朱某辉分别支付宋某栋（或其妻子坎某）4000 元、6000 元、8000 元。2017 年 10 月至 2018 年 1 月，宋某栋（或其妻子坎某）相应平台或账户应归还的分期款项，由金某东或他人转入，共计转入 44890 元。2018 年 1 月 28 日，朱某辉向宋某栋支付宝账户转入 8861 元。

朱某辉于 2017 年 10 月 2 日、10 月 7 日、12 月 22 日分别向金某东账户转账 50000 元。朱某辉陈述转账给金某东的包含其他人员的款项，故与宋某栋对应付款金额不一致。朱某辉向法庭提供微信截图打印件，并表示该截图系其妻子杜某燕与金某东微信聊天内容，其中杜某燕告知金某东包括坎某在内人员到期还款。朱某辉提供合作协议打印件，证明金某东与杜某燕签订手机分期业务合作协议，其与杜某燕为金某东提供该业务，金某东以全单（5000 元）1300 元标准向其支付推广费用。朱某辉表示实际并无具体业务或者投资项目，金某东并未向其说明。

2018 年 2 月 26 日，金某东因涉嫌合同诈骗案被无锡市公安局新吴分局立案侦查。2018 年 3 月，宋某栋致电朱某辉，要求其归还钱款。朱某辉表示因别人欠其款项要不到，所以没钱。催讨无果后，宋某栋遂诉至法院。

【案件焦点】

宋某栋与朱某辉之间是否构成借贷法律关系。

【法院裁判要旨】

江苏省无锡市惠山区人民法院经审理认为：审查是否构成借贷关系，首先要查明借贷双方之间的合意是否成立：朱某辉与宋某栋之间通过口头及微信往来的形式商定由宋某栋以微信、支付宝平台或者信用卡套现形式贷得款项交付给朱某辉，朱某辉明确表示帮宋某栋归还相应分期账单，且朱某辉同意就相应款项向宋某栋出具欠条，朱某辉同时向宋某栋承诺每 10000 元由宋某栋赚 2000 元，双方之间关于款项交付及利益分配的合意，符合借贷关系的基本特征。其次要审查双方在实际履行过程中的具体行为，相应款项由宋某栋直接支付给朱某辉，其中直接返还或扣除的利息也由朱某辉转账支付给宋某栋，宋某栋将每月收款账户提供给朱某辉，还款由朱某辉或其妻子指示金某东还款，宋某栋因账单到期向朱某辉催款时朱某辉亦向宋某栋账户进行了相应金额的还款。宋某栋与朱某辉之间存在借贷合意，宋某栋亦实际向朱某辉出借款项，双方之间应认定为民间借贷法律关系。

朱某辉抗辩其仅为介绍人介绍宋某栋投资，但并无证据显示其将宋某栋等介绍给金某东认识，朱某辉又表示并无明确投资项目，且其交付给金某东的款项与其收到的款项并不一致，朱某辉亦从中获取了一定的收益，结合双方实际款项交付及流转方式，法院对朱某辉的该项抗辩意见不予采信。综上，宋某栋向法院提出诉讼请求，要求朱某辉归还借款，法院予以支持。

江苏省无锡市惠山区人民法院依照《中华人民共和国合同法》第一百九十六

条、第一百九十七条第一款、第二百条、第二百零六条、第二百一十条之规定，判决：

朱某辉应于本判决发生法律效力之日起十日内向宋某栋归还58249元。

朱某辉不服一审判决，提起上诉。

江苏省无锡市中级人民法院经审理认为：一审法院结合聊天记录中朱某辉所作涉案款项由其负责归还等陈述以及宋某栋打款、朱某辉还款或指示他人还款的行为，认定双方之间构成民间借贷法律关系，理由充分，法院予以确认。朱某辉借款后款项是否用于投资金某东，是否由金某东最终归还款项，均不影响朱某辉与宋某栋之间的民间借贷关系。即使宋某栋向朱某辉询问了介绍费、第三人还款等问题，也不代表宋某栋免除了由朱某辉作为借款人归还借款的义务。综上所述，朱某辉的上诉请求不能成立，应予驳回。

江苏省无锡市中级人民法院依照《中华人民共和国民事诉讼法》第一百七十条第一款第一项的规定，判决：

驳回上诉，维持原判。

【法官后语】

民间借贷案件审理过程中的举证责任分配应当是动态的过程，法官熟练运用举证责任分配才能够对此类案件事实进行准确的认定。民间借贷案件的事实认定，大多是由法官根据经验法则，通过对证据材料的审查和证明力的认定、判断、取舍，对比各方当事人不同证据的证明力，推断当事人之间既往发生的法律关系的事实过程。在一般的民间借贷案件中，出借人在提供借款人签名的借条、收据等书面文件之外，还应当对款项出借的时间、地点、款项来源、用途等具体过程和事由进行说明，以便法官审查借款是否真实、合法。在没有借条、收据等其他书面凭据证明双方存在基本借贷合意的情况下，应对当事人之间关于款项往来的起因、款项流转的过程以及关于还款义务的约定等方面的证据综合进行审查。

实践中，不乏基于熟人之间的轻信或者因为高额回报的诱惑，出借资金或者将钱款投资所谓高利项目的情形。产生纠纷后，双方往往对于收款方是作为借款人承担还款义务，还是仅作为介绍人或者受委托人身份无须承担还款义务产生争议。本案即属此例，双方关于款项往来的情况并无异议，但对于双方之间是民间借贷关系还是居间关系各执一词。法官只能凭据对现有证据的审查，结合民间借贷纠纷案件举证责任分配的规则，对双方法律关系作出认定。首先，关于款项往来的起因，结合当事人双方在庭审中的陈述以及微信聊天记录可以看出，朱某辉以每万元2000元高利多次劝说宋某栋向其交付钱款，自始至终朱某辉并未提到任何投资项目或者由将其介绍给案外人的行为。其次，关于款项的流转方式，双方口头商定由宋某栋以微信、支付宝平台小额贷款或者信用卡套现等方式取得款项，宋某栋将款项贷出后直接支付给朱某辉，朱某辉随即将返利支付给宋某栋，此后款项如何流转及分配均由朱某辉决定。实际情况是朱某辉为了获取差额利息，在收到款项后与自他人处取得的款项混同后支付给第三人，第三人按照其指示进行还款。最后，关于还款义务的约定，朱某辉明确表示帮宋某栋归还相应平台上的每期账单；宋某栋的还款账号也直接提供给朱某辉，朱某辉也实际归还了部分款项；还款逾期后，宋某栋催讨过程中，朱某辉也表示同意就相应款项出具欠条。综合上述事实，可以看出双方当事人之间关于款项交付及利益分配形成合意，双方之间发生直接的权利义务关系，符合借贷关系的基本特征，应当认定宋某栋已经完成对借贷合意以及款项实际交付的举证责任。在宋某栋已经完成其主张的借贷法律关系初步举证义务的情况下，朱某辉抗辩称其仅为介绍人介绍宋某栋进行投资，应当负有举证义务。如上所述，并无任何证据显示宋某栋与案外人形成直接的联系或者产生其他法律关系的合意，并不符合居间介绍的三方主体关系。宋某栋基于对朱某辉的信任以及受到高利的诱惑将钱款出借给朱某辉，至于朱某辉借款后款项是否用于投资以及最终由谁进行还款，不应影响双方之间基本法律关系的定性。朱某辉未能提供充分证据证明其主张，应当承担举证不利的法律后果。

故而，法院最终认定双方之间形成借贷法律关系，朱某辉理应向宋某栋归还借款。

编写人：江苏省无锡市惠山区人民法院　张茹婷

46

无借条时如何认定民间借贷关系是否成立

——袁某华诉文某菊民间借贷案

【案件基本信息】

1. 裁判书字号

四川省达州市中级人民法院（2019）川17民终1234号民事判决书

2. 案由：民间借贷纠纷

3. 当事人

原告（被上诉人）：袁某华

被告（上诉人）：文某菊

【基本案情】

袁某华与文某菊系同学关系。袁某华系华泰公司的保险代理员，文某菊分别于2015年4月7日、2016年1月4日、2016年2月1日在袁某华处购买了华泰公司不同险种的保险。2016年1月4日文某菊购买保险时因资金短缺，袁某华通过手机银行转款给文某菊4000元。2016年2月1日，文某菊购买保险时因资金短缺，袁某华于2016年2月5日通过手机银行转款给文某菊4700元。之后，文某菊因资金困难无力续保，袁某华以自己在华泰公司的保险合同抵押贷款36500元，于2016年6月8日通过手机银行、支付宝等方式转款给文某菊共计36500元。现袁某华累计向文某菊借款45200元，除文某菊通过其子向袁某华还款5000元外，文某菊仍欠袁某华40200元。

【案件焦点】

当事人双方存在多笔经济往来，但未书写借条时其中一方否认双方成立民间借贷关系，应如何认定民间借贷关系是否成立。

【法院裁判要旨】

四川省渠县人民法院经审理认为：文某菊向袁某华借款45200元，偿还了5000元，仍欠40200元。这一事实，能够通过文某菊向袁某华的转账记录和保险公司保险收费记录综合认定，故袁某华、文某菊之间成立民间借贷关系，袁某华要求文某菊偿还借款40200元的请求，应当予以支持；关于袁某华要求文某菊支付其垫付欠华泰公司抵押保险合同贷款36500元产生的资金利息1922.04元的请求，因袁某华、文某菊未对借款36500元约定利息，袁某华自行支付抵押保险合同产生的利息不属于本案民间借贷关系，应另行主张权利，本案不予处理。

四川省渠县人民法院依照《中华人民共和国合同法》第六十条、《最高人民法院关于适用〈中华人民共和国民事诉讼法〉的解释》第九十条之规定，判决：

一、文某菊在本判决发生法律效力之日起三十日内偿还袁某华借款40200元；

二、驳回袁某华的其他诉讼请求。

文某菊不服一审判决，提起上诉。

四川省达州市中级人民法院经审理认为：文某菊对袁某华在诉讼中举证向其转款的事实无异议，但认为不是袁某华向其借款而属袁某华归还其以前的借款，但对该事实不能举证证明。根据《最高人民法院关于审理民间借贷案件适用法律若干问题的规定》第十七条"原告仅依据金融机构的转账凭证提起民间借贷诉讼，被告抗辩转账系偿还双方之前借款或其他债务，被告应当对其主张提供证据证明。被告提供相应证据证明其主张后，原告仍应就借贷关系的成立承担举证证明责任"的规定，一审判决认定双方之间存在民间借贷法律关系并归还下欠借款40200元并无不当。

四川省达州市中级人民法院依照《中华人民共和国民事诉讼法》第一百七十条第一款第一项之规定，判决：

驳回上诉，维持原判。

【法官后语】

民间借贷纠纷是指自然人之间、自然人与法人或其他组织之间，以及法人或其他组织相互之间，以货币或其他有价证券为标的进行资金融通的行为。一般情况下，发生借贷关系时出借人会要求借款人出具借条，但也普遍存在朋关之间因关系较好、十分信任，并未要求对方出具借条的情形，可一旦发生纠纷，出借人主张权利时就十分被动。本案处理的重点主要在于借款人没有出具借条时，如何认定借贷关系是否成立。

首先，“借条”等书面证据并非证明借贷法律关系成立的必要条件。根据《中华人民共和国民法典》第六百六十八条规定：“借款合同应当采用书面形式，但是自然人之间借款另有约定的除外。借款合同的内容一般包括借款种类、币种、用途、数额、利率、期限和还款方式等条款。”说明借贷法律关系的成立需符合形式要件和实质要件。形式要件即达成合意的外在形式，如借条、借款合同、口头约定以及其他可以表明双方借款合意的形式；实质要件即款项的实际交付。结合本案中，双方当事人之间的借款合意没有形成书面形式，那借贷关系是否就不成立呢？笔者认为借款合同是一种不要式合同，不能单一地认为出具借条才符合形式要件，双方达成口头借款协议也是形式要件的一种。因借贷合同具有实践性特征，借贷合同的成立，不仅要有合意，还要有交付钱款的事实。本案袁某华提交的证据能够证明双方达成借款合意后，其通过手机银行、支付宝等多种方式向文某菊转款履行了出借义务，符合借贷关系中实质要件的要求，故双方当事人之间借贷事实清楚，借贷关系成立。

其次，无借贷凭证时应合理分配举证责任、综合考量证据证明力。根据《最高人民法院关于审理民间借贷案件适用法律若干问题的规定》第十六条规定：“原告仅依据金融机构的转账凭证提起民间借贷诉讼，被告抗辩转账系偿还双方之前借款或者其他债务的，被告应当对其主张提供证据证明。被告提供相应证据证明其主张后，原告仍应就借贷关系的成立承担举证责任。”借款而无借条往往说明双方之间有着高度的信赖关系，如果彼此间并不熟识，显然不会出现本案中的情况。现袁某华提交了银行转账凭证、支付宝转款明细等证明借贷事实后，文某菊辩称袁某华的转账系归还欠文某菊的借款，此时的举证责任就分配到了文某菊的身上，但文某菊未能提供证据加以证实，这也能推定双方当事人之间存在借贷关系。

最后，“谁主张，谁举证”，出借方举证后借款方予反驳的，借款方负举证责任。根据《最高人民法院关于适用〈中华人民共和国民事诉讼法〉的解释》第九十条规定：“当事人对自己提出的诉讼请求所依据的事实或者反驳对方诉讼请求所依据的事实，应当提供证据加以证明，但法律另有规定的除外。在作出判决前，当事人未能提供证据或者证据不足以证明其事实主张的，由负有举证证明责任的当事人承担不利的后果。”本案中，袁某华已经提供了银行转账凭证、支付宝转账记录、手机短信记录等证据证实其与文某菊之间存在借贷关系，并向文某菊催收过借款的事实，若文某菊认为其与袁某华之间不存在借贷关系，文某菊应承担相应的举证责任，若文某菊不能提供未借款的相应证据反驳回袁某华的诉讼请求，就应当认定双方当事人之间存在借贷关系。

编写人：四川省渠县人民法院　杨惠

47

从微信聊天记录中审查真实意思表示

——秦某诉王某民间借贷案

【案件基本信息】

1. 裁判书字号

广西壮族自治区柳州市中级人民法院（2019）桂02民终2659号民事判决书

2. 案由：民间借贷纠纷

3. 当事人

原告（上诉人）：秦某

被告（被上诉人）：王某

【基本案情】

2018年3月，秦某、王某确定恋爱关系。2018年5月7日及2018年5月24日，王某均以生意周转为由，发微信向秦某借款，两次共借得80000元，并承诺于2018年5月31日之前如数偿还。2018年6月初，秦某为购买彰泰红商品房作为双方婚房，交付购房定金及首付款共计271688.88元，并将房产登记在王某名下。2018年7月，秦某因其小孩无法接受父母离婚的事实，情绪不稳，欲与其前妻复婚，遂与王某分手。2018年7月8日，秦某就彰泰红房产提出三个处理方案：一是王某自行支付尾款，秦某不再主张前期支付的房款；二是将房产更名至秦某弟弟名下，更名费用、剩余房款由秦某弟弟承担；三是已付房款 271688.88 元扣除给付给开发商的购房定金后，秦某不再主张剩余房款。2018 年 7 月 10 日，王某向秦某发微信“就去彰泰红变更吧”“直接变更你弟的名字”。2018 年 7 月 12 日，秦某先后向王某发微信“至于房子的事情就此放弃了，就作为我违约的罚金了”“借给你的钱，就当是我的微薄心意和表示对你的歉意，在此，最后向你说声：对不起!”2018 年 7 月 13 日，秦某在微信中重提双方曾达成一致意见将房产更名至其弟弟名下。后因王某反悔，形成诉讼，经（2019）桂 02 民终 1150 号案件审理，作出生效判决，判令王某向秦某返还购房款 271688.88 元。2018 年 7 月 29 日，秦某在微信中作出不会免除王某债务的意思表示。后秦某催索无果，形成本诉。

秦某提交的微信聊天记录，自认已将部分聊天内容删除。秦某、王某双方均认可相应头像对应文字内容系二人发出；双方交往期间所形成的债权债务关系仅有 271688.88 元购房款及本案共计 80000 元借款；在本案中提交的全部微信聊天记录，以及二人回忆双方之间的聊天记录中，均未以“借款”来描述 271688.88 元购房款。

【案件焦点】

秦某要求王某继续返还借款共计 80000 元，是否具有事实、法律依据。

【法院裁判要旨】

广西壮族自治区柳州市城中区人民法院经审理认为：秦某提交的微信聊天记录及个人网银电子凭证等证据，已证实双方之间存在 80000 元的债权债务关系。秦某因其自身原因与王某分手后，向王某发出“借给你的钱，就当是我的微薄心意和表示对你的歉意”的微信。此举系其作为完全民事行为能力人，因与王某分手内心愧疚而作出免除王某债务的真实意思表示，并未违反我国法律规定或损害他人合法权益，基于该意思表示作出的免除债务行为合法有效，双方之间 80000 元的债权债务关系终止。后秦某反悔，再次要求王某归还借款，于法无据，不予支持。

广西壮族自治区柳州市城中区人民法院依照《中华人民共和国合同法》第六十条、第一百零五条规定，判决：

驳回秦某的诉讼请求。

秦某不服一审判决，提起上诉。

广西壮族自治区柳州市中级人民法院经审理认为：2018 年 7 月 12 日，秦某先后向王某发出微信“至于房子的事情就此放弃了，就作为我违约的罚金了”“借给你的钱，就当是我的微薄心意和表示对你的歉意，在此，最后向你说声：对不起!”双方均确认交往期间所形成的债权债务关系仅有 271688.88 元购房款及本案共计 80000 元借款，在本案中提交的全部微信聊天记录，以及二人回忆双方之间的聊天中，均未以“借款”来描述 271688.88 元购房款，所以“借给你的钱”系指本案 80000 元的借款，故秦某辩称前述第二条微信系双方协商彰泰红房产处置问题时所作表述，无事实依据，不予支持。结合秦某提出的三个房产处理方案以及前述在同一分钟内发出的两条微信，在分手初期，秦某确有放弃购房款 271688.88 元的意思表示，就较大金额的债权表示放弃的同时，就金额较小的 80000 元债权表示一并放弃，并不违背秦某与王某之间的特殊关系，更符合秦某先行提出分手，在分手初期表示出的歉意。根据前述第二条微信的内容，秦某作出放弃 80000 元债权的意思表示之后，双方之间的债权债务关系终止，且尚无证据证实，双方就该笔债权重新达成协议。综上，秦某作出免除王某 80000 元债务的意思表示真实，双方之间的债权债务关系终止，其要求王某返还本案借款 80000 元，无事实、法律依据，不予支持。

广西壮族自治区柳州市中级人民法院依照《中华人民共和国民事诉讼法》第一百七十条第一款第一项之规定，判决：

驳回上诉，维持原判。

【法官后语】

微信已成为当下最为常用的通信工具，微信证据也逐渐进入司法视野。2020 年 5 月 1 日施行的《最高人民法院关于民事诉讼证据的若干规定》规定，微信聊天记录等电子数据正式作为民事诉讼的证据。本案即从微信聊天记录这一新的证据形式中审查真实意思表示的实例。

本案第一个难点在于微信聊天记录证据效力的认定。一是合法性方面。本案的微信聊天记录保存于秦某的手机中，来源符合法律规定，具备合法性。二是真实性方面。微信聊天记录可事后删除，当事人存在删除于己不利内容的可能，从而影响证据真实性，故应注意审查聊天记录的完整性。秦某自认将部分聊天内容删除，故微信聊天记录不完整，存有疑点。本案中，法官引导当事人回忆双方之间所有聊天记录，共同确认相关案件事实，存有疑点的微信聊天记录虽不能单独作为认定案件事实的依据，但与当事人陈述相结合，证明力得以补强，可被采信。三是关联性方面。注册微信无须实名认证，若不能证明微信使用人即为双方当事人，则微信聊天记录与案件不具关联性。本案中，双方当事人均认可相应头像对应文字内容系二人发出。对方当事人自认系微信使用人，是查实微信使用人身份最为便捷的方式。很多当事人在无可辩驳的证据面前和环环相扣的法庭询问之下自认，考验的是法官的庭审驾驭能力。综上，本案的微信聊天记录符合证据的三性，应予采信。

本案第二个难点在于审查秦某免除王某80000元债务是否为其真实意思表示。2018年7月12日，秦某先后向王某发出本案中最为重要的两条微信，即“至于房子的事情就此放弃了，就作为我违约的罚金了”“借给你的钱，就当是我的微薄心意和表示对你的歉意，在此，最后向你说声：对不起!”首先，从逻辑上看，秦某、王某之间仅形成271688.88元购房款与本案80000元借款两个债权债务关系，二人共同确认回忆之前的聊天记录中，均未以“借款”来描述271688.88元购房款，“借款”与前述第二条微信“借给你的钱”意思一致，非此即彼，既然“借款”并非购房款，那么“借给你的钱”即为80000元借款，秦某作出了免除王某80000元债务的意思表示。其次，从常理来看，二人存在特殊关系，秦某因自身原因先行提出分手，分手初期心存愧疚，曾作出放弃271688.88元购房款的意思表示，就金额较小的80000元债权表示一并放弃，不足为怪，故免除王某80000元债务是其真实意思表示。最后，从后续来看，秦某作出免除王某债务的意思表示，80000元债权债务关系消灭，事后双方并未重新达成协议，论证由此画上完满句号。

编写人：广西壮族自治区柳州市中级人民法院　蒋笑天

48

有其他证据印证的借条复制件具有认定民间借贷关系成立的证明力

——孙某源诉高某杰民间借贷案

【案件基本信息】

1. 裁判书字号

广西壮族自治区北海市中级人民法院（2019）桂05民终1059号民事判决书

2. 案由：民间借贷纠纷

3. 当事人

原告（上诉人）：孙某源

被告（被上诉人）：高某杰

【基本案情】

2015年2月14日，高某杰出具《借条》，载明："本人高某杰借到孙某源人民币柒万元整（70000元），借期三个月"。2015年2月14、15日孙某源向高某杰名下账户分别转账5万元、11600元；2015年4月16日，高某杰出具《借条》，载明："今借到孙某源人民币壹拾叁万元整（130000元），借款时间为：自2015年4月16日至2015年7月16日"。2015年4月17日孙某源向高某杰名下账户转账116350元。因上述借条项下的借款预先扣除了利息（按月利率3%），实际转款为177950元，孙某源、高某杰对上述剩余的借款本金进行结算。2017年5月1日，高某杰再次出具两份《借条》，分别载明："今借到孙某源人民币贰万元整（20000元），借款时间为2017年5月1日至2018年5月1日"。"今借到孙某源人民币柒万元整（70000元），借款时间为2017年5月1日至2018年5月1日，备注：2015年4月16日壹拾叁万元借条和2015年2月14日柒万元本人高某杰和孙某源的借条作废”。高某杰出具上述四份《借条》后，均拍照通过微信发送给孙某源。2019年1月25日，高某杰在与孙某源微信聊天中对孙某源出示的案涉银行转账凭据表示认可。

【案件焦点】

出借人起诉时无法提供《借条》原件的情形下能否认定借贷关系成立。

【法院裁判要旨】

广西壮族自治区北海市海城区人民法院经审理认为：孙某源主张与高某杰之间存在借贷关系，要求高某杰归还借款9万元及支付相应利息，应承担举证证明责任。本案中，孙某源未能提供《借条》原件，应承担举证不能的不利后果，故对孙某源的诉讼请求，不予支持。

广西壮族自治区北海市海城区人民法院依照《中华人民共和国民事诉讼法》第六十四条第一款、第一百四十四条，《最高人民法院关于适用〈中华人民共和国民事诉讼法〉的解释》第九十条、第九十一条之规定，判决：

驳回孙某源的诉讼请求。

孙某源不服一审判决，提起上诉。

广西壮族自治区北海市中级人民法院经审理认为：孙某源向一审法院起诉主张高某杰向其借款，提供了银行转账凭证予以证明，并提供了《借条》复印件予以佐证，还对借款金额和《借条》的形成进行了合理说明。高某杰在一审期间经法院传票传唤没有到庭参加诉讼，也没有提供书面答辩意见；在二审期间经传票传唤亦没有到庭参加调查询问，依法视为其对孙某源的上述主张放弃答辩的权利。由于高某杰没有进行抗辩，也没有提供相应证据，根据《最高人民法院关于审理民间借贷案件适用法律若干问题的规定》第十七条“原告仅依据金融机构的转账凭证提起民间借贷诉讼，被告抗辩转账系偿还双方之前借款或其他债务，被告应当对其主张提供证据证明。被告提供相应证据证明其主张后，原告仍应就借贷关系的成立承担举证证明责任”的规定，孙某源无须再提供其他相应证据证明其主张。一审判决以孙某源没有提供《借条》原件为由认定其没有完成举证责任，法院予以纠正。而且，孙某源在二审期间提供了新的证据微信聊天记录，证明高某杰于2019年8月9日通过微信转账方式向孙某源支付500元，在当天的微信聊天中，高某杰表示有还钱的诚意，偿还能力为每月 500 元。该两份新证据与孙某源一审时提供的证据互相印证，进一步证明了双方存在借贷关系。据此，孙某源请求高某杰清偿借款及利息有事实和法律依据，应予支持。由于双方在《借条》中未约定有利息，应视为双方对利息没有约定，在借款期限内应不计算利息，利息在借款期限届满后开始计算。根据《最高人民法院关于审理民间借贷案件适用法律若干问题的规定》第二十九条第二款第一项的规定，既未约定借期内的利率，也未约定逾期利率，出借人主张借款人自逾期还款之日起按照年利率 6% 支付资金占用期间利息的，人民法院应予支持。因此，孙某源主张按年利率 6% 计算利息有法律依据，予以支持。但孙某源主张利息从借款期限届满当日开始计算不当，应从借款期限届满的第二日即 2018 年 5 月 2 日开始计算。

广西壮族自治区北海市中级人民法院依照《中华人民共和国合同法》第二百零六条、第二百一十一条，《最高人民法院关于审理民间借贷案件适用法律若干问题的规定》第十七条、第二十九条第二款第一项，《中华人民共和国民事诉讼法》第一百七十条第一款第二项规定，判决：

一、撤销广西壮族自治区北海市海城区人民法院（2019）桂 0502 民初 980 号民事判决；

二、高某杰在本判决发生法律效力之日起十日内偿还借款本金 9 万元及利息（利息以 90000 元为本金，从 2018 年 5 月 2 日起按年利 6% 计算至实际归还之日止）给孙某源；

三、驳回孙某源的其他诉讼请求。

【法官后语】

借条或借据作为债权凭证是证明民间借贷法律关系存在的主要证据，也是证明民间借贷法律事实存在的直接证据。从证据的分类而言，其属于书证范畴。所谓书证，是指以文字、符号、图案等所记载和表述的思想内容来证明案件事实的证据，主要强调其记载内容对于待证事实的证明功能。因此，当事人在向人民法院提交书证材料时应当优先提供原件，证据最本质的特征是它的客观性和真实性，书证中的原件则是能够最大限度接近事实。原件作为民事诉讼中重要的证据材料，它具有如下两个特点：其一，原件必须是初始作成的。其二，原件能够直接反映制作人在制作文件时的目的。文件制作人通过文件所要表达的意思集中体现在原件中，原件最能真实反映制作人在制作文件时的动机和目的。因此，尽一切可能向法院提供书证原件，是民事诉讼法规定的最佳证据规则，也是当事人积极、正确履行举证义务的一个重要原则。但如果当事人因客观原因无法提供原件或所提供的复制件无法与原件相印证，真实性存在瑕疵，其证明力如何认定是本案处理的焦点，亦是一、二审判决结果迥异的原因。本案中，孙某源向法院起诉主张其与高某杰之间存在借款关系，请求法院判决高某杰还款付息，但无法提供借条原件，仅能提供高某杰通过微信发送给其的借条照片，而高某杰经一审传票传唤不到庭诉讼，对此复制件无法核对，为此一审法院认为借条真实性有瑕疵，孙某源举证不能，驳回了孙某源的诉讼请求。但《最高人民法院关于民事诉讼证据的若干规定》第九十条规定了几类证据不能单独作为认定案件事实的依据，其中包括无法与原件、原物核对的复制件、复制品。该条规定是关于瑕疵证据的补强规则的规定。瑕疵证据的补强规则，是指某一证据由于其存在证据资格或证据形式上的某些瑕疵或弱点，不能单独作为认定案件事实的依据，必须依靠其他证据的佐证，借以担保其真实性或补强其证据价值，才能作为定案的依据。因此上述规定，并不一般地否认复印件这一瑕疵证据的证据能力和证明力，而是通过对全部证据的综合审核认定补强其证明力，以求最大限度地接近客观真实。本案中孙某源在一审中不只提供《借条》的复印件，还提供了金融机构的转账凭证，并对借款金额和《借条》的形成进行了合理说明，因此，孙某源已提供了其他证据对《借条》复印件存在的证据瑕疵予以了补强，足以证明孙某源与高某杰存在借贷法律关系，在二审中，孙某源进一步提供证据补强该《借条》复印件的证明力，高某杰在一审判决之后，通过微信转账方式向孙某源支付500元，并在微信聊天记录中表示有还钱的诚意及承诺其偿还能力范围的还款计划。因此，二审法院对案件全部证据综合审核认定了本案《借条》复制件具有证明力，并结合主张民间借贷法律关系的举证责任分配据以认定本案借贷事实成立，基本支持了孙某源的诉讼请求。

编写人：广西壮族自治区北海市中级人民法院　庞晓湖

49

偷拍偷录的录音录像资料不是绝对排除的证据

——何某亮诉黄某、黄某新民间借贷案

【案件基本信息】

1. 裁判书字号

广西壮族自治区钦州市中级人民法院（2019）桂07民终1303号民事判决书

2. 案由：民间借贷纠纷

3. 当事人

原告（上诉人、反诉被告）：何某亮

被告（上诉人、反诉原告）：黄某、黄某新

【基本案情】

2017年8月13日，黄某向何某亮借款157000元并立下一张借据，其中约定“本人因资金周转困难，于2017年8月13日在钦州以现金方式借到何某亮人民币壹拾伍万柒仟零佰零拾圆（157000元），利息按人民银行同期贷款利率的四倍计付。逾期不还款债权人提起诉讼所产生的诉讼费、保全费、律师费利息按人民银行同期贷款利率的四倍计付……债务人（借款人）黄某、担保人黄某新”等内容，借据签订后，何某亮向黄某出借了157000元。同年9月29日黄某向何某亮借款157200元并立下一张借据“本人因资金周转困难，于2017年9月29日以现金方式借到何某亮人民币壹拾伍万柒仟贰佰零拾圆（157200元），利息按人民银行同期贷款利率的四倍计付。逾期不还款债权人提起诉讼所产生的诉讼费、保全费、律师费利息按人民银行同期贷款利率的四倍计付……债务人（借款人）黄某、担保人黄某新”等内容。借据签订后，何某亮向黄某出借了157200元。两次借款没有约定还款期限及担保期限。借款后，黄某按约定的利息计算方法先后以银行转账和微信转账方式还款合计本息308800元，仍欠借款本金34909元未归还。黄某认为其实际

借到 160000 元并非 314000 元并已超额归还了借款本息，反诉请求归还多支付的借款 93988 元。

二审期间，黄某提供与何某亮等私自录制的谈话资料作为新证据，以证实两份借据实际借款分别为 80000 元，共 160000 元。从录音资料看，黄某多次提及借款本金每次为 80000 元，两次借款共 160000 元。何某亮对借款本金认可借款 80000 元，等额本息还，分成十二个月每月还 13100 元。同时借据虽未约定违约金，但何某亮多次提及并同意部分减少。

【案件焦点】

1. 借款本金实际是多少；2. 偷录的录音资料能否作为定案依据。

【法院裁判要旨】

广西壮族自治区钦州市钦南区人民法院经审理认为：黄某与何某亮借贷系真实发生，黄某欠何某亮借款本金 34909 元尚未归还。黄某应返还本金 34909 元及利息给何某亮。黄某新在借据的担保人处签字，对债务承担连带清偿责任。黄某、黄某新以实际借到 160000 元并非 314000 元及已全部归还本息，不同意承担担保责任为由进行抗辩，其理由不成立，不予采纳。黄某请求返还多支付的借款 93988 元，没有事实和法律依据，不予支持。

广西壮族自治区钦州市钦南区人民法院依照《中华人民共和国民法通则》第八十四条、第八十九条第一项、第九十条，《中华人民共和国担保法》第十二条、第十九条、第二十一条第二款，《最高人民法院关于贯彻执行〈中华人民共和国民法通则〉若干问题的意见（试行）》第一百二十二条，《最高人民法院关于审理民间借贷案件适用法律若干问题的规定》第一条、第二条第一款、第二十九条第一款，《最高人民法院关于适用〈中华人民共和国担保法〉若干问题的解释》第十九条、第二十二条第二款、第三十二条规定，判决：

一、黄某归还借款 34909 元及利息（以 34909 元为基数从 2018 年 5 月 18 日起计至付清本金之日止按国中国人民银行同期贷款利率的四倍计算）给何某亮；

二、黄某新对上述债务承担连带清偿责任；

三、驳回黄某的反诉请求。

何某亮、黄某、黄某新不服一审判决，提起上诉。

广西壮族自治区钦州市中级人民法院经审理认为：第一，关于借款本金问题。《最高人民法院关于审理民间借贷案件适用法律若干问题的规定》第十六条第一款规定："原告仅依据借据、收据、欠条等债权凭证提起民间借贷诉讼，被告抗辩已经偿还借款，被告应当对其主张提供证据证明。被告提供相应证据证明其主张后，原告仍应就借贷关系的成立承担举证证明责任。"本案中，根据黄某出具的两份《借据》，借款数额均为157000元，《借据》约定以现金方式支付。黄某抗辩每次借款只有80000元，共160000元，已经偿还借款本息308800元，已全部还清借款本息，同时多计息部分应由何某亮返还。同时提供其与何某亮等录制的谈话资料作为证据，何某亮认为录音未经本人同意，本人没有承认借款本金为160000元，证据来源不合法。根据《最高人民法院关于民事诉讼证据的若干规定》第六十八条规定："以侵害他人合法权益或者违反法律禁止性规定的方法取得的证据，不能作为认定案件事实的依据。"黄某与何某亮私自录制的谈话资料，虽未经何某亮同意，但录音资料没有侵害他人合法权益或者违反法律禁止性规定，可以作为证据使用。录音谈话资料证实，何某亮对借款本金认可每次借款80000元，因此，何某亮应就借款本金承担举证证明责任。何某亮未提供证据证明其主张，应认定借款本金为160000元。关于利息计算。黄某的还款记录证实合计归还本息308800元。《最高人民法院关于审理民间借贷案件适用法律若干问题的规定》第三十一条规定："没有约定利息但借款人自愿支付，或者超过约定的利率自愿支付利息或违约金，且没有损害国家、集体和第三人利益，借款人又以不当得利为由要求出借人返还的，人民法院不予支持，但借款人要求返还超过年利率36%部分的利息除外。"黄某出具的《借据》约定利息按人民银行同期贷款利率的四倍计付，包括逾期产生的诉讼费、保全费、律师费利息。本案中，黄某超过约定的利率自愿支付利息或违约金，应按年利率36%计算利息，超过部分应由何某亮返还。

第二，黄某请求何某亮归还不当得利是否成立的问题。二审中，双方未提供借款本金、还款及利息计算依据。按照借款、还款记录，黄某共借款160000元，应付利息125920元，共285920元，共还款308800元，多还22880元，多付部分利息应由何某亮返还。

第三，黄某新是否应承担连带清偿责任。黄某已归还全部借款，黄某新无须承担连带清偿责任。

广西壮族自治区钦州市中级人民法院依照《最高人民法院关于审理民间借贷案件适用法律若干问题的规定》第十六条第一款、第三十一条，《中华人民共和国民事诉讼法》第一百七十条第一款第二项的规定，作如下判决：

一、撤销广西壮族自治区钦州市钦南区人民法院（2019）桂 0702 民初 1382 号民事判决；

二、何某亮返还给黄某多付部分利息 22880 元；

三、驳回何某亮的诉讼请求。

【法官后语】

本案中，黄某和何某亮发生了借贷行为，黄某新为该借贷关系作担保，各方并无异议。

本案的争议焦点为，借款本金实际是多少、偷录的录音资料能否作为定案依据。

1. 偷录的录音资料能否作为定案依据。民间借贷关系中，借贷双方未经对方同意的情况下，在双方对话中以录音录像等方式记录双方实际借款输入、还款期限、约定利息等事项，未经对方同意取得的录音录像是否具备证据效力、能否作为案件的定案依据。根据《最高人民法院关于适用〈中华人民共和国民事诉讼法〉的解释》第一百零六条规定："对以严重侵害他人合法权益、违反法律禁止性规定或者严重违背公序良俗的方法形成或者获取的证据，不得作为认定案件事实的根据。"非法证据在以下三种情形下，才不得作为认定案件事实依据：第一，严重侵害他人合法权益的。即对他人的合法权益造成实际侵害，而且该侵害的程度是严重的，并且仅对他人的合法权益进行保护，非法权益不在保护的范围内。第二，违反法律禁止性规定的。所谓法律禁止性规定是指禁止某类行为的规范，其表述一般是"不得""不可以""禁止"等，是相对于法律强制性规定而言的。第三，严重违背公序良俗的。违背公序良俗的具体情形有：（1）违反人伦的行为；（2）违反正义观念的行为；（3）乘他人窘迫、无经验，获取不当利益的行为；（4）极度限制个人自由的行为；（5）限制营业自由的行为；（6）处分生存基础财产的行为；（7）显著的射幸行为，并且该违背程度是严重的。以上是司法解释规定的非法证据排除情形。民间借贷关系中，私自录制的谈话资料，虽未经对方的同意，但如果录音资料没有侵害他人合法权益或者违反法律禁止性规定，也没有违背公序良俗，则该录音资料可以作为定案依据。

2. 借款本金实际是多少。根据《中华人民共和国民法典》第六百七十条规定："借款的利息不得预先在本金中扣除。利息预先在本金中扣除的，应当按照实际借款数额返还借款并计算利息。"《最高人民法院关于审理民间借贷案件适用法律若干问题的规定》第二十六条规定："借据、收据、欠条等债权凭证载明的借款金额，一般认定为本金。预先在本金中扣除利息的，人民法院应当将实际出借的金额认定为本金。"借款人在签订出借人出具的借条的时候，出借人将借款本金与利息总额计入借款本金，实际借款金额并非借条上所记载的金额。借款合同上写的借款本金包括了利息，以实际借款数额为本金。

编写人：广西壮族自治区钦州市中级人民法院　杨雯民

50

伪造印章和民刑交叉的责任认定

——陈某鹏诉工艺品公司、招行郑州支行民间借贷案

【案件基本信息】

1. 裁判书字号

河南省郑州市中级人民法院（2019）豫01民终2997号民事判决书

2. 案由：民间借贷纠纷

3. 当事人

原告（被上诉人）：陈某鹏

被告（上诉人）：招行郑州支行

被告：工艺品公司

【基本案情】

2015年2月2日，出借人陈某鹏与借款人工艺品公司、保证人招行郑州支行签

订《借款合同》一份，约定借款金额人民币1000万元，借款期限自2015年2月2日至2015年3月2日，利息为月利息2%，自放款之日起计息，借款期满即应还本付息。借款用于归还招行郑州支行的到期信用证。借款人、保证人共同承诺：借款人逾期还款，每延期一日按借款额的5‰向陈某鹏支付违约金，借款人、保证人对所借款项、利息、违约金和债权人实现债权的费用承担全部还款义务。合同落款处有陈某鹏签名，工艺品公司加盖其公司合同专用章，招行郑州支行加盖其银行印章。

2015年3月26日，陈某鹏、工艺品公司、招行郑州支行又签订一份《借款合同》，约定工艺品公司向陈某鹏借款300万元，招行郑州支行为保证人，借款期限自2015年3月26日至2015年4月30日，借款汇入账户户名为梁某，其他内容与2015年2月2日《借款合同》内容相同。

2015年1月14日，工艺品公司出具《授权委托书》一份，授权委托工艺品公司国际业务部负责人蒋某智，办理各相关机构的国际贸易信用证业务和抵押担保及借款等一切事宜，相关事务办理后果由工艺品公司承担。

2015年2月2日，陈某鹏向蒋某智转账1000万元。2015年3月26日，陈某鹏通过吉某霞账户向梁某转账300万元。工艺品公司与雨田公司签订过联营协议，并成立了工艺品公司国际业务部，陈某亮、蒋某智为业务部的经理和负责人。借款发生时彤某营任招行郑州支行行长，陈某鹏提供的借款部分用于偿还工艺品公司的信用证到期债务。

河南省郑州高新技术产业开发区人民法院刑事判决认定，陈某亮、蒋某智、彤某营犯骗取金融票证罪。工艺品公司、招行郑州支行在原一审和本案审理过程中均提出了鉴定申请，工艺品公司针对合同上其公司印章的真实性申请鉴定，招行郑州支行针对两份借款合同上其印章的加盖时间申请鉴定。

【案件焦点】

1. 存在伪造印章行为时民事责任如何认定；2. 民刑交叉时民事案件应如何处理。

【法院裁判要旨】

河南省新郑市人民法院经审理认为：工艺品公司、招行郑州支行以陈某亮、蒋某智、彤某营涉嫌骗取金融票据罪为由申请中止审理本案，因刑事案件针对的是陈某亮、蒋某智、彤某营三人是否构成骗取金融票证罪，该案的受害人是招行郑州支行，而不是陈某鹏，该案与本案当事人间的借款关系无必然的联系，故驳回中止审理的申请。本案陈某鹏提交的借款合同、授权委托书、银行转账明细等证据证明大部分资金转入工艺品公司账户，部分资金用于偿还其套取的到期信用证资金，可以证实涉案借款及担保关系成立，工艺品公司、招行郑州支行应当承担相应还款及担保义务。工艺品公司、招行郑州支行以陈某亮、蒋某智、彤某营涉嫌骗取金融票证罪为由主张借款关系不成立，属虚假诉讼的答辩意见，因陈某亮、蒋某智、彤某营涉嫌骗取金融票证罪与本案无必然联系，该案的受害人为招行郑州支行而非陈某鹏，结合陈某亮、蒋某智、彤某营等人涉骗取金融票证罪一案刑事判决未生效的事实，工艺品公司、招行郑州支行辩称理由缺乏依据，不予采纳。

河南省新郑市人民法院依照《中华人民共和国合同法》第八条、第四十四条第一款、第二百零七条、第二百一十条，《中华人民共和国担保法》第十八条、第二十一条、第三十一条，《最高人民法院关于审理民间借贷案件适用法律若干问题的规定》第二十九条第一款，《中华人民共和国民事诉讼法》第六十四条之规定，经本院审判委员会讨论决定，判决：

一、工艺品公司应于本判决生效后十日内返还陈某鹏借款1300万元，并支付利息（利息以1000万元为基数，自2015年2月2日起至还清之日止，按照月利率2%计付；利息以300万元为基数，自2015年3月26日起至还清之日止，按照月利率2%计付）；

二、工艺品公司应于本判决生效后十日内支付陈某鹏律师代理费10万元；

三、招行郑州支行对本判决第一项、第二项内容承担连带清偿责任，其承担连带清偿责任后，有权向工艺品公司追偿。

招行郑州支行不服一审判决，提起上诉。

河南省郑州市中级人民法院经审理同意一审裁判意见，依照《中华人民共和国民事诉讼法》第一百七十条第一款第一项规定，判决：

驳回上诉，维持原判。

【法官后语】

本案中，工艺品公司申请对《借款合同》中公司印章的真伪进行鉴定，无非是一旦经鉴定印章为假，即可主张免除相关民事责任。但即使公司股东或高管存在私刻公章的行为，若其股东或管理人员的身份足以使相对人相信其对外以公司名义在合同上签字、盖章的行为系职务授权行为的，依据《中华人民共和国民法典》第一百七十二条规定，其行为构成表见代理，公司应对其行为承担民事责任。本案中，即使经鉴定涉案借款合同上印章为假，但基于借款发生时蒋某智系工艺品公司特别授权的职务身份，其签字盖章的行为属职务行为，借款合同亦应认定有效。同时借款发生时彤某营系招行郑州支行行长，其外观身份构成《中华人民共和国民法典》第五百零四条规定的代表行为，且招行郑州支行提供担保加盖有招行郑州支行的公章，其亦应承担涉案债务的担保责任。

关于当事人私刻印章构成犯罪，公司是否可以彻底摆脱民事责任问题。根据《最高人民法院关于在审理经济纠纷案件中涉及经济犯罪嫌疑若干问题的规定》第五条第二款规定，实务中即使行为人伪造公司印章进而实施的经济行为构成犯罪，并不当然导致合同无效，公司仍要承担相应民事责任。在涉及伪造印章等民刑交叉案件中，有观点认为通过追究假公章或经济犯罪等刑事责任就可以达到彻底摆脱民事责任的目的，实践中该思路或并不可取。根据《最高人民法院关于在审理经济纠纷案件中涉及经济犯罪嫌疑若干问题的规定》第一条规定，利用伪造印章签订合同和伪造印章在事实层面上往往是两个不同的问题，实际上仍应重点着眼于民事案件的处理，不能只紧盯刑事案件的进展。

关于合同当事人涉嫌经济犯罪民事案件是否必须中止审理，抑或应当裁定驳回起诉将案件材料移送侦查机关立案侦查的问题。根据《最高人民法院关于在审理经济纠纷案件中涉及经济犯罪嫌疑若干问题的规定》第十一条规定，驳回起诉将有关材料移送公安机关或检察机关需要具备两个条件，一是经法院审理认为不属于经济纠纷案件，二是有经济犯罪嫌疑。若经济纠纷本身与涉案的经济犯罪并非同一事实的，则法院无须驳回原告起诉将民事案件作移送处理；若不存在须等待刑事案件终结后再行处理的情形，亦无须中止审理。本案陈某亮、蒋某智、彤某营涉嫌骗取金融票证罪与本案无必然联系，故应驳回中止审理的申请，亦无须驳回陈某鹏起诉将民事案件移送。

关于合同当事人构成经济犯罪，是否当然导致民事责任免除的问题。本案中，从查明的事实看，涉案借款合同均有工艺品公司、招行郑州支行加盖公章，且招行郑州支行对借款合同上印章的真实性予以认可，并且合同借款人栏、连带责任保证人栏均有时任工艺品公司国际业务部负责人蒋某智、时任招行郑州支行行长彤某营的签字。陈某鹏作为出借人基于对蒋某智、彤某营职务身份以及加盖其单位公章的信赖，已对涉案借款尽到了审慎审查义务，蒋某智、彤某营是否涉嫌刑事犯罪不影响其单位民事责任的承担。招行郑州支行提出的蒋某智、彤某营因骗取、盗用公章涉及刑事犯罪的问题，因公章保管属于单位的内部管理问题，单位不能以其用人不当或管理不善而免责，且招行郑州支行也未举证证明陈某鹏明知蒋某智、彤某营涉嫌犯罪并与之签订合同。因此，本案中蒋某智、彤某营的行为是否构成骗取金融票证罪，不影响其二人单位民事法律责任的承担。

需要注意的是，银行提供担保的合同效力应结合《全国法院民商事审判工作会议纪要》新规定审查银行是否有开展保函业务的资质，或与主债务人之间存在相互担保等商业合作关系。

编写人：河南省郑州市中级人民法院　王明振

51

民间借贷中由第三人付款时借贷双方的举证责任分配

——金宜房地产公司诉吴某山民间借贷案

【案件基本信息】

1. 裁判书字号

福建省泉州市中级人民法院（2019）闽05民终6316号民事裁定书

2. 案由：民间借贷纠纷

3. 当事人

原告（被上诉人）：金宜房地产公司

被告（上诉人）：吴某山

【基本案情】

2018年2月12日至2018年10月9日，吴某山因资金周转需要分12笔陆续向金宜房地产公司借款共计450万元，具体借款情况如下：

2018年2月12日，吴某山向金宜房地产公司借款110万元并出具《借据》一份。金宜房地产公司于2018年2月13日通过案外人土木公司向吴某山指定的收款账户转账110万元。

2018年2月14日，吴某山向金宜房地产公司借款8万元并在金宜房地产公司出具的《借款审批单》上签字确认。金宜房地产公司当日通过案外人张某向吴某山转账8万元。

2018年3月23日，吴某山向金宜房地产公司借款5万元并在金宜房地产公司出具的《借款审批单》上签字确认。金宜房地产公司当日通过案外人黄某向吴某山转账5万元。

2018年4月12日，吴某山向金宜房地产公司借款7万元并在金宜房地产公司出具的《借款审批单》上签字确认。金宜房地产公司当日通过案外人黄某向吴某山转账7万元。

2018年7月13日，吴某山向金宜房地产公司借款50万元并在金宜房地产公司出具的《借款审批单》上签字确认。金宜房地产公司当日通过案外人张某向吴某山转账50万元。

2018年7月20日，吴某山向金宜房地产公司借款60万元并在金宜房地产公司出具的《借款审批单》上签字确认。金宜房地产公司当日通过案外人黄某向吴某山转账60万元。

2018年7月20日，吴某山向金宜房地产公司借款5万元并在金宜房地产公司出具的《借款审批单》上签字确认。金宜房地产公司当日通过案外人黄某向吴某山转账5万元。

2018年7月30日，吴某山向金宜房地产公司借款20万元并在金宜房地产公司出具的《借款审批单》上签字确认。金宜房地产公司当日通过案外人黄某向吴某山转账20万元。

2018年9月8日，吴某山向金宜房地产公司借款50万元并在金宜房地产公司出具的《借款审批单》上签字确认。金宜房地产公司分别于2018年9月10日、

2018 年 9 月 12 日通过案外人黄某向吴某山转账 23 万元、27 万元。

2018 年 9 月 20 日，吴某山向金宜房地产公司借款 35 万元并在金宜房地产公司出具的《借款审批单》上签字确认。金宜房地产公司当日通过案外人黄某向吴某山转账 35 万元。

2018 年 9 月 28 日，吴某山向金宜房地产公司借款 50 万元并在金宜房地产公司出具的《借款审批单》上签字确认。金宜房地产公司于 2018 年 9 月 29 日通过案外人运通公司向吴某山转账 50 万元。

2018 年 10 月 9 日，吴某山向金宜房地产公司借款 50 万元并在金宜房地产公司出具的《借款审批单》上签字确认。金宜房地产公司当日通过案外人黄某向吴某山转账 50 万元。

前述款项出借后，吴某山未曾向金宜房地产公司偿还过借款。

【案件焦点】

1. 本案借款还款条件是否已成就；2. 第三人付款是否构成本案借款。

【法院裁判要旨】

福建省安溪县人民法院经审理认为：金宜房地产公司与吴某山之间设立的借贷关系，系双方的真实意思表示，合法有效，应受到法律保护。2018 年 2 月 12 日、2018 年 9 月 8 日、2018 年 9 月 28 日的《借款审批单》上的落款时间与实际汇款时间不一致，应以实际汇款时间确定为借款时间。金宜房地产公司请求自起诉之日即 2019 年 5 月 27 日起按年利率 6% 计算至还清款项之日止的利息，符合法律规定，法院予以支持。吴某山辩称，双方约定借款应在金宜房地产公司分红时一并结算，金宜房地产公司要求其还款的条件尚未成就。法院认为，吴某山未能提供证据证明双方之间存在该约定，且金宜房地产公司分红事项与本案属不同法律关系，对该辩称不予采纳。吴某山辩称，有关本案还款的股东会、董事会决议在金宜房地产公司，金宜房地产公司的账簿又被法院查封，其存在举证困难，当庭向法院申请调查取证或中止审理本案。法院认为，吴某山未在法院指定的举证期限内向法院申请延长举证期限或调查取证，也未在法院指定的答辩期限内提出答辩意见，对其辩称的举证困难、申请调查取证或者中止审理本案的请求法院均不予采纳。吴某山辩称，案外人的付款不能直接构成本案借款，金宜房地产公司对此仍负有举证责任。法院认为，金宜房地产公司对相应的借款提供了借据、借款审批单、汇款凭证、代付人确认书等证据，证据之间可相互印证，足以认定案件事实，其已完成举证责任。吴某山对借款或者代付证据有异议的，其负有举证责任予以证明，对该辩称法院不予采纳。

福建省安溪县人民法院依照《中华人民共和国合同法》第一百零七条、第二百零六条，《最高人民法院关于审理民间借贷案件适用法律若干问题的规定》第九条、第二十九条，《中华人民共和国民事诉讼法》第六十四条第一款，以及《最高人民法院关于适用〈中华人民共和国民事诉讼法〉的解释》第九十条规定，判决：

吴某山应于本判决生效之日起十日内支付金宜房地产公司借款本金450万元及利息（自2019年5月27日起按年利率6%计算至实际还清款项之日止）。

吴某山不服一审判决，提起上诉。

因吴某山未能按时足额预交二审案件受理费，亦未提出缓交、减交或免交申请，福建省泉州市中级人民法院依照《中华人民共和国民事诉讼法》第一百五十四条第一款第十一项，《最高人民法院关于适用〈中华人民共和国民事诉讼法〉的解释》第三百二十条规定，裁定：

本案按吴某山自动撤回上诉处理，一审判决自本裁定书送达之日起发生法律效力。

【法官后语】

民间借贷中出借人委托第三人向借款人付款并不鲜见，该行为对借款人利益无损，法律对此也不禁止。但是，由第三人付款存在一定的风险，如果借款人不予认可，出借人就要承担进一步的举证责任证明其已履行出借义务。如何判断出借人已经完成举证责任以及举证责任的转化是此类型案件的司法难点。要厘清这个问题，首先应明确民间借贷纠纷中出借人、借款人的举证责任问题。

一、民间借贷纠纷中举证责任的分配问题

举证责任的分配是证据法学上的重要概念，是指法院按照一定的标准，将事实真伪不明的风险在双方当事人之间进行分配，在待证事实真伪不明时，由负有举证责任的一方承担不利后果。根据《最高人民法院关于适用〈中华人民共和国民事诉讼法〉的解释》第九十一条规定：“人民法院应当依照下列原则确定举证证明责任的承担，但法律另有规定的除外：（一）主张法律关系存在的当事人，应当对产生该法律关系的基本事实承担举证证明责任；（二）主张法律关系变更、消灭或者权利受到妨害的当事人，应当对该法律关系变更、消灭或者权利受到妨害的基本事实承担举证证明责任。”据此，我国民事诉讼中分配举证责任应遵循的标准是：主张权利或法律关系存在的当事人，只需对产生权利或法律关系的特别要件实事（如订立合同、存在侵权事实等）负举证责任，阻碍权利或法律关系发生的事实（如受欺诈、胁迫等），则需由否认权利或法律关系存在的对方当事人负举证责任。民间借贷法律关系是民事合同关系的一种，在分配举证责任上，当然也应当遵循民事诉讼举证分配的一般规则。

1. 债权人的举证责任

根据民事诉讼举证责任分配的通常标准，在民间借贷纠纷中，债权人主张债权，其举证责任是需要证明债权的真实存在并已到期，而债权的真实存在，需要两个事实，一是双方借贷合同关系已成立并生效，二是借款已实际交付给债务人，即债权人已履行了借贷合同中约定的义务。

2. 债务人的举证责任

债务人的举证责任实际是证明自己的抗辩主张。而债务人具体的抗辩事由因个案而异，形式多样，种类繁多，比如针对债权人所提供的证据主张证据本身有问题、意思表示不真实、签名不属实、已清偿债务等。总而言之，债务人主张债权人的权利受到妨害、制约或者已消灭，其应就权利妨害、权力制约法律要件或者权利消灭的法律要件，证明债权人所主张的事实并不存在。

3. 举证责任的转移

完整的举证责任概念是主观举证责任和客观举证责任的结合，主观举证责任是指在诉讼过程中，当事人为避免败诉向法院提出证据的责任，客观举证责任是指在案件事实存在与否真伪不明时，由一方当事人承担不利后果。客观举证责任往往是固定的，由实体法明文规定，而主观举证责任则会随着案情的发展，在当事人之间发生转移。若应当承担证明责任的一方当事人提供的证据已基本能够证明其主张的事实，另一方当事人如果否认该事实成立，则应当承担证明责任，如其不能提出足以推翻该事实的证据，可以认定该事实成立，如其能提出足以推翻该事实的证据，则证明责任转由提出主张的当事人承担，这就是举证责任的转移。举证责任在对待证事实持肯定主张及持否定主张的当事人之间转移，实际上是当事人根据举证责任分配的要求，对自己的主张加以证明，仍是“谁主张、谁举证”原则的体现。

在民间借贷纠纷中，当原告即债权人提供了借贷合同、给付贷款的凭证，即完成初步举证责任；此时，被告即债务人如果否认借款成立并生效，或者主张原告未履行贷款义务，则需要对此进行举证，此时，相应的举证责任即转由被告承担。

二、由第三人付款时借贷双方的举证责任分配

审判实践中，有时出借人在支付出借资金时是由第三人支付的，这种支付方式能否视为出借人履行了出借义务。如前所述，出借人在民间借贷纠纷中的举证责任，包括借贷合同关系已成立并生效和出借人履行了出借义务。笔者认为，认定第三人支付的行为为出借人履行了出借义务，应符合两个条件，一是第三人确认其付款行为是为完成出借人的出借义务，二是借款人已实际收到该款项。若债务人否认第三人的付款为出借人履行出借义务，此时发生举证责任的转移，债务人应就其否认的主张举出相反证据，如第三人支付的款项系因其他事由发生。否则，应当认定出借人已经履行了出借义务。

本案中，出借人金宜房地产公司出借给借款人吴某山的12笔款项全部是通过第三人支付给借款人的。此时，金宜房地产公司作为出借人的举证责任，除了提供借据、借款审批单等借贷合同，还应就第三人的付款行为系出借人履行出借义务进行举证。金宜房地产公司提供了第三人付款的转账凭证、代付确认书等予以证明，应视为金宜房地产公司已完成了举证责任。吴某山辩称第三人的付款不能认定为本案的借款，此时发生举证责任的转移，吴某山就其该主张负举证责任，而不是由金宜房地产公司进一步举证。因吴某山未能就其该否认主张提出证据，故一审法院对吴某山的辩称不予支持。

编写人：福建省安溪县人民法院　王秋琼

52

运用经验法则认定实质法律关系

——刘某诉贺某凤、王某旺民间借贷案

【案件基本信息】

1. 调解书字号

北京市第三中级人民法院（2019）京03民终12900号民事调解书

2. 案由：民间借贷纠纷

3. 当事人

原告（被上诉人）：刘某

被告（上诉人）：贺某凤、王某旺

【基本案情】

刘某与贺某凤系邻居关系，2017年1月1日，贺某凤（甲方）与刘某（乙方）签订《借款合同》，双方约定，贺某凤向刘某借款420万元用于资金周转，借款利率为月利率1.5%，借款期限自2017年1月1日至2017年12月31日。同时约定担保条款，《借款合同》下方有手写备注，主要内容为“备注：本人知情有此合同，王某旺”。

2016年1月18日，王某旺作为甲方与刘某作为乙方签订《主债权及房屋抵押合同》，约定王某旺将其名下3号房屋抵押给刘某，主债权金额为230万元，并约定该合同仅为甲、乙双方向房屋登记机构申请办理抵押权登记之用。同日，王某旺作为义务人将3号房屋抵押给刘某，被担保数额为230万元，债务履行期限为1年。

2016年1月14日至2016年7月11日，刘某、周某弟、刘某洁、周某向贺某凤汇款420万元。刘某称周某弟、刘某洁、周某均是代刘某汇款。

法院询问贺某凤向刘某、周某弟、刘某洁及周某的汇款情况，贺某凤称没有向

刘某和周某汇过款，但分别向周某弟和刘某洁汇过款，汇款性质为投资收益。此外，贺某凤还于2016年11月30日向周某军汇款1万元。刘某称贺某凤向刘某洁和周某军的汇款都是420万元的利息。

法院询问刘某与贺某凤于2017年1月1日签订《借款合同》的原因，刘某称《借款合同》系对此前汇款金额进行结算后重新出具的债权凭证。贺某凤称《借款合同》系新的420万元借款。

【案件焦点】

刘某与贺某凤之间是何种法律关系。

【法院裁判要旨】

北京市朝阳区人民法院经审理认为：原告以借据、收据、欠条等债权凭证为依据提起民间借贷诉讼，被告依据基础法律关系提出抗辩或者反诉，人民法院应当依据查明的案件事实，按照基础法律关系审理。从本案现有证据看，不排除最初刘某、周某弟、刘某洁、周某向贺某凤汇款时存在委托理财的意思表示，但从本金数额、还款金额上看，上述资金流转往来已在2017年1月1日通过刘某与贺某凤签订《借款合同》的方式进行清算，刘某与贺某凤之间是民间借贷关系。

王某旺将其名下3号房屋抵押给刘某，并办理了抵押登记。王某旺虽在《借款合同》中手写备注知情此合同，并再次将其名下3号房屋为本案420万元借款提供担保，但因刘某与王某旺并未撤销此前办理的230万元抵押登记，并就重新确定的借款金额420万元进行新的抵押登记，故刘某优先受偿的限额应为230万元。

北京市朝阳区人民法院依照《中华人民共和国合同法》第八条、第六十条，《最高人民法院关于审理民间借贷案件适用法律若干问题的规定》第十五条、第二十九条，《中华人民共和国担保法》第三十三条、第五十七条，《中华人民共和国民事诉讼法》第六十四条，《最高人民法院关于适用〈中华人民共和国民事诉讼法〉的解释》第九十条之规定，判决：

一、贺某凤于本判决生效后十日内偿还刘某借款本金230万元并给付刘某自2017年1月1日起至实际给付之日止的借款利息（以借款本金230万元为基数，按照月利率1.5%为准，扣除贺某凤已经支付的利息2万元）；

二、贺某凤于本判决生效后十日内另行偿还刘某借款本金190万元并给付刘某自 2017 年 1 月 1 日起至实际给付之日止的借款利息（以借款本金 190 万元为基数，按照月利率 1.5% 为准）；

三、如贺某凤未按照本判决第一项、第二项承担还款义务，刘某有权要求对王某旺所有的 3 号房屋拍卖或变卖所得价款在本判决第一项确定的债权范围内按照抵押权登记顺序享有优先受偿权，刘某实现完优先受偿权后，王某旺有权向贺某凤追偿；

四、驳回刘某的其他诉讼请求。

贺某凤不服一审判决，提起上诉。

经北京市第三中级人民法院主持调解，当事人自愿达成如下协议：

一、贺某凤同意支付刘某 546 万元，分三期支付：第一期 60 万元，于 2019 年 11 月 15 日前（含当日）支付；第二期 60 万元，于 2019 年 12 月 15 日前（含当日）支付；第三期 426 万元，于 2020 年 1 月 31 日前（含当日）支付；

二、如贺某凤未按照上述协议第一项按期足额履行任一期给付义务，则双方均同意本调解协议第一项不再履行，双方均同意立即按照北京市朝阳区人民法院（2018）京 0105 民初 39045 号民事判决书内容履行（本调解协议签订后已付款项予以扣除）；

三、双方就本案再无其他争议；

四、一审案件受理费 40400 元，由贺某凤负担（贺某凤于调解书生效后七日内交纳），保全费 5000 元，由贺某凤负担（刘某已预交，贺某凤于调解书生效后七日内给付刘某）；二审案件受理费 40400 元，减半收取 20200 元，由贺某凤负担（已交纳）。

【法官后语】

该案例的核心问题是双方当事人之间真正的法律关系是什么。法官将双方当事人提交的证据进行权衡，但仍有疑点，继而运用经验法则最终认定双方当事人之间是民间借贷关系。

经验法则运用在审判中与《最高人民法院关于民事诉讼证据的若干规定》第八十五条第二款规定不谋而合，该款规定审判人员应当依照法定程序，全面、客观地审核证据，依据法律的规定，遵循法官职业道德，运用逻辑推理和日常生活经验，对证据有无证明力和证明力大小独立进行判断，并公开判断的理由和结果。不难看出，经验法则属于法官自由心证的一种规则和方法，实践中法官应如何运用该法则进行事实推定？笔者认为，应遵循三段论演绎推理。

1. 大前提：经验法则。我国现行法律并未对经验法则进行定义，笔者认为德国学者汉斯普维庭在《现代证明责任论》一书中，将经验法则按照盖然性高低分为四种情况：(1) 生活规律。表达为“如果——总是”。(2) 经验基本原则。表达为“如果——则大多数情况下是”。(3) 简单的经验规则。表达为“如果——则有时是”。(4) 纯粹的偏见。表达为“如果——则关系不成立”。本案中运用了经验基本原则，表达为“如果双方签订了《借款合同》，则大多数情况下双方存在借贷关系”。

2. 小前提：基础事实。基础事实是运用经验法则的基石，只有作为小前提的基础事实是客观真实的，运用经验法则推断出的事实才可能具有较高可能性。民间借贷纠纷案件小前提的审查角度包括但不限于借贷金额、交付方式、交付时间、交付地点、交付人和接受交付人、是否有在场人；对于大额借款，需要审查出借人的支付能力、交易习惯、当事人之间关系、当事人之间的交易方式、当事人财产变动情况以及当事人陈述的交易细节等事实和因素，法官应根据案件的具体情况对上述要素进行审查。

就本案而言，双方当事人之间不排除过去存在投资理财的关系，但是自2017年1月1日签订《借款合同》后，双方当事人之间便成立借贷关系。

3. 反驳与推定事实。通过大前提和小前提推出的事实不一定是必然的，应该给予当事人进行反驳和辩论的机会，法官的心证度可能会根据当事人提供的证据有所动摇，推翻已推定事实。

本案中，贺某凤、王某旺对于自己的辩称并未提供足以动摇法官心证的证据，故本案法官推定双方当事人之间是民间借贷关系。

4. 延伸：经验法则适用的条件。经验法则是法官在仅凭当事人提供的证据不能认定事实时才使用的方式。本案中，刘某虽提供了大量证据，但是通过贺某凤、王某旺陈述和之前其确实存在向别人付高息的情况，不能排除他们之间没有存在过投资理财关系，故法官才运用了经验法则进行推定。

编写人：北京市平谷区人民法院 韩思思

53

不确定履行期限还款日的确定

——何某莉诉王某善民间借贷案

【案件基本信息】

1. 裁判书字号

北京市第二中级人民法院（2019）京02民终15074号民事判决书

2. 案由：民间借贷纠纷

3. 当事人

原告（被上诉人）：何某莉

被告（上诉人）：王某善

【基本案情】

2017年11月11日，何某莉向王某善账户转账100万元。2017年11月12日，何某莉向王某善配偶王某兰账户转账100万元。2017年11月11日，王某善向何某莉出具还款承诺函，载明：致何某莉，您按照约定于2017年11月11日、2017年11月12日分别向本人提供借款200万元（付至本人及本人配偶王某兰账户），本人承诺于收到投资人向本人所支付的受让善庐公司股权转让价款当日，即向您归还全部借款200万元，否则本人承诺自逾期还款之日起按照年息18%标准支付违约金。王某善与案外人蒋某良签订《股权转让协议》，于2017年11月30日收到案外人蒋某良作为投资人支付的10万元股权转让款和相应投资后，于2017年11月30日偿还了何某莉借款100万元，之后又于2018年4月18日还款10万元、于2018年4月23日还款6万元。

【案件焦点】

1. 何某莉与王某善之间是否成立民间借贷关系；2. 还款承诺函所述“收到投

资人支付的股权转让价款当日”的约定如何认定；3. 王某善是否应向何某莉还本付息以及履行期限如何确定。

【法院裁判要旨】

北京市东城区人民法院经审理认为：

一、何某莉与王某善之间是否成立民间借贷关系

首先，王某善虽辩称其与何某莉之间是股权合作关系，不存在民间借贷关系。但是王某善向何某莉出具的还款承诺函中明确载明何某莉按约定向王某善“提供借款人民币200万元”“即向您归还全部借款200万元”，王某善于还款承诺函上签字，且未举证证明曾对上述内容提出异议，即表明其对还款承诺函的内容予以确认，可以认定王某善对涉案款项性质为借款并应依约偿还具有充分的认知。其次，何某莉已实际向王某善支付了200万元款项，并认可已收到王某善还款116万元，虽然王某善主张该笔款项是其向何某莉出借的款项，但对此并未提交充分证据予以证明。因此，王某善与何某莉成立借贷关系的意思表示明确，王某善关于涉案款项为股权投资款而非借款的答辩意见不能成立。

二、还款承诺函所述“收到投资人支付的股权转让价款当日”的约定如何认定

对于民间借贷法律关系而言，出借人与借款人之间的借款合同自出借人提供借款时生效，出借款项为出借人的主要合同义务，而偿还借款为借款人的主要合同义务。当事人之间对于已经存在的确须履行的债务，约定当未来的某一不确定事实发生时履行，此类约定从形式上看是有关履行条件的约定，但其本质而言是有关履行期限的约定，只是该期限合同签订时未能确定。本案中，王某善的还款义务系基于其与何某莉之间的民间借贷法律关系而产生，是其应当负担的、确定的合同义务，“收到投资人支付的股权转让价款当日”的约定并不意味着如果没有投资人支付股权转让价款则免除王某善的还款义务，因此该约定只是双方对还款履行期限作出的约定。因还款承诺函中对投资人的约定并不明确，何某莉和王某善对投资人的指向存在争议，因此双方关于还款履行期限的约定是不明确的。

三、王某善是否应当向何某莉还本付息以及履行期限如何确定

何某莉在诉讼过程中自认王某善已于2017年11月30日还款100万元，2018年4月18日还款10万元，2018年4月23日还款6万元，共计偿还借款本金116万元。虽王某善主张该款项为对何某莉的借款，但对此并未提交充分证据予以证明。

且何某莉自认王某善已还款116万元的事实对王某善并无不利。民间借贷法律关系中，借款人的还款义务不应因其他因素而受到阻却，在履行期限无法明确时，根据《中华人民共和国民法典》第五百一十一条、结合诚实信用原则，应以借贷关系成立时各方关于还款期限的合理预期作为履行期限。考虑到各方关于涉及投资款及股权合作的相关纠纷已另案诉讼，故将王某善第一次还款即2017年11月30日作为经催告后的合理履行期限。何某莉要求王某善偿还尚欠借款本金84万元的诉讼请求理由正当，于法有据。但由于王某善分多笔偿还了部分借款本金，何某莉主张利息的计算方法有误，故对利息的计算时间进行必要调整。

北京市东城区人民法院依据《中华人民共和国合同法》第六十条、第六十二条第二款第四项、第一百零七条、第二百零六条、第二百零七条之规定，判决：

一、王某善于该判决生效后十日内偿还何某莉借款本金84万元；

二、王某善于该判决生效后十日向何某莉支付借款利息（以本金100万元为基数，自2017年12月1日起至2018年4月17日止；以本金90万元为基数，自2018年4月18日起至2018年4月22日止；以本金84万元为基数，自2018年4月23日起至实际清偿之日止，均按年利率18%标准计算）；

三、驳回何某莉的其他诉讼请求。

王某善不服一审判决，提起上诉。

北京市第二中级人民法院经审理同意一审法院裁判意见，依照《中华人民共和国民事诉讼法》第一百七十条第一款第一项规定，判决：

驳回上诉，维持原判。

【法官后语】

司法实践中，民间借贷纠纷案件的当事人在借款合同或借据中约定“借款人名下房屋拆迁后偿还借款”“案外人偿还借款人后出借人还款”“公司上市（或产品售出）即向出借人还款”等情况较为普遍。因在认定此类约定的性质方面存在不同观点，导致各个法院对于有类似约定的同类民间借贷纠纷案件“同案不同判”的情况客观存在。

首先，借款合同中所载的此类约定并非合同整体附生效条件或附期限，而只是当事人在意思自治的前提下对合同涉及的履行期限相关条款作出特别约定的观点已经被普遍认可。根据《中华人民共和国民法典》第一百五十八条、第一百六十条的相关规定，当事人对合同的效力可以约定附条件或附期限。如果决定合同效力发生或消灭的是未来的、不确定的事实为附条件。反之，如果该事实是确定的事实，则属于附期限。不论是附条件还是附期限，均为当事人出于意思自治考虑对相关意思表示内容所附加的限制，对合同的效力发生作用。但在民间借贷纠纷案件中，除具备《中华人民共和国民法典》及相关司法解释规定的无效情形外，双方之间的借款合同自出借人提供借款时生效，双方的权利义务就此产生且明确。如果将双方当事人对履行期限所作的特别约定作为整个合同所附生效条件或附期限，那么约定的情形尚未成就时借款合同就不发生法律效力，这显然与法律规定不符。

在此基础上，经检索相关案例及文献资料，审判实践中对于当事人就履行期限所做特别约定主要有以下两种观点：(1) 履行条件说，认为房屋拆迁、投资人支付股权转让款等约定是还款的前置条件，且该条件具有一定程度的不确定性，因此相关约定是对合同履行所附条件。双方应当各自承担履行所附条件产生的风险及法律责任，房屋未拆迁、投资人未支付股权转让款，因此还款条件尚未成就，借款人有权拒绝还款。(2) 履行期限说，认为民间借贷法律关系中，偿还借款是借款人负有的主要合同义务。该项义务的履行可以有期限，但不能附条件。如果是附履行条件的话，在条件不成就时，借款人无须偿还借款，这与其所负的还款义务不符，亦有违当事人订立合同的主观意图，因为以正常理性人的标准来看，出借人在订立合同时不可能同意约定情形不成就时免除借款人的还款义务。期限是确定会发生的事实，并不意味着期限本身就是确定期限，期限包括确定期限和不确定期限。因此，房屋拆迁、投资人支付股权转让款的约定从文义解释的角度来看是履行条件，但其本质是履行期限的约定，只是双方约定的履行期限不明确、不确定而已。目前，绝大多数民事判决采用的是“履行期限说”。

当事人对已经存在且确实需要履行的债务，约定当未来的某一不确定事实发生时履行，该约定从形式上看是关于履行条件的约定，但其实质是有关履行期限的约定。更进一步讲，该约定是不确定的履行期限。那么，此种情形如何确定履行期限呢？《中华人民共和国民法典》第五百零九条第二款规定，当事人应当遵循诚信原则，根据合同的性质、目的和交易习惯履行通知、协助、保密等义务。同时，第五百一十一条第四项亦规定：“履行期限不明确的，债务人可以随时履行，债权人也可以随时请求履行，但是应当给对方必要的准备时间。”因此，在当事人未明确约定履行期限的情形下，人民法院应当在公平原则和诚实信用原则的基础上，结合合同实际履行情况和当事人的合理预期，进而确定合理的履行期限，对当事人之间的权利义务归属作出最终确认。

再回到前述案例，何某莉与王某善之间成立民间借贷法律关系，出借人何某莉已通过银行转账方式向王某善提供借款200万元，故偿还借款是借款人王某善所负的明确且必须履行的义务。此时，如果将还款承诺函中所约定的“于收到投资人股权转让价款当日”作为履行条件，则出借人何某莉的剩余借款本金返还请求权将一直处于无法实现的状态，这对出借人显然是不公平的。因王某善未提供充分证据证明其向何某莉所转款项的性质，且何某莉自认王某善还款的事实并未对王某善权利有所不利，故将2017年11月30日王某善第一次向何某莉还款的时间作为经催告后的合理履行期限，既符合双方的合理预期，亦较为公平。

编写人：北京市东城区人民法院　郝笛　赵思宇

54

未约定还款期限的借款合同诉讼时效该如何起算

——人行上饶市中支诉齐某强、陈某明民间借贷案

【案件基本信息】

1. 裁判书字号

江西省上饶市中级人民法院（2019）年赣11民终478号民事判决书

2. 案由：民间借贷纠纷

3. 当事人

原告（上诉人）：人行上饶市中支

被告（上诉人）：齐某强、陈某明

【基本案情】

齐某强曾系人行上饶市中支员工，陈某明系齐某强配偶。1992年~2003年，齐某强、陈某明分别以出差、培训、看病为名，向人行上饶市中支借款28笔共计153000元，其间共归还24700元，尚欠128300元。所借款项中，因出差、培训借款44000元，因治病、住院、出院借款29000元，未写明借款用途80000元。人行上饶市中支经多次催收未果，故要求齐某强及陈某明偿还本金128300元及利息。

【案件焦点】

1. 齐某强因出差、培训的借款是否属于本案民间借贷纠纷所调整的范围；2. 本案借款是否超过诉讼时效。

【法院裁判要旨】

江西省上饶市信州区人民法院经审理认为：案涉款项中写明借款用途为差旅、培训的44000元系齐某强预支用于单位工作需要，借款单的签字确认系人行上饶市中支的内部财务行为，故对该44000元不予处理；案涉款项中写明用途为看病、住院、出院费的29000元，确系齐某强用于个人生活，该部分债权债务关系系民间借贷纠纷引起，法院对其以民间借贷法律关系予以确认；案涉款项中未写明借款用途的80000元，因齐某强并未举证证明该部分借款是其他法律关系引起的，故确认属民间借贷法律关系。

关于20年诉讼时效的起算时间，在债权人一直未要求履行的情况下，自债权成立之日起起算。本案中齐某强的28笔借款中，从债权成立之日起至人行上饶市中支2018年3月首次催款，经过20年的有16笔共43500元，齐某强、陈某明归还24700元，剩余未归还的18800元确已过20年诉讼时效，法院不予处理；齐某强提供一份与郭某盛的电话录音资料用以证明其于2007年曾收到过人行上饶市中支的欠款催收函，并以此抗辩该部分借款亦过3年诉讼时效。对此，法院认为，齐某强提交的郭某盛电话录音资料内容与郭某盛在一审庭审中所作的证言存有一定出入，其仅凭与郭某盛的电话录音资料并不能达到其主张的证明目的。根据2018年3月的催款函以及EMS邮寄单上齐某强在签收人一栏签名可认定，首次催收时间为2018年3月，人行上饶市中支的起诉时间为2018年9月，未超过3年诉讼时效。

江西省上饶市信州区人民法院依据《中华人民共和国民法总则》第一百八十

八条，《最高人民法院关于适用〈中华人民共和国婚姻法〉若干问题的解释（二）》第二十四条，《最高人民法院关于审理民间借贷案件适用法律若干问题的规定》第二十九条，《最高人民法院关于适用〈中华人民共和国合同法〉若干问题的解释（二）》第二十条之规定，判决：

一、齐某强、陈某明于本判决生效之日起十日内偿还人行上饶市中支借款100000元并支付利息；

二、驳回人行上饶市中支其他诉讼请求。

人行上饶市中支、齐某强、陈某明不服一审判决，提起上诉。

江西省上饶市中级人民法院经审理同意一审法院裁判意见。依照《中华人民共和国民事诉讼法》第一百七十条第一款第一项的规定，判决：

驳回上诉，维持原判。

【法官后语】

一、职工与单位往来资金性质的法律关系认定

职工与单位之间经常发生资金往来情况，对发生争议的资金性质认定，学界有两种不同的观点，一种是按劳动争议解决，资金系预支用于公务费用或奖金等，另一种是按民间借贷纠纷处理，资金系职工向单位申请的借款。笔者认为应根据资金往来事由确定双方的法律关系。

1. 若预支事由可以明确为因公务而支出，则应当认定为履行职务行为。最高人民法院曾在《关于职工执行公务在单位借款长期挂账发生纠纷法院是否受理问题的答复》（1999年4月5日［1999］民他字第4号）中认为，从单位预支款项处理单位事务系职务行为，其与单位之间不存在平等主体间的债权债务关系，人民法院不应作为民事案件受理。本案中齐某强因出差等工作原因而预支费用，属单位预先支付应付款的性质，应由单位按其内部财务制度处理，而非人民法院管辖范围。

2. 若职工向单位预支款项与履行劳动合同内容相关联，则可以按照劳动合同纠纷处理。这种情况下，职工在取得资金后若与单位解除劳动关系，其与单位之间的内部挂账也因劳动关系的解除而转化为平等民事主体之间的关系，单位可向法院提起诉讼，要求归还。

3. 若可以确定职工非因履行职务向单位借款，职工与单位之间的借贷行为与

履行劳动合同无关，应按民间借贷法律关系处理。本案中齐某强因看病等确用于个人生活向单位所借款项，属民间借贷纠纷调整范围，应按民间借贷法律关系处理。

4. 若预支款项事由不能确定或双方对预支事由有争议，如单位按一般民事纠纷起诉双方存在借贷关系或不当得利等纠纷的，应根据“谁主张，谁举证”的举证责任分配规则，由单位方举示双方存在借贷关系的证据，并承担举证不能的后果。本案中，未写明借款用途的4笔借款，齐某强对其真实性无异议，且未有其他证据证明系其他法律关系所引起，应按民间借贷法律关系处理。

5. 若职工恶意情形下，可能涉嫌职务侵占罪。职工利用职务之便，将单位提供给其的资金占为己有，且侵占数额达到刑事立案标准的，则涉嫌经济犯罪，可能构成职务侵占罪。

二、在未约定还款期限的借款合同中，诉讼时效起算时间的认定

诉讼时效是指民事权利受到侵害的权利人在法定时效期间内不行使权利，当时效期间届满时，义务人获得诉讼时效抗辩权。诉讼时效的经过将会使债权人丧失胜诉权，从而导致债权人的不利益，故而，是否超过诉讼时效，往往成为案件胜负的决定因素。尤其是在未约定履行期限或者履行期限约定不明的情况下，是否经过诉讼时效常常成为司法审判实践中争议的焦点。

约定履行期限的债权，诉讼时效期间从履行期限届满之日起算，这并无异议。但对于未定履行期限的债权诉讼时效期间的起算，在实务中则存在较大争议。未约定履行期限的债权，实践中分为两种：第一种是债权人对债务人进行了催收，且首次催收时间距债权成立未满20年，这种情况下，应当按照《最高人民法院关于审理民事案件适用诉讼时效制度若干问题的规定》第四条规定，未约定履行期限的合同，不能确定履行期限的，诉讼时效期间从债权人要求债务人履行义务的宽限期届满之日起计算。

第二种即本案讨论的重点，即债权人对债务人进行了催收，但首次催收时间距债权成立已满20年，这种情况下如何认定债权被侵害。学界也存在两种不同的观点，一种观点是债权成立说，认为诉讼时效应从请求权发生时（即债权成立时）开始计算。债权人自债权成立时就可以随时主张权利，不主张就属于怠于行使，应当承担诉讼时效逾期的法律后果。另一种观点是侵害说，认为诉讼时效应从债权人向债务人明确债务履行期届满时开始计算或是债务人明确向债权人表示拒绝履行债务

之时开始起算。未要求履行，则权利就未被侵害，就不存在寻求保护问题，诉讼时效无从起算。

笔者认同债权成立说的观点，因为在未约定履行期限的债权中，期限未确定或债务人未确定表示不履行债务，履行期则为任何时点，起算时间一直未确定，时效则永不届满。但如果债权人因此无时效限制，显然与诉讼时效的立法本意相违背，故在债权人一直未要求履行的情况下，自债权成立之日起经过20年即罹于时效与《中华人民共和国民法典》中规定的诉讼时效精神一致。本案中，齐某强28笔借款，从债权成立之日起至人行上饶市中支于2018年3月首次催款，经过20年的有16笔共43500元，齐某强归还24700元，剩余未归还的18800元，其提出这部分债权已超过20年诉讼时效的抗辩理由成立。

编写人：江西省上饶市信州区人民法院 陈莹 戴少芸

图书在版编目（CIP）数据

中国法院2021年度案例．民间借贷纠纷／国家法官学院，最高人民法院司法案例研究院编．—北京：中国法制出版社，2021.4

ISBN 978-7-5216-1723-8

Ⅰ.①中… Ⅱ.①国…②最… Ⅲ.①民间借贷-经济纠纷-案例-中国 Ⅳ.①D920.5

中国版本图书馆CIP数据核字（2021）第045679号

策划编辑：李小草（lixiaocao2008@sina.cn）
责任编辑：韩璐玮　王紫晶　　　　封面设计：温培英　李宁

中国法院2021年度案例．民间借贷纠纷

ZHONGGUO FAYUAN 2021 NIANDU ANLI. MINJIAN JIEDAI JIUFEN

编者/国家法官学院，最高人民法院司法案例研究院
经销/新华书店
印刷/三河市紫恒印装有限公司
开本/730毫米×1030毫米　16开　　　　印张/15.5　字数/198千
版次/2021年4月第1版　　　　2021年4月第1次印刷

中国法制出版社出版
书号 ISBN 978-7-5216-1723-8　　　　定价：62.00元

北京西单横二条2号
邮政编码 100031　　　　传真：010-66031119
网址：http：//www.zgfzs.com　　　　**编辑部电话：010-66071862**
市场营销部电话：010-66033393　　　　**邮购部电话：010-66033288**

（如有印装质量问题，请与本社印务部联系调换。电话：010-66032926）

中国法院 2012～2021 年度案例系列

国家法官学院　最高人民法院司法案例研究院　编

简便易用、权威实用——打造“好读有用”的案例

1. 权威的作者：国家法官学院自 2012 年起推出《中国法院年度案例》丛书，至今已有 10 年，旨在探索编辑案例的新方法、新模式，以弥补当前各种案例书的不足。自 2020 年起，丛书由国家法官学院与最高人民法院司法案例研究院共同编辑，每年年初定期出版。

2. 强大的规模：2012、2013 年各推出 15 本，2014 年推出 18 本，2015 年推出 19 本，2016 年推出 20 本，2017 年推出 21 本，自 2018 年起推出 23 本，含传统和新近的所有热点纠纷，这些案例是从全国各地法院收集到的上一年度审结的近万件典型案例中挑选出来的，具有广泛的选编基础和较强的代表性。

3. 独特的内容：不再有繁杂的案情，高度提炼案情和裁判要旨，突出争议焦点问题。不再有冗长的分析，主审法官撰写“法官后语”，展现裁判思路方法。

4. 数据库增值服务：2021 年继续推出数据库增值服务，凡购买本书，扫描前勒口二维码，即可在本年度免费使用往年同类案例数据库，并可免费下载民法典全文及新旧对照。

1. 婚姻家庭与继承纠纷
2. 物权纠纷
3. 土地纠纷（含林地纠纷）
4. 房屋买卖合同纠纷
5. 合同纠纷
6. 买卖合同纠纷
7. 借款担保纠纷
8. 民间借贷纠纷
9. 侵权赔偿纠纷
10. 道路交通纠纷
11. 雇员受害赔偿纠纷（含帮工受害纠纷）
12. 人格权纠纷（含生命、健康、身体、名誉、姓名、肖像、一般人格权纠纷）
13. 劳动纠纷（含社会保险纠纷）
14. 公司纠纷
15. 保险纠纷
16. 金融纠纷
17. 知识产权纠纷
18. 行政纠纷
19. 刑事案例一
20. 刑事案例二
21. 刑事案例三
22. 刑事案例四
23. 执行案例

最高人民法院指导性案例裁判规则理解与适用系列

公司卷二	98 元	物权卷	88 元
公司卷（第三版）（上下册）	139 元	婚姻家庭卷（第二版）	68 元
民事诉讼卷（第二版）（上下册）	145 元	合同卷四（第二版）	98 元
侵权赔偿卷二	69 元	合同卷三（第二版）	98 元
侵权赔偿卷一	69 元	合同卷二（第二版）	108 元
房地产卷	98 元	合同卷一（第二版）	108 元
劳动争议卷	58 元	担保卷（第二版）（上下册）	139 元

民法典时代

民法典新规则案例适用	108 元
中华人民共和国民法典释义与案例评注：总则编	125 元
中华人民共和国民法典释义与案例评注：物权编	156 元
中华人民共和国民法典释义与案例评注：人格权编	65 元
中华人民共和国民法典释义与案例评注：婚姻家庭编	68 元
中华人民共和国民法典释义与案例评注：继承编	65 元
中华人民共和国民法典释义与案例评注：侵权责任编	108 元
中华人民共和国民法典释义与案例评注：合同编	246 元
中华人民共和国民法典总则编释义	158 元
中华人民共和国民法典合同编释义	228 元
中华人民共和国民法典人格权与侵权责任编释义	158 元
中华人民共和国民法典婚姻家庭编与继承释义	98 元
中华人民共和国民法典物权编释义	138 元（估）

最高人民法院知识产权要案典丛

最高人民法院知识产权要案典丛·综合卷	258 元
最高人民法院知识产权要案典丛·著作权卷	78 元
最高人民法院知识产权要案典丛·专利卷	405 元
最高人民法院知识产权要案典丛·商标卷	239 元